Grundzüge der Kostenrechnung

Von
Universitätsprofessor
Dr. Gebhard Zimmermann

8., überarbeitete und erweiterte Auflage

R. Oldenbourg Verlag München Wien

Die Deutsche Bibliothek – CIP-Einheitsaufnahme

Zimmermann, Gebhard:
Grundzüge der Kostenrechnung / von Gebhard Zimmermann. – München ;
Wien : Oldenbourg

[Hauptbd.]. . – 8., überarb. und erw. Aufl.. - 2001
ISBN 3-486-25599-1

Rosenheimer Straße 145, D-81671 München
Telefon: (089) 45051-0
www.oldenbourg-verlag.de

Gedruckt auf säure- und chlorfreiem Papier
Satz: Falkner GmbH, Inning/A.
Druck: R. Oldenbourg Graphische Betriebe Druckerei GmbH

ISBN 3-486-25599-1

Vorwort

Das vorliegende Buch behandelt die Kostenrechnung des Unternehmens und dient zur Einführung in ihre Aufgaben, Zwecke, Methoden und Entwicklungstendenzen. Es ist entstanden aus Vorlesungen und Übungen, die der Verfasser seit 1972 im wirtschaftswissenschaftlichen Grundstudium an der Universität Münster gehalten hat.

Ausgehend von den begrifflichen Grundlagen der Kostenrechnung werden die einzelnen Kostenrechnungssysteme dargestellt und auf ihre Eignung für die einzelnen, von der Kostenrechnung zu erfüllenden Zwecke untersucht. Die Arbeit ist nicht daraufhin angelegt, technisches Detailwissen zu vermitteln, sondern sie soll das Verständnis für die Grundprobleme der Kostenrechnung wecken. Zur Veranschaulichung dienen dabei Aufgaben, Beispiele, Schaubilder und Tabellen.

Um den Text lesbar zu halten, wurde auf Fußnoten und Zitate verzichtet. Dafür werden nach jedem Abschnitt detaillierte Literaturhinweise gegeben. Sie sind als Quellennachweis und zur Vertiefung des Grundwissens gedacht.

Für Kritik und Verbesserungsvorschläge ist der Verfasser dankbar.

Vorwort zur 6. Auflage

Die sechste Auflage der „Grundzüge der Kostenrechnung" wurde in allen Abschnitten umfassend überarbeitet, teilweise neu gefaßt, an vielen Stellen wesentlich erweitert und aktualisiert. Da die Grundkonzeption des Buches Anerkennung gefunden hat, wurden die im Vorwort zur 1. Auflage umrissenen Zielsetzungen beibehalten. Dies gilt auch für die sechste Auflage des zugehörigen Arbeitsbuches, das zeitgleich erscheint.

Die bewährte Konzeption und Darstellungsweise des Buches wurde nicht geändert, damit wurde auch die grundsätzliche Systematik der Kostenrechnung beibehalten. Erweitert wurden insbesondere die Bereiche der Teilkostenrechnung und der Plankostenrechnung. Zudem wurde das Buch durch neuere Forschungsbeiträge zum Kostencharakter der Steuern, zur Unternehmenserhaltung, zur Budgetierung und zur Prozeßkostenrechnung ergänzt. Bei der Prozeßkostenrechnung handelt es sich um ein Kostenrechnungssystem, das bei steigendem Anteil der Gemeinkosten an der betrieblichen Wertschöpfung eine Verbesserung der Produktkalkulation anstrebt und durch eine bereichübergreifende Beachtung der Kostenentwicklung ein wirkungsvolles Controlling ermöglichen soll.

Mein Dank gilt dem Kreis der Kollegen, Mitarbeiter und Studenten, die durch Hinweise und Anregungen zur Verbesserung des Werkes und zur noch stärkeren Abstimmung mit dem ergänzenden Arbeitsbuch beigetragen haben. Namentlich gebührt mein besonderer Dank meinen Mitarbeitern Herrn Dr. Kay Hempel, Herrn Dipl.-Oec. Thorsten Jöhnk und Herrn Dipl.-Oec. Ralf Grundmann sowie Frau cand.rer.pol. Karin Arens-Fischer.

Vorwort zur 7. Auflage

Der Absatz der Vorauflage erfolgte so rasch, daß der Verfasser sich bei der vorliegenden Auflage darauf beschränken konnte, den gesamten Text kritisch durchzusehen.

Vorwort zur 8. Auflage

Das Lehrbuch wurde mit der 8. Auflage gründlich überarbeitet und es wurden die schon in die 6. Auflage aufgenommenen Überlegungen zur Prozeßkostenrechnung um ein weiteres Kapitel zum Target Costing ergänzt.

Die traditionelle Kostenrechnung verliert im Rahmen der Entwicklung, die unter dem Terminus „Kostenmanagement" im Schrifttum diskutiert wird, nicht an Bedeutung. Denn sie erfüllt Instrumentalfunktionen und ist somit notwendiger Bestandteil eines umfassenden Kostenmanagements, bei dem mit dem Target Costing eine zielgerichtete Veränderung der Kosten - entsprechend der Marktorientierung und der Unternehmensstrategie - über Kosteneinflußgrößen im Vordergrund steht.

Mein Dank gilt insbesondere Herrn WP Prof. Peter Feitsch, der mir wertvolle Hinweise zur Änderung der Steuergesetzgebung gegeben hat, und meinem Mitarbeiter, Herrn Dr. Ralf Grundmann, der tatkräftig an der Überarbeitung und Erweiterung mitgewirkt hat.

Gebhard Zimmermann

Inhalt

1. Die Stellung der Kostenrechnung im System des unternehmerischen Rechnungswesens

1.1 Unternehmerisches Rechnungswesen und Kostenrechnung

1.1.1 Begriff, Aufgaben und Gliederung des unternehmerischen Rechnungswesens

Das quantitativ erfaßte mengen- und wertmäßige Gesamtgeschehen innerhalb der Unternehmung wird als unternehmerisches Rechnungswesen bezeichnet. Das unternehmerische Rechnungswesen hat zwei Grundaufgaben bzw. Grundfunktionen zu erfüllen:

1. Dokumentarfunktion
Die Zahlen des Rechnungswesens dokumentieren nach außen, was in der Unternehmung geschehen ist bzw. geschehen soll.

2. Instrumentalfunktion
Die zahlenmäßigen Unterlagen des Rechnungswesens dienen dazu, unternehmerische Entscheidungen zu treffen.

Diese Instrumentalfunktion des unternehmerischen Rechnungswesens läßt sich unterteilen in die **Erfüllung von Planungs- und Kontrollaufgaben.**

Somit läßt sich das unternehmerische Rechnungswesen verwenden für Planungsrechnungen, Kontrollrechnungen und Dokumentationsrechnungen:

– Planungsrechnungen
Planungsrechnungen sind in die Zukunft gerichtet. Sie dienen unmittelbar der Fundierung bzw. der Durchsetzung unternehmerischer Entscheidungen. Man kann hierbei unterscheiden zwischen **Alternativrechnungen** und **Soll- oder Vorgaberechnungen.**

Alternativrechnungen dienen zum quantitativen Vergleich und zur Beurteilung der Vorteilhaftigkeit von Handlungsalternativen und gipfeln in der Entscheidung für eine Handlungsalternative (z.B. Investitionsrechnungen).

Soll- oder Vorgaberechnungen werden durchgeführt, nachdem die Entscheidung getroffen worden ist. Vorgaben dienen dazu, Anzustrebendes zahlenmäßig zu fixieren (z.B. Kosten- und Ausgabenbudgetierung).

– Kontrollrechnungen
Der Vergleich des Erreichten mit dem aufgestellten Planziel wird als Kontrolle bezeichnet. Kontrollrechnungen sind generell ex-post-Rechnungen. Mit Hilfe der Kontrollrechnung wird geprüft, ob und inwieweit Ziele oder Vorgaben er-

reicht bzw. eingehalten worden sind (z.B. Prüfung, ob ein vorgegebenes Kostenbudget überschritten worden ist).

– Dokumentationsrechnungen

Dokumentationsrechnungen werden im Rahmen der nach außen gerichteten Informationstätigkeit gebraucht. Sie dienen somit nicht, wie die Planungs- und Kontrollrechnungen, direkt der Erreichung des Unternehmensziels, sondern helfen bei der Aufrechterhaltung der Beziehungen zu Bereichen außerhalb des Unternehmens. Man kann die Rechnungen zur Information Dritter unterteilen in:

a) Rechnungen auf Grund von rechtlichen Vorschriften (Steuerbilanz, Handelsbilanz publikationspflichtiger Unternehmen)
b) Rechnungen, die unmittelbar oder indirekt zur Durchsetzung der Unternehmensziele bei Außenstehenden dienen (z.B. Preiskalkulation bei öffentlichen Aufträgen, Liquiditätsstatus bei Kreditverhandlungen mit Banken).

Bei dieser aufgabenorientierten Gliederung des unternehmerischen Rechnungswesens lassen sich die Informationsrechnungen für Außenstehende dem betrieblichen Rechnungswesen (Planungs- und Kontrollrechnungen), das der Unternehmensleitung direkt dient, wie folgt gegenüberstellen:

Unternehmerisches Rechnungswesen

Dokumentationsrechnungen	*Betriebliches Rechnungswesen*
a) Dokumentationsrechnungen auf Grund rechtlicher Vorschriften (z.B. Steuerbilanz, Handelsbilanz bei publikationspflichtigen Unternehmungen)	a) Planungsrechnungen aa) Alternativrechnungen (z.B. Investitionsrechnungen) bb) Soll- oder Vorgaberechnungen (z.B. Budgetierung)
b) Dokumentationsrechnungen auf Grund einzelner unternehmenspolitischer Zwecke (z.B. Liquiditätsstatus bei Kreditverhandlungen, Kalkulation bei öffentlichen Aufträgen)	b) Kontrollrechnungen (z.B. Kostenstellenkontrolle, Perioden- oder Stückerfolgsrechnungen, Kontrolle technisch-wirtschaftlicher Kennziffern)

Eine andere Möglichkeit der Systematisierung besteht darin, das unternehmerische Rechnungswesen nach einzelnen Bereichen und Einzeltätigkeiten zu untergliedern:

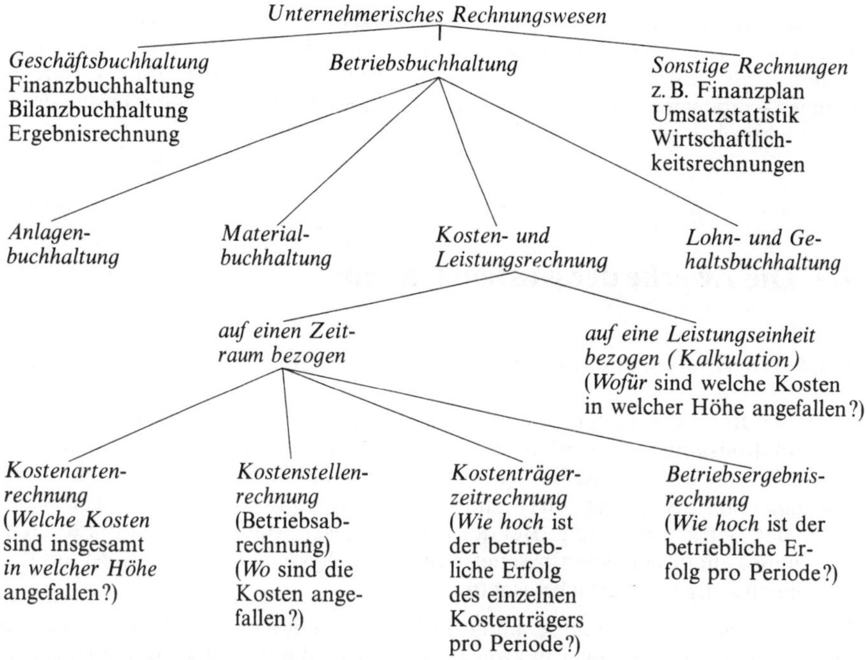

1.1.2 Die Kostenrechnung als Teil des unternehmerischen Rechnungswesens

Die Geschäftsbuchhaltung (externes Rechnungswesen) erfaßt alle monetären Vorgänge zwischen der Unternehmung und der Umwelt. Die interne betriebliche Rechnung und damit auch die Kostenrechnung bezieht sich auf den Bereich der Leistungserstellung und Leistungsverwertung. Kostenrechnung wird definiert als Rechnungswesen im Bereich der Leistungserstellung (betrieblicher Kombinationsprozeß) und Leistungsverwertung.

Die Kostenrechnung nimmt im Gemeinschaftskontenrahmen der Industrie die Kontenklassen 4 (Kostenartenkonten), 5 (Verrechnungskonten), 6 (Herstellkonten) und 7 (Konten der Halb- und Fertigerzeugnisse) ein, dabei ist die Zuordnung zu den Konten der Klasse 5 und 6 üblich, aber nicht verbindlich. Die Kostenrechnung umfaßt damit, wie aus dem nach durchzuführenden Einzeltätigkeiten und einzelnen Bereichen gegliederten Schaubild zu ersehen ist, die **Kosten- und Leistungsrechnung**. Dieser übergeordnete Begriff umfaßt input- und outputbezogene Vorgänge innerhalb des Betriebes und ist somit präziser als die Bezeichnung Kostenrechnung. Denn das Rechnungswesen im Bereich der Leistungserstellung und Leistungsverwertung beinhaltet auch die Erfassung der Lieferungen zwischen den einzelnen Abteilungen und erfaßt damit die Leistungen der Abteilungen.

Leistungen stellen die den Kosten zugehörige Habenposition dar[1]. Abgegebene Leistungen der einzelnen Betriebsteile werden i.d.R. zu den Kosten weiterver-

[1] Zum Leistungs- und Kostenbegriff vgl. die Ausführungen im 2. Kapitel.

rechnet, die bei der Erstellung der Produkte bzw. Zwischenprodukte angefallen sind. Die Leistungsverrechnung ist deshalb an den Kosten orientiert. Leistungen stellen – mit Ausnahme der auf dem Betriebsergebniskonto erfaßten Absatzleistungen – eine verrechnete Kostengröße dar. Der Begriff Kostenrechnung deckt somit faktisch den Bereich der Kosten- und Leistungsrechnung ab.

1.2 Die Zwecke der Kostenrechnung

1.2.1 Die Kostenrechnungszwecke im einzelnen

Von den drei Aufgabengruppen **Planungsaufgaben, Kontrollaufgaben** und **Dokumentationsaufgaben** werden von der Kostenrechnung vorrangig die ersten beiden erfüllt. Die Kostenrechnung dient hierbei einmal der quantitativen Unterstützung von Entscheidungen (Planungsrechnung), und sie dient zudem der Kontrolle der Betriebsgebarung. Bei der Lösung dieser Aufgaben stellt die Kostenrechnung kein in sich geschlossenes homogenes System dar, sondern ist auf den jeweiligen Aufgabenbereich ausgerichtet.

Die Aufgaben der Kostenrechnung findet man in der Literatur meistens etwas anders eingeteilt; und zwar in zwei Hauptaufgaben und in diverse Nebenaufgaben. So trennt Schmalenbach zwischen folgenden Kostenrechnungszwecken:

(1) Hauptaufgaben

a) Bestimmung der Selbstkosten (Vorkalkulation), um zu einer an den Kosten orientierten Setzung des Angebotspreises zu gelangen (Planungsaufgabe).
b) Kontrolle der Betriebsgebarung. Durch eine Nachrechnung wird die Wirtschaftlichkeit des Prozesses der Leistungserstellung und -verwertung überprüft, um durch eine Analyse des Ergebnisses bestehende Mängel zu erkennen und zu beheben (Kontrollaufgabe).

(2) Nebenaufgaben

a) Gewinnung und Bereitstellung von Unterlagen für Dispositionen der Unternehmensleitung, z.B. zur Betriebslenkung (Planungsaufgabe).
b) Bereitstellung der Wertansätze für Zwischen- und Endprodukte im Jahresabschluß. Die Kostenrechnung hat hier eine vorbereitende Funktion (Dokumentationsaufgabe).

Die besondere Hervorhebung der Ermittlung der Selbstkosten zum Zwecke der Preiskalkulation ist in der Regel unbegründet. Der Absatzpreis ist üblicherweise – eine Ausnahme bildet die Vorkalkulation bei Einzelfertigung (z.B. Orgelbau, Brückenbau, Schiffsbau und dgl.) – kein Aktionsparameter der Unternehmensleitung. Die Unternehmungen sehen sich gegebenen Marktpreisen gegenüber und müssen sich an diese Marktsituation anpassen. Das Problem besteht dann nicht im zu setzenden Absatzpreis, sondern in der Ermittlung der Preisuntergrenze, d.h. des Absatzpreises, bei dem es sich noch lohnt, das Produkt auf dem Markt anzubieten.

Da diese Systematik den heutigen Zwecksetzungen der Kostenrechnung nicht vollständig gerecht wird, sei von folgender Aufstellung der **Kostenrechnungszwecke** ausgegangen (H. Koch):

1. die (monatliche) Betriebserfolgsrechnung (Kontrollrechnung)
2. die (monatliche) Kostenkontrolle (Kontrollrechnung)
3. die Erstellung von Unterlagen für unternehmenspolitische Entscheidungen (Planungsrechnungen)
   a) Ermittlung der Preisuntergrenze
   b) Beschäftigungsplanung
   c) Sortimentsplanung
   d) Produktionsprozeßplanung
   e) Betriebsgrößenplanung
4. die Erstellung von Unterlagen für die Bestandsbewertung (Dokumentationsrechnung)
5. die Ermittlung der Kosten auf der Grundlage von Verordnungen auf dem Gebiet des Preisrechts (Dokumentationsrechnung).

Dabei handelt es sich im letzten Punkt um die VPÖA (Verordnung zur Preisermittlung bei öffentlichen Aufträgen vom 21.11.53, vormals RPÖ – Richtlinien zur Preisermittlung bei öffentlichen Aufträgen vom 15.11.38). Die Einzelvorschriften zur Ermittlung der Selbstkosten finden sich in den LSP (Leitsätze zur Preisbildung auf Grund von Selbstkosten bei Leistungen für öffentliche Auftraggeber mit Gültigkeit vom 1.1.1954, vormals LSÖ – Leitsätze zur Ermittlung der Selbstkosten bei öffentlichen Aufträgen vom 15.11.38). Hier findet sich eine Aufstellung über die in die Selbstkosten einzubeziehenden Elemente und deren Mengen- und Wertansätze.

Die Kostenrechnung dient allen drei Grundaufgaben des unternehmerischen Rechnungswesens. Im Vordergrund steht dabei die Kontrolle des Unternehmensprozesses. Zur Planung und Steuerung des Unternehmensprozesses und bei der Bestandsbewertung stellt die Kostenrechnung nur Informationen über die Kosten und Leistungen bereit. Diese Informationen sind Grundlage für weiterführende Kalküle.

Nun lassen sich zwar im Rahmen des betrieblichen Rechnungswesens mit Hilfe der Kostenrechnung Planungs- und Kontrollaufgaben lösen, jedoch können nicht alle Planungs- und Kontrollaufgaben durch die Kostenrechnung erfüllt werden. Dies gilt für Rechnungen, die auf der Grundlage von Zahlungsgrößen und nicht von Kosten und Leistungen durchzuführen sind. Hierzu gehören insbesondere:

- die der Liquiditätserhaltung dienenden Finanzplanungs- und Finanzkontrollrechnungen
- die mehrperiodigen Investitionsplanungs- und Investitionskontrollrechnungen.

Mit den Systemen der Kostenrechnung lassen sich nur solche Planungs- und Kontrollaufgaben lösen, denen eine einperiodige Betrachtungsweise zugrunde liegt oder bei denen ein Rechnen mit durchschnittlichen Periodengrößen gerechtfertigt ist.

1.2.2 Die Zweckbedingtheit der Kostenrechnung und die Kostenrechnungssysteme

1.2.2.1 Zeitbezug und Sachumfang der verrechneten Kosten als Einteilungskriterium

In der Kostenrechnung wird die Kostenhöhe für eine Vielzahl von Kostenrechnungszwecken bestimmt. Die Kostenrechnung steht damit einem Zweckpluralismus (Kosiol) gegenüber. Da eine Zusammenfassung all dieser unterschiedlichen Kostenrechnungszwecke in einem einheitlichen Rechnungssystem nicht möglich ist, sind Kostenrechnungssysteme entwickelt worden, die den jeweiligen Aufgabenstellungen entsprechen. Ein Kostenrechnungssystem wird anders aufzubauen sein, je nachdem, ob man alle effektiv angefallenen Kosten erfaßt und verrechnet **(Istkostenrechnung)**, ob man zufällig bedingte Einflüsse ausschaltet, indem man z.B. von statistischen Durchschnittswerten der Vergangenheit ausgeht **(Normalkostenrechnung)**, oder ob man anstatt dieser vergangenheitsorientierten Aufgabenstellung ein zukunftsbezogenes Rechnungssystem aufbaut, in dem Norm- oder Richtwerte **(Plankostenrechnung)** angesetzt werden.

Neben dieser Unterscheidung der Kostenrechnungssysteme nach dem **Zeitbezug** (= vergangenheits- oder zukunftsorientiert) und der damit verbundenen Trennung in Ist-, Normal- und Plankostenrechnung ist eine weitere Unterscheidung nach dem **Sachumfang** der verrechneten Kosten möglich. In einer **Vollkostenrechnung** werden sämtliche Kosten erfaßt und weiterverrechnet, in einer **Teilkostenrechnung** werden auch sämtliche Kosten ermittelt, aber nur ein Teil dieser Kosten weiterverrechnet.

Je nach dem zu erfüllenden Zweck lassen sich die Kostenrechnungssysteme nach dem Kriterium des Zeitbezuges und des Sachumfanges kombinieren. Die nachstehende Übersicht gibt entsprechend der gekennzeichneten Rechnungsmerkmale die Kostenrechnungssysteme wieder.

Zeitlicher Bezug der Kosten / Sachumfang der Zurechnung	Istkostenrechnung	Normalkostenrechnung	Plankostenrechnung
Vollkostenrechnung	Istkostenrechnung auf Vollkostenbasis	Normalkostenrechnung auf Vollkostenbasis	Plankostenrechnung auf Vollkostenbasis
Teilkostenrechnung	Istkostenrechnung auf Teilkostenbasis	Normalkostenrechnung auf Teilkostenbasis	Plankostenrechnung auf Teilkostenbasis

Würde man jedoch für jede spezielle Zwecksetzung der Kostenrechnung eine isolierte Rechnung aufstellen, so fielen bestimmte Arbeitsvorgänge mehrfach an. Einmal sind einzelne Berechnungen bzw. Grundverfahren für mehrere Zwecke bedeutungsvoll. Deshalb werden in einer Grundrechnung all jene Rechnungen zusammengefaßt, die für die Erreichung mehrerer Zwecke wesentlich sind. Zum anderen besteht zwischen den Kostenrechnungssystemen, z.B. zwischen der Ist- und Plankostenrechnung, kein Gegensatz, denn die Istkosten setzen sich zusammen aus den Plankosten und den Abweichungen. Um diese Abweichungen analysieren zu können, ist eine Istkostenrechnung zwingend erforderlich.

1.2.2.2 Istkostenrechnung

Die traditionelle Form der Kostenrechnung ist eine Istkostenrechnung auf Vollkostenbasis. Eine Istkostenrechnung erfaßt die tatsächlich angefallenen Kosten, dazu werden die effektiv angefallenen Verbrauchsmengen **(Istmengen)** multipliziert mit den **Istpreisen**. Sie wird nach der Erstellung der Betriebsleistung am Ende der Rechnungsperiode durchgeführt. Eine solche vergangenheitsbezogene Rechnung dient dem Zweck der Ermittlung des tatsächlichen Erfolges (Ergebnisrechnung) und der nachträglichen Ermittlung der auf eine Erzeugniseinheit entfallenden Kosten (Nachkalkulation).

Durch den Ansatz von Istwerten treten zufällige Schwankungen auf, die bedingt sind durch Faktorpreisschwankungen oder durch unwirtschaftliche Arbeitsweisen beim Einsatz und der Kombination der Produktionsfaktoren. Diese Schwankungen wirken sich voll auf die Ergebnisse der Rechnungen aus.

In der Praxis gibt es jedoch keine reine Istkostenrechnung. Bestimmte Kostenarten werden mit einem Durchschnitts- oder Planwert verrechnet. Diese Tatsache wird schon dadurch deutlich, daß bestimmte Kosten durch eine zeitliche Abgrenzung bestimmt werden (z.B. Abschreibungen). Da keine vorgegebene und effektiv ermittelbare **Ist**-Ziffer vorliegt, tritt zwangsläufig eine gewisse Planung hinzu.

Mit diesem Planungsgedanken ist ein Normalisierungsgedanke eng verbunden. Da bestimmte Kosten laufenden Veränderungen unterliegen, wie z.B. kalkulatorische Zinsen, Versicherungsbeiträge, Steuern etc. und sie z.T. erst am Ende der Periode kalkuliert werden können, setzt man hierfür durchschnittliche oder normalisierte Größen an. Eine gesonderte Bestimmung für jede Rechnungsperiode wäre viel zu aufwendig. Die **Vorteile der Istkostenrechnung** liegen darin, daß die Kalkulationsergebnisse die tatsächliche Kostenhöhe für die erbrachten Leistungen ermitteln.

Diesem Vorteil steht jedoch entgegen, daß die Istkostenrechnung rechnerisch schwerfällig ist, denn in jeder Periode müssen die Kalkulationssätze für alle Leistungen neu gebildet werden. Da hierbei eine bestimmte Abrechnungsfolge eingehalten werden muß (z.B. bedingt durch eine mehrstufige Fertigung), werden die Rechnungen zu spät durchgeführt. Ein weiterer **Nachteil** ist die fehlende Möglichkeit einer Kostenkontrolle, denn für eine sinnvolle Kostenkontrolle müßten Sollkosten als Vergleichsmaßstab vorliegen. Ein Vergleich der Istkosten zweier Perioden oder auch ein zwischenbetrieblicher Vergleich erscheint wenig sinnvoll, da hierbei nicht die Veränderung der Istkosten in Abhängigkeit von Kosteneinflußgrößen untersucht werden kann und somit die Gefahr besteht, daß „Schlendrian mit Schlendrian" verglichen wird.

Zusätzlich lassen sich unternehmerische Entscheidungen auf Grund von Vergangenheitswerten nicht treffen.

1.2.2.3 Normalkostenrechnung

In der Normalkostenrechnung werden die **durchschnittlichen Istkosten der Vergangenheit** (statistische Mittelwerte) angesetzt (z.B. Wagnisse). Die Normalisierung erfolgt für die Preise und/oder für die Verbrauchsmengen der Faktoren. Diese normalerweise anfallenden Kosten werden häufig durch **aktualisierte Mittelwerte**, die die veränderten gegenwärtigen und zukünftigen Kosteneinflußgrößen erfassen, korrigiert. Die bei der Normalkostenrechnung entstehenden und auf die Abrechnungsperiode bezogenen Abweichungen zwischen Istkosten und normalerweise anfallenden Kosten bieten Ansatzpunkte für eine Kostenkontrolle.

Die Normalkostenrechnung bietet den Vorteil, daß Zufälligkeiten und Unregelmäßigkeiten, die durch Markteinflüsse und im Leistungserstellungsprozeß auftreten können, ausgeschaltet werden. Dadurch wird eine Kontinuität der betrieblichen Maßnahmen möglich und eine Vergleichbarkeit der Rechnungen gewährleistet.

Zusätzlich beschleunigt eine Normalkostenrechnung die Vorlage des Ergebnisses, und sie vermeidet die Weiterverrechnung grober Unwirtschaftlichkeiten. Sie gestattet natürlich keine exakte Nachkalkulation.

1.2.2.4 Plankostenrechnung

Eine wirksame Kostenkontrolle wird durch eine noch so verfeinerte Normalkostenrechnung noch nicht ermöglicht. Erforderlich ist eine Vergleichsgröße in Form von Plan- oder Sollkosten, die auf analytischem Wege und damit unter Beachtung von Kosteneinflußgrößen ermittelt werden muß.

In der Plankostenrechnung werden die Kosten für das zukünftige wirtschaftliche Geschehen bestimmt. Dabei geht man von **Planpreisen und Planverbrauchsmengen** aus. Die geplanten Kosten stellt man den tatsächlichen Kosten gegenüber und ermittelt und analysiert die Abweichungen zwischen den Plan- und den Istkosten. Eine Plankostenrechnung enthält deshalb eine Vor- und eine Nachrechnung.

Die Vorgabe von Kostengrößen kann einmal für die **Kontrolle** der Kostenstellen erfolgen, zum anderen kann sie kostenträgerorientiert sein. Im ersten Fall spricht man von einer **Budgetkostenrechnung**, im letzteren von einer **Standardkostenrechnung**. Neben dieser **Kontrollaufgabe** dient die Plankostenrechnung insbesondere der **Vorbereitung unternehmerischer Entscheidungen**.

Die Plankostenrechnung hat verschiedene Entwicklungsstufen durchlaufen. Mit der **starren Plankostenrechnung** wurde die Kostenplanung und die darauf aufbauende Kontrolle in das Rechnungswesen eingeführt. Bei der starren Plankostenrechnung werden die geplanten Kosten für eine Planbeschäftigung, die sich am durchschnittlichen Beschäftigungsgrad ausrichtet, festgelegt. Eine Anpassung an eine tatsächlich eintretende Istbeschäftigung erfolgt nicht. Dadurch ist eine Kostenkontrolle nur bei geringen Abweichungen der Istbeschäftigung von der Planbeschäftigung durchführbar und aussagefähig.

Durch Anpassung der Plankosten an Beschäftigungsgradänderungen wird die starre Plankostenrechnung zur **flexiblen Plankostenrechnung**. Für jede Istbeschäftigung werden die als **Sollkosten** bezeichneten Plankosten bestimmt. Dabei wird bei der Ermittlung der Sollkosten von den Erkenntnissen der Produktions- und Kostentheorie ausgegangen, daß fixe Kosten für sämtliche Beschäftigungsgrade konstant sind und die gesamten variablen Kosten abhängig sind vom jeweiligen Beschäftigungsgrad.

Mit Hilfe der Sollkosten ist eine wirksame Kontrolle der Istkosten für jede Istbeschäftigung einzelner Betriebsbereiche durch einen **Soll-Ist-Vergleich** möglich. Dabei erfolgt eine Aufspaltung der Kostenabweichungen in Verbrauchsabweichungen und durch Beschäftigungsschwankungen bedingte Beschäftigungsabweichungen.[1]

1.2.2.5 Vollkostenrechnung – Teilkostenrechnung

Die Systeme der Voll- und der Teilkostenrechnung unterscheiden sich im Sachumfang der verrechneten Kosten. In der Vollkostenrechnung werden sämtliche Kosten auf die Leistungseinheit verrechnet. Teilkostenrechnungen verzichten auf die Verrechnung eines Teiles der anfallenden Kosten auf die Leistungseinheit.

In der Vollkostenrechnung werden auf die Leistungseinheit auch die Fixkosten verteilt. Fixkosten verändern sich in ihrer absoluten Höhe nicht bei Variation einer Kosteneinflußgröße, z.B. der Beschäftigung. Die Kosten pro Leistungseinheit schwanken jedoch bei sich ändernden Beschäftigungsgraden. Dies erschwert die Kontrolle und kann zu dispositiven Fehlentscheidungen führen.

Für dispositive Aufgaben ist lediglich auf die entscheidungsrelevanten Kosten abzustellen. Nicht entscheidungsrelevant sind bei kurzfristiger Betrachtung die fixen Kosten in bezug auf die Beschäftigung. Aufbauend auf kostentheoretische Erkenntnisse befassen sich deshalb die Systeme der Teilkostenrechnung mit dem Problem der Fixkosten und den daraus folgenden Zurechnungsfragen. Dabei ergeben sich je nach dem Umfang und der Art der Kostenverrechnung verschiedene Erscheinungsformen der Teilkostenrechnungssysteme.

Bei einer **Teilkostenrechnung auf der Grundlage von variablen Kosten** werden nur diese auf die Leistungen verrechnet. Die Fixkosten werden en bloc in das Betriebsergebnis übernommen. Unterstellt man eine Linearität zwischen der Kostenhöhe und der diese bestimmenden Kosteneinflußgröße (z.B. Beschäftigung), dann sind die variablen Kosten gleich den Grenzkosten. Die Teilkostenrechnung auf der Basis variabler Kosten wird zur **Grenzkostenrechnung**. Ein solches Kostenrechnungssystem eignet sich besonders für Planungs- und Kontrollaufgaben.

In **anderen Teilkostenrechnungssystemen** werden die fixen Kosten aufgespalten. Ausgehend von einer geeigneten Bezugsgrößenhierarchie werden sie dort verrechnet, wo sie im Hinblick auf diese Bezugsgröße direkt erfaßbar sind.

Eine Aufspaltung der gesamten Kosten liefert zusätzliche Erkenntnisse. Dadurch werden einzelne Zwecke der Kostenrechnung besser erfüllt. Teil- und Vollkostenrechnung schließen sich deshalb nicht aus.

---

[1] Zur Analyse der Kostenabweichungen vgl. die Ausführungen im 5. Kapitel, S. 164-187

Literaturübersicht zum 1. Kapitel
Die Stellung der Kostenrechnung im System des unternehmerischen Rechnungswesens

Ahlert, Dieter/Franz, Klaus-Peter, Industrielle Kostenrechnung, 3. Aufl., Düsseldorf 1984, S. 1ff.

Coenenberg, Adolf Gerhard, Kostenrechnung und Kostenanalyse, 4. Aufl., Landsberg/Lech 1999, S. 23-46.

Dellmann, Klaus, Rechnungswesen, Systematik des, in: Handwörterbuch des Rechnungswesens, 2. Aufl., 1981, Sp. 1415-1425.

Ebert, Günter, Kosten- und Leistungsrechnung, 8. Aufl., Wiesbaden 1997, S. 13-17.

Ewert, Ralf/Wagenhofer, Alfred, Interne Unternehmensrechnung, 3. Aufl., Berlin, Heidelberg, New York, Tokyo 1997, S. 561-620.

Haberstock, Lothar, Kostenrechnung I, 8. Aufl., Hamburg 1987, S. 7-26, 61-70.

Huch, Burkhard, Einführung in die Kostenrechnung, 8. Aufl., Heidelberg 1986, S. 11-20.

Hummel, Siegfried/Männel, Wolfgang, Kostenrechnung 1, Grundlagen, Aufbau und Anwendung, 4. Aufl., Wiesbaden 1986, S. 3-59.

Kilger, Wolfgang, Flexible Plankostenrechnung und Deckungsbeitragsrechnung, 9. Aufl., Wiesbaden 1988, S. 15-23, 27-117.

Kloock, Josef/Sieben, Günter/Schildbach, Thomas, Kosten- und Leistungsrechnung, 8. Aufl., Düsseldorf 1999, S. 1-19.

Koch, Helmut, Grundprobleme der Kostenrechnung, Köln/Opladen 1966, S. 36-45.

Koch, Helmut/Zimmermann, Gebhard, Kostenrechnung, Prüfung der, in: Handwörterbuch des Revisionswesens, 2. Aufl., Stuttgart 1991, Sp. 1083-1094.

Kosiol, Erich, Kostenrechnung der Unternehmung, 2. Aufl., Wiesbaden 1979, S. 17-20, 66-77.

Kosiol, Erich, Kostenrechnung und Kalkulation, 2. Aufl., Berlin 1972, S. 9-22, 64-68.

Layer, Manfred, Die Kostenrechnung als Informationsinstrument der Unternehmensleitung, in: Schriften zur Unternehmensleitung, Bd. 21, Wiesbaden 1976, S. 97-138.

Lehmann, Bruno, Kostenlenkung durch Betriebsabrechnung, Herne/Berlin 1961, S. 11-22.

Nowak, Paul, Kostenrechnungssysteme in der Industrie, Köln/Opladen 1961, S. 1-14.

Plaut, Hans-Georg, Unternehmenssteuerung mit Hilfe der Voll- und Grenzplankostenrechnung, in: ZfB, 31. Jg., 1961, S. 460-482.

Reichmann, Thomas, Controlling mit Kennzahlen, 5. Aufl., München 1997, S. 99-105.

Schmalenbach, Eugen, Kostenrechnung und Preispolitik, 8. Aufl., Köln/Opladen 1963, S. 15-25.

Schönfeld, Hanns-Martin, /Möller, Hans-Peter, Kostenrechnung, 8. Aufl., Stuttgart 1995, S. 1-35.

Schweitzer, Marcell/Küpper, Hans-Ulrich, Systeme der Kostenrechnung, 7. Aufl., München 1998, S. 57-72, 121-125.

Virkkunen, Henrik, Das Rechnungswesen im Dienste der Leitung, Helsinki 1956, S. 49-58.

Weber, Helmut Kurt, Betriebswirtschaftliches Rechnungswesen, Band 2: Kosten- und Leistungsrechnung, 3. Aufl., München 1991, S. 1-11.

Wilkens, Klaus, Kosten- und Leistungsrechnung, 8. Aufl., München 1996, S. 19-21, 31-33.

2. Begriffliche Grundlagen der Kostenrechnung

2.1 Die Grundbegriffe Kosten und Leistung und ihre Abgrenzung

2.1.1 Kosten und Leistung als Komponenten des Betriebserfolges

2.1.1.1 Definition des Betriebserfolges

Der Erfolg oder Mißerfolg der Leistungserstellung und der Leistungsverwertung wird mit Hilfe der Betriebserfolgsrechnung (= Betriebsergebnisrechnung) ermittelt. Der Betriebserfolg als Erfolgsziffer des internen betrieblichen Rechnungswesens ergibt sich aus der Differenz zwischen den Leistungen und den Kosten der Rechnungsperiode. Diese beiden Grundbegriffe stellen zentrale Begriffe der Betriebswirtschaftslehre dar.

2.1.1.2 Die Kontroverse um den Kostenbegriff

2.1.1.2.1 Merkmale des betriebswirtschaftlichen Kostenbegriffs

Eine exakte Fassung des Kostenbegriffs ist erforderlich, um die praktischen Probleme der Kostenrechnung theoretisch fundieren zu können. Dennoch bestehen trotz intensiver Bemühungen konkurrierende Auffassungen in der Literatur. Nur bezüglich einiger formaler Anforderungen besteht eine Übereinstimmung. Materiell liegen verschiedene Begriffsinterpretationen vor.

Die Definitionen haben die folgenden formalen Merkmale gemeinsam:

1. Die Kosten stellen eine **monetäre Größe**, d.h. eine Geldgröße dar.
2. Der Kostenbegriff ist ausschließlich auf den unternehmensinternen Bereich der Leistungserstellung und Leistungsverwertung bezogen **(Sachzielbezogenheit bzw. Betriebsbedingtheit)**. Ein Faktorverbrauch für unternehmerische Aktivitäten, die nicht in Verbindung mit der betrieblichen Leistung stehen (z.B. Wertpapierspekulationen), führt generell nicht zu Kosten.
3. Die Kosten stellen die **negative Komponente** des Betriebserfolges dar.

Bei der konkreten Fixierung der Kosten gehen die Ansichten weit auseinander. Es werden einmal die Kosten aus den für die Faktoren gezahlten Entgelten abgeleitet **(pagatorischer Kostenbegriff)**, zum anderen wird beim Wertansatz für die Kosten ausgegangen von dem Ertrag, den eine Faktoreinheit erbringt **(wertmäßiger Kostenbegriff)**.

2.1.1.2.2 Der wertmäßige und der pagatorische Kostenbegriff

2.1.1.2.2.1 Der wertmäßige Kostenbegriff

Der wertmäßige Kostenbegriff geht auf Schmalenbach zurück. Dieser wertmäßige Kostenbegriff ist an denjenigen Kostenbegriff angelehnt, der von der zu Zeiten Schmalenbachs herrschenden Wiener Grenznutzenschule mit ihrer subjektivistischen Wertlehre vertreten wurde.

Die Vertreter der Grenznutzenschule – das sind vor allem Wieser, Menger und v. Böhm-Bawerk – verstehen unter Kosten einen Nutzen, der dem Handelnden dadurch entgeht, daß ein Gut im Kombinationsprozeß bei der Erstellung einer Leistung untergeht und deshalb nicht mehr anderweitig verwendet werden kann. Der entgangene Nutzen einer anderen möglichen Verwendungsrichtung ist gleich den Kosten des im Produktionsprozeß eingesetzten Gutes.

Beispiel: Ein für die Produktion von Zigarren verwendeter Tabak ist nicht mehr für die Zigarettenproduktion verwendbar, der entgangene Nutzen aus der Zigarettenproduktion stellt dann die Kosten der Zigarrenproduktion dar.

Bei mehreren alternativ möglichen Verwendungsrichtungen wird die Kostenhöhe durch die entgangene Nutzenhöhe der besten, gerade nicht mehr realisierten Verwendungsrichtung eines Produktionsfaktors bestimmt.

Der Nutzen ist jedoch in einem allgemeingültigen Maßsystem nicht meßbar, denn die Höhe des Nutzens eines Gutes ist für jedes Individuum verschieden. Da der Nutzen nur subjektiv bestimmbar ist, bezeichnet man den aus dem Grenznutzen abgeleiteten Kostenbegriff der Wiener Grenznutzenschule als den psychologischen Kostenbegriff.

Eine auf subjektiven Merkmalen basierende Wertfindung entzieht sich jedoch jeglicher Nachprüfbarkeit. Deshalb muß versucht werden, den Wertansatz zu objektivieren, d.h. ihn interpersonell nachprüfbar zu machen. Der Nutzen eines Gutes ist unter Beachtung betrieblicher und außerbetrieblicher Daten bei vorgegebener Zielsetzung in quantifizierbaren Größen zu bewerten.

Die Kosten eines Gutes versuchte Schmalenbach deshalb durch eine Geldgröße auszudrücken: **Kosten sind betriebsbedingter, in Geld bewerteter Güterverzehr.** Damit ist ein Ansatzpunkt gegeben, den Kostenbegriff zu objektivieren. Doch mit der Aussage, Kosten seien eine Geldgröße $\left(K = \sum_{i=1}^{n} r_i p_i \right)$, bleibt die Frage ungeklärt, zu welchem Preis der Güterverzehr anzusetzen sei. Es könnte als Preis gemeint sein: der effektive Einstandspreis, der Wiederbeschaffungspreis, der Tagespreis oder auch eine Größe, die weder dem Anschaffungs- noch dem Wiederbeschaffungspreis entspricht.

Der in der konkreten Situation anzusetzende Wert wird davon abhängig gemacht, welcher Zweck der Kostenrechnung gerade verfolgt wird und von welcher Konstellation auf dem Beschaffungsmarkt bzw. innerhalb des Betriebes auszugehen ist. Es besteht also ein spezifisches Bewertungsproblem, daher: wertmäßiger Kostenbegriff.

2.1.1.2.2.2 Der pagatorische Kostenbegriff

Beim pagatorischen Kostenbegriff gibt es kein Bewertungsproblem für die im Rahmen des Betriebsprozesses verbrauchten Faktoren. Es werden beim pagatorischen Kostenbegriff Kosten als eine spezifische Ausgabenkategorie verstanden (pagare = zahlen). **Kosten sind Entgelte für verzehrte Produktionsmittel im betrieblichen Bereich** (betriebsbedingte Produktionsmittelentgelte) oder, negativ formuliert, die mit Produktion und Absatz einer Erzeugniseinheit oder einer Periode verbundenen, nicht-kompensierten Ausgaben.

Zu den so verstandenen Kosten zählen nicht alle Zahlungsmittelausgänge. Ausgaben an den Kapitaleigner selbst (sog. Entnahmen) und Ausgaben, die stets durch Einnahmen gleicher Höhe ausgeglichen werden (sog. kompensierte Ausgaben, z.B. Tilgung eines aufgenommenen Kredites und Kreditgewährungsausgaben) stellen, ebenso wie nicht betriebsbedingte Zahlungsmittelausgänge, keine Kosten dar.

Da nicht-kompensierte Ausgaben auch als Aufwand bezeichnet werden, sind Kosten im pagatorischen Sinne betriebliche oder betriebsbedingte Aufwendungen. Die Kosten kann man somit wie folgt in das System der Zahlungsmittelausgänge einordnen:

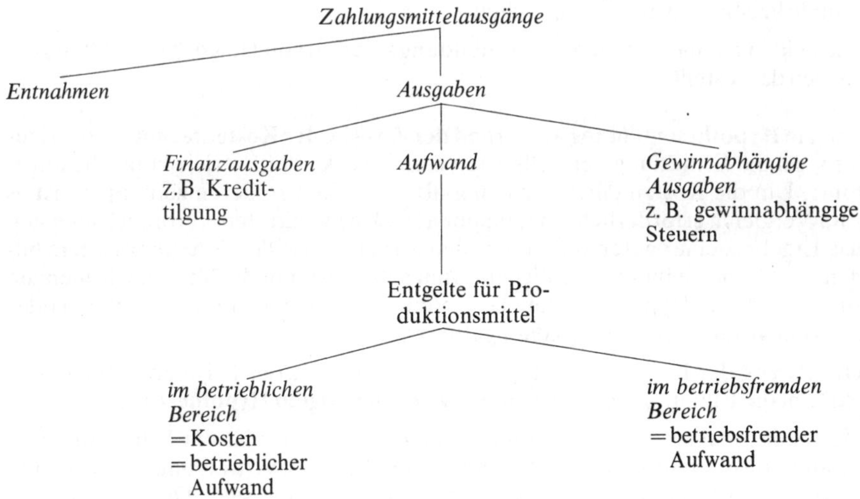

2.1.1.2.2.3 Vergleich der Kostenbegriffe

Eine Beurteilung der beiden Kostenbegriffe kann nur durch eine Prüfung der Brauchbarkeit in der theoretischen Analyse erfolgen, denn in der Kostenrechnung erfolgt eine Konkretisierung des theoretischen Kostenbegriffes.

Legt man dieses Kriterium zugrunde, so läßt sich gegen den wertmäßigen Kostenbegriff folgender Einwand geltend machen:

Der wertmäßige Kostenbegriff ist als Allgemeinbegriff widersprüchlich, weil der in ihm enthaltene Wertbegriff nicht materiell definiert ist, d.h. man rechnet je nach Zielsetzung und Datenkonstellation mit unterschiedlichen Preisen wie Tageswert, Anschaffungswert oder Wiederbeschaffungswert. Da die Wertkomponente nicht eindeutig umrissen worden ist, wird dieser Kostenbegriff unscharf, alle auf seiner Grundlage vorgenommenen Operationen können unexakt sein.

Beim pagatorischen Kostenbegriff ist hingegen die Wertkomponente eindeutig durch entrichtete Entgelte für Produktionsmittel festgelegt. Dieser theoretische Begriff ist auf allgemeinbegrifflicher Ebene gebildet; er ist, so führt H. Koch aus, unabhängig von der in der betrieblichen Kostenrechnung zu findenden Übung, für verschiedene praktische Zwecke dem Kostenbegriff jeweils einen anderen Inhalt zu geben. Nach H. Koch ist der Kostenbegriff vielmehr der praktischen Kostenrechnung vorgegeben und wird von ihr in ihren Rechnungen verifiziert, d.h. empirisch ermittelt.

Nun zeigt die Praxis der Kostenrechnung, daß gewisse Diskrepanzen auftreten können zwischen dem pagatorischen Kostenbegriff als theoretischem Begriff und dem Wertansatz, der auf Grund der Kostenrechnungszwecke und praktischen Erfordernissen gewählt wird. Diese möglichen Diskrepanzen lassen sich dadurch überwinden, daß der pagatorische Kostenbegriff mit Hilfe von **Hypothesen** auf die jeweils konkrete Bedingung der Kostenrechnung zugeschnitten wird. Hierbei sind zwei Anlässe möglich: einmal erfordert der Zweck der Kostenrechnung eine Hypothesenbildung, zum anderen ist sie erforderlich, weil die empirischen Bedingungen des konkreten Falles und die Prämissen, die dem Kostenbegriff zugrunde liegen, sich nicht entsprechen.

Die beiden Formen der Hypothesenbildung seien an von H. Koch gewählten Beispielen dargestellt:

Um die **Hypothesenbildung auf Grund der Zwecke der Kostenrechnung** zu erläutern, sei die Ermittlung der Sollkosten zum Zwecke der Betriebskontrolle angeführt. Um die Kosten einer Fertigungsabteilung kontrollieren zu können, ist es zum Vergleich erforderlich, anzunehmen, daß die konkreten Verbrauchsmengen das Ergebnis einer guten oder normalen Arbeitsweise des Abteilungsleiters bilden, nicht aber seiner tatsächlichen. Man setzt also, um die Verbrauchsmengen zu erhalten, die Hypothese, daß die Abteilung von einem normal tüchtigen oder auch einem guten Abteilungsleiter geführt wird.

Der Zweck der Kostenrechnung – hier die Kontrolle der Fertigungsabteilung – schreibt die Bildung einer sogenannten **zweckbedingten Hypothese** vor.

Der zweite Anlaß zur Hypothesenbildung sei an dem Fall der Schenkung von Produktionsmitteln erläutert, für die in der Praxis Abschreibungen als Kosten verrechnet werden, obwohl keine Ausgaben angefallen sind. Der pagatorische Kostenbegriff baut auf der Annahme auf, daß alle im Betrieb eingesetzten Produktionsmittel entgeltlich erworben werden. Infolgedessen darf im Fall der Schenkung in der Kostenrechnung nicht von den wirklichen Gegebenheiten ausgegangen werden. Es muß vielmehr die Hypothese eingeführt werden, es hätte nicht eine Schenkung, sondern ein Kauf stattgefunden. Dadurch wird der pagatorische Kostenbegriff auf den hier betrachteten Fall der Schenkung anwendbar.

Eine solche Hypothese wird erforderlich, weil der pagatorische Kostenbegriff als theoretischer Begriff unter Prämissen abgeleitet wurde, die den konkreten Bedingungen nicht adäquat sind. Bei einer Diskrepanz zwischen den Prämissen und den konkreten Bedingungen sind deshalb sogenannte **prämissenbedingte Hypothesen** zu bilden.

Durch die Bildung zweck- und prämissenbedingter Hypothesen werden die Erfordernisse der Praxis durch den pagatorischen Kostenbegriff erfüllt. Durch diese Hypothesenbildung besteht dann im Ergebnis in der überwiegenden Zahl der Fälle kein Unterschied zwischen der Anwendung des wertmäßigen und des pagatorischen Kostenbegriffes. Der Unterschied liegt in der Methode, und zwar bei der Frage, ob die verschiedenen Anforderungen der Praxis in den Kostenbegriff eingehen und damit den Begriff unpräzise werden lassen, oder ob die Bildung des Kostenbegriffes losgelöst ist von der Verifizierung dieses Begriffes (Kostenrechnung), damit dieser Begriff exakt gefaßt werden kann und dann die jeweils in der Realität vorliegenden Bedingungen durch Hypothesen berücksichtigt werden.

2.1.1.2.3 Die praktische Relevanz der Kontroverse

Die Anwendung des wertmäßigen und des pagatorischen Kostenbegriffes führt in der Betriebsergebnisrechnung zu unterschiedlichen Erfolgshöhen. Die Vertreter des **wertmäßigen Kostenbegriffes** sind der Ansicht, daß der kalkulatorische Eigenkapitalzins und der kalkulatorische Unternehmerlohn genauso als Kosten anzusetzen sind wie Fertigungslöhne und dergleichen.

Im **pagatorischen Kostenbegriff** dagegen sind der kalkulatorische Lohn für den Arbeitseinsatz des Eigentümers und die kalkulatorischen Zinsen für das eingesetzte Eigenkapital nicht enthalten, da hierfür keine Ausgaben anfallen. Auch lassen die Prämissen des Kostenbegriffes oder die Zwecke der Kostenrechnung die Einführung von Hypothesen nicht zu, denn kalkulatorischer Unternehmerlohn und kalkulatorische Eigenkapitalzinsen werden hier als Gewinnbestandteile angesehen.

Die unterschiedliche Berücksichtigung dieser sog. Zusatzkosten führt dazu, daß das Betriebsergebnis bei Anwendung des pagatorischen Kostenbegriffes um die Höhe dieser Zinskosten und des kalkulatorischen Unternehmerlohnes größer ist als bei Anwendung des wertmäßigen Kostenbegriffes.

Nun führt die alternative Anwendung der beiden Kostenbegriffe nur bei der **Ermittlung des Betriebsergebnisses** zu Diskrepanzen. Im Falle der **Bestandsbewertung** im Rahmen der Bilanz, wofür die Kostenrechnung Unterlagen liefert, dürfen Eigenkapitalzins und Unternehmerlohn nicht angesetzt werden, da eine solche Berücksichtigung zum Ausweis unrealisierter Gewinne führen würde.

Betrachtet man hingegen den **zwischenbetrieblichen Kostenvergleich** zum Zwekke der Betriebskontrolle oder die **Preisermittlung bei öffentlichen Aufträgen**, dann lassen sich durch das Setzen von Hypothesen gleiche Ergebnisse beim wertmäßigen und beim pagatorischen Kostenbegriff erreichen. Der Kostenvergleich zwischen verschiedenen Betrieben wird nämlich erschwert, wenn unterschiedliche Kapitalstrukturen vorliegen. Um eine Vergleichbarkeit herzustellen, wird die zweckbedingte Hypothese eingeführt, beide Betriebe seien allein mit Fremdkapital finanziert. Durch diese Annahme wird der Kostenunterschied auf Grund der verschiedenen Kapitalstrukturen eliminiert.

Bei der Preisermittlung bei öffentlichen Aufträgen ist es den Unternehmen gestattet, kalkulatorischen Unternehmerlohn und eine angemessene Eigenkapitalverzinsung in die Kosten einzurechnen. Auch hier werden für das gesamte Kapital Zinsen berechnet, da unterstellt ist, daß der Betrieb durch Fremdkapital finanziert wird.

2.1.1.3 Der Begriff der Leistung

Die Leistungen stellen als Gegenstück zu den Kosten des Betriebes die positive Komponente der Betriebserfolgsziffer dar. Leistungen sind demzufolge – ebenso wie die Kosten – ausschließlich auf den unternehmensinternen Bereich der Güterentstehung und Güterverwertung bezogen. Entsprechend der Einteilung bei den Kosten kann man zwischen einer Stückleistung sowie einer Periodenleistung unterscheiden. Dabei ist dieser Leistungsbegriff nicht mengenmäßig gefaßt, sondern er stellt eine monetäre Größe dar.

Leistungen können sein die abgesetzten Produkte, die sich im Lager befindlichen End- und Zwischenprodukte sowie die im Produktionsprozeß entstehenden Zwischenleistungen bzw. Wiedereinsatzleistungen. Im Fall der abgesetzten Leistung ist der Wertansatz für diese Güter der realisierte Absatzpreis. Die Zwischenleistungen und die im Lager vorhandenen Produkte werden i.d.R. zu verrechneten Kosten, d.h. zu den anteilig auf sie entfallenden Kosten, bewertet. Leistungen sind somit das bewertete, dem Unternehmenszweck dienende Ergebnis des Produktions- und Absatzprozesses.

2.1.2 Die Abgrenzung der Kosten (Leistung) zu Aufwand (Ertrag) und Ausgabe (Einnahme)

Der Erfolg, den eine Unternehmung während der gesamten Unternehmensdauer erzielt, ergibt sich aus der Summe aller Einzahlungen abzüglich der Summe aller Auszahlungen. Um jedoch eine Erfolgsgröße als

(1) Grundlage für neue Entscheidungen und/oder als
(2) Bemessungsgrundlage für die Ertragsteuern und/oder als
(3) Basis für die Bestimmung der Beträge, welche man der Unternehmung für Konsumzwecke entziehen kann,

verwenden zu können, kann nicht bis zur Beendigung der Unternehmensdauer und damit bis zur Ermittlung des Totalerfolges gewartet werden. Um die obigen Aufgaben zu erfüllen, ist deshalb die **Unternehmensdauer in Teilperioden** aufzugliedern. Hierbei wird die Abgrenzung verschiedener Erfolgsgrößen (Erfolg als Differenz zwischen Einzahlungen und Auszahlungen, Einnahmen und Ausgaben, Ertrag und Aufwand, Leistung und Kosten) bedeutungsvoll. Die Abgrenzung zwischen diesen Erfolgsgrößen und damit zwischen ihren Komponenten ist dabei zeitlich und inhaltlich bedingt.

Die Erfassung der **Einzahlungen** und der **Auszahlungen** einer Periode bereitet keine besonderen Probleme. Es handelt sich hierbei um **konkrete Zahlungsvorgänge**. Eine **Einzahlung** führt zu einer Erhöhung des **Zahlungsmittelbestandes** (= Kassenbestände und jederzeit verfügbare Bankguthaben), eine Auszahlung zu einer Verminderung des Zahlungsmittelbestandes.

Die Begriffe **Einnahmen** und **Ausgaben** sind weiter gefaßt als die der Einzahlungen und Auszahlungen. Unter die Begriffe Einnahmen und Ausgaben werden nicht nur reine **Zahlungsvorgänge**, d.h. der Zugang und der Abgang an liquiden Mitteln, sondern auch **Kreditvorgänge** subsumiert; das Begriffspaar Auszahlung – Einzahlung wird durch Schuldenzunahme und Forderungsabnahme bzw. durch

Schuldenabnahme und Forderungszunahme zum Begriffspaar Ausgaben – Einnahmen erweitert.

Jeder Geschäftsvorfall, der zu einer **Erhöhung des Geldvermögens** führt, wird als **Einnahme** bezeichnet, jeder Geschäftsvorfall, der eine **Verminderung des Geldvermögens** bewirkt, stellt eine **Ausgabe** dar. Das **Geldvermögen** umfaßt die Summe aus dem Kassenbestand und dem verfügbaren Bankguthaben sowie dem Bestand der übrigen Forderungen, die nicht bereits im Zahlungsmittelbestand enthalten sind, abzüglich des Bestandes an Verbindlichkeiten.

Der Zusammenhang zwischen Änderungen des Zahlungsmittelbestandes und des Geldvermögens wird durch die folgenden Schemata aufgezeigt.

Stellt man Auszahlungen und Ausgaben gegenüber, so ergibt sich:

<table>
<tr><td colspan="2">– Auszahlungen (Periode) –
(= Verminderung des Zahlungsmittelbestandes)</td><td></td></tr>
<tr><td>Schuldenabnahme</td><td rowspan="2">Auszahlung
= Ausgabe</td><td></td></tr>
<tr><td>Forderungszunahme</td><td></td></tr>
<tr><td></td><td rowspan="2">Ausgabe
= Auszahlung</td><td>Schuldenzunahme</td></tr>
<tr><td></td><td>Forderungsabnahme</td></tr>
<tr><td></td><td colspan="2">– Ausgabe (Periode) –
(= Verminderung des Geldvermögens)</td></tr>
</table>

Verringert sich der Zahlungsmittelbestand, ohne daß sich das Geldvermögen ändert, so liegt eine Auszahlung vor, der keine Ausgabe entspricht. Dies ist nur dann möglich, wenn die Verminderung des Zahlungsmittelbestandes durch Veränderungen bei den Schulden oder den Forderungen kompensiert wird. So führt eine Bartilgung eines in früheren Perioden empfangenen Finanzkredits zu einer Zahlungsmittelbestandsverminderung und zu einer Verminderung des Bestandes an Verbindlichkeiten. Vermindert sich das Geldvermögen bei unverändertem Zahlungsmittelbestand, so liegen Ausgaben vor, die keine Auszahlungen darstellen. Dies ist z.B. gegeben bei einem Wareneinkauf auf Ziel. Die Schuldenzunahme führt zu einer Reduzierung des Geldvermögens in gleicher Höhe.

Die Abgrenzungen von Einzahlungen und Einnahmen kann man in gleicher Weise darstellen:

<table>
<tr><td colspan="2">– Einzahlungen (Periode) –
(= Erhöhung des Zahlungsmittelbestandes)</td><td></td></tr>
<tr><td>Schuldenzunahme</td><td rowspan="2">Einzahlung
= Einnahme</td><td></td></tr>
<tr><td>Forderungsabnahme</td><td></td></tr>
<tr><td></td><td rowspan="2">Einnahme
= Einzahlung</td><td>Schuldenabnahme</td></tr>
<tr><td></td><td>Forderungszunahme</td></tr>
<tr><td></td><td colspan="2">– Einnahmen (Periode) –
(= Erhöhung des Geldvermögens)</td></tr>
</table>

Erhöht sich der Zahlungsmittelbestand, ohne daß sich das Geldvermögen ändert, so liegt eine Einzahlung vor, der keine Einnahme entspricht. Dies setzt voraus, daß mit der Zahlungsmittelbestandserhöhung sich die Forderungen oder die Verbindlichkeiten in gleicher Höhe, aber entgegengesetzter Richtung verändern. So steht dem Zufluß an liquiden Mitteln bei Aufnahme eines Barkredites ein Schuldenzugang gegenüber. Erhöht sich das Geldvermögen, ohne daß der Zahlungsmittelbestand beeinflußt wird, so liegt eine Einnahme vor, der keine Einzahlung entspricht. Dies ist z.B. bei einem Warenverkauf auf Ziel der Fall. Es ändern sich als eine Komponente des Geldvermögens die Forderungen. Durch diese Forderungszunahme werden liquide Mittel nicht berührt.

Spricht man ganz allgemein, d.h. ohne ergänzende Erläuterungen, von Erfolg, so ist in der Regel der Erfolg als Differenz von Erträgen und Aufwendungen gemeint. Dabei versteht man unter **Ertrag** periodisierte Einnahmen und unter **Aufwand** periodisierte Ausgaben. Beide Begriffe sind generell pagatorisch determiniert.

Bei der **Abgrenzung der Ausgaben vom Aufwand** unterscheidet man in **neutrale Ausgaben** und **Aufwandsausgaben**. Aufwandsausgaben sind Ausgaben, die in der gleichen Periode zu Aufwand werden. Neutrale Ausgaben können Ausgaben sein, die vom Aufwand wesensverschieden sind, d.h. niemals Aufwendungen werden, und Ausgaben, die vom Aufwand verrechnungsmäßig verschieden sind.

Bei der **Abgrenzung des Aufwandes von den Ausgaben** ist zu differenzieren zwischen ausgabengleichem Aufwand und ausgabenverschiedenem Aufwand. Beim ausgabenverschiedenen Aufwand kann man wiederum trennen zwischen „Aufwand nicht Ausgabe“, d.h. Aufwand, der nie eine Ausgabe (wesensverschieden) ist, und Aufwand, der von den Ausgaben verrechnungsmäßig verschieden ist.

Die **Abgrenzung** zwischen **Einnahmen und Ertrag** erfolgt analog zu den Beziehungen zwischen Ausgaben und Aufwand. Man kann bei dieser Abgrenzung die Einnahmen unterteilen in **neutrale Einnahmen** und **Ertragseinnahmen**. Grenzt man hingegen den Ertrag von den Einnahmen ab, so kann man unterscheiden in **einnahmengleichen Ertrag** und **einnahmenverschiedenen Ertrag.**

Grenzt man den Aufwand von den Kosten ab, so differenziert man üblicherweise zwischen **neutralem Aufwand** und **Zweckaufwand.** Zweckaufwand wird in der gleichen Periode zu Kosten. Den **neutralen Aufwand** wiederum kann man unterscheiden in Aufwand, der nie Kosten ist **(wesensverschieden)**, und Aufwand, der von den Kosten **verrechnungsmäßig** verschieden ist. Von Kosten verrechnungsmäßig verschiedene Aufwendungen können **zeitraumverschieden** oder **bewertungsverschieden** sein.

Grenzt man Kosten vom Aufwand ab, so kann man unterscheiden zwischen **Grundkosten** und **kalkulatorischen Kosten**. Grundkosten werden in der Literatur auch natürliche Kosten oder Zweckaufwand genannt.

Bei den **kalkulatorischen Kosten** ist ebenfalls eine Zweiteilung in Kosten, die vom Aufwand **wesensverschieden** und Kosten, die vom Aufwand **verrechnungsmäßig verschieden** sind, möglich.

In der Literatur bezeichnet man die **wesensverschiedenen Kosten** auch als **Zusatzkosten**. Diese Kosten werden niemals Aufwand. Die **verrechnungsmäßig verschiedenen Kosten** nennt man auch **Anderskosten**. Dabei können diese Anderskosten vom Aufwand zeitraumfremd oder bewertungsverschieden sein. Zeitraumfremde Anderskosten sind ihrem Charakter nach Aufwand, es liegt hier nur keine zeitliche Entsprechung vor. Die bewertungsverschiedenen Anderskosten ergeben sich aus der Differenz des Wertansatzes in der Aufwandsrechnung zu dem der Kostenrechnung.

Eine ähnliche **Abgrenzung kann bei Erträgen und Leistungen** durchgeführt werden. So kann man zwischen neutralem Ertrag und Zweckertrag unterscheiden. Dem Zweckertrag entspricht von der Leistungsseite her gesehen die sogenannte Grundleistung. Ebenso ist eine Bezeichnung Zusatzleistung als Entsprechung zu den Zusatzkosten möglich.

Zur Erläuterung der Abgrenzungen und Gemeinsamkeiten der einzelnen Grundbegriffe seien diese an Hand der folgenden Übersicht (S. 20) dargestellt und durch Beispiele verdeutlicht.

Beispiele zum Schema Ausgaben, Aufwand, Kosten

A. Verhältnis Ausgaben – Aufwand

① **Neutrale Ausgaben**
- **vom Aufwand wesensverschieden:** erfolgsneutrale Ausgabe; z.B. Kreditrückzahlung und betriebsfremde Ausgaben für Güter, die sich nicht verbrauchen (Grundstücke, Finanzinvestition).
- **vom Aufwand verrechnungsmäßig verschieden:** Ausgabe, noch nicht Aufwand; z.B. Investitionsausgabe, der Aufwand entsteht erst während der Nutzungsdauer, ebenso Ausgaben für Lageraufbau.

② **Aufwandsausgaben**
Ausgaben = Aufwand
Ausgaben und Aufwand entstehen in der gleichen Periode; z.B. Kauf von Produktionsfaktoren, die noch in der gleichen Periode eingesetzt werden.

③ **Kalkulatorischer Aufwand**
- **von Ausgaben verrechnungsmäßig verschieden:** z.B. Aufwand, noch nicht Ausgabe (Zuweisung in die Rückstellung für Pensionen) oder Aufwendungen, die in früheren Perioden Ausgaben waren (Abschreibungen auf Güter, die in früheren Perioden beschafft wurden; Abbau des Rohstofflagers und Verbrauch der Rohstoffe in der Fertigung).
- **von Ausgaben wesensverschieden:** z.B. Abschreibungen für geschenkte Güter des abnutzbaren Anlagevermögens, der Betrieb leistet eine Sachspende.

B. Verhältnis Aufwand – Kosten

④ **Neutraler Aufwand**
- **von Kosten wesensverschiedene Aufwendungen:** dies sind Aufwendungen, die in keinem Zusammenhang mit der Leistungserstellung des Betriebes stehen:
  (a) **betriebsfremde Aufwendungen:** z.B. Spenden für wohltätige Zwecke, Kursverluste bei aus spekulativen Gründen erworbenen Wertpapieren;
  (b) **außerordentliche Aufwendungen:** solche Aufwendungen, die zwar in unmittelbarem oder mittelbarem Zusammenhang mit der Leistung stehen, jedoch unregelmäßig anfallen. Man geht davon aus, als Kosten nur den normalen Werteverzehr zu verrechnen (Normalisierungsgedanke), da sonst die Ergebnisse der Kostenrechnung verzerrt würden:

Abgrenzung von Ausgaben, Aufwendungen und Kosten

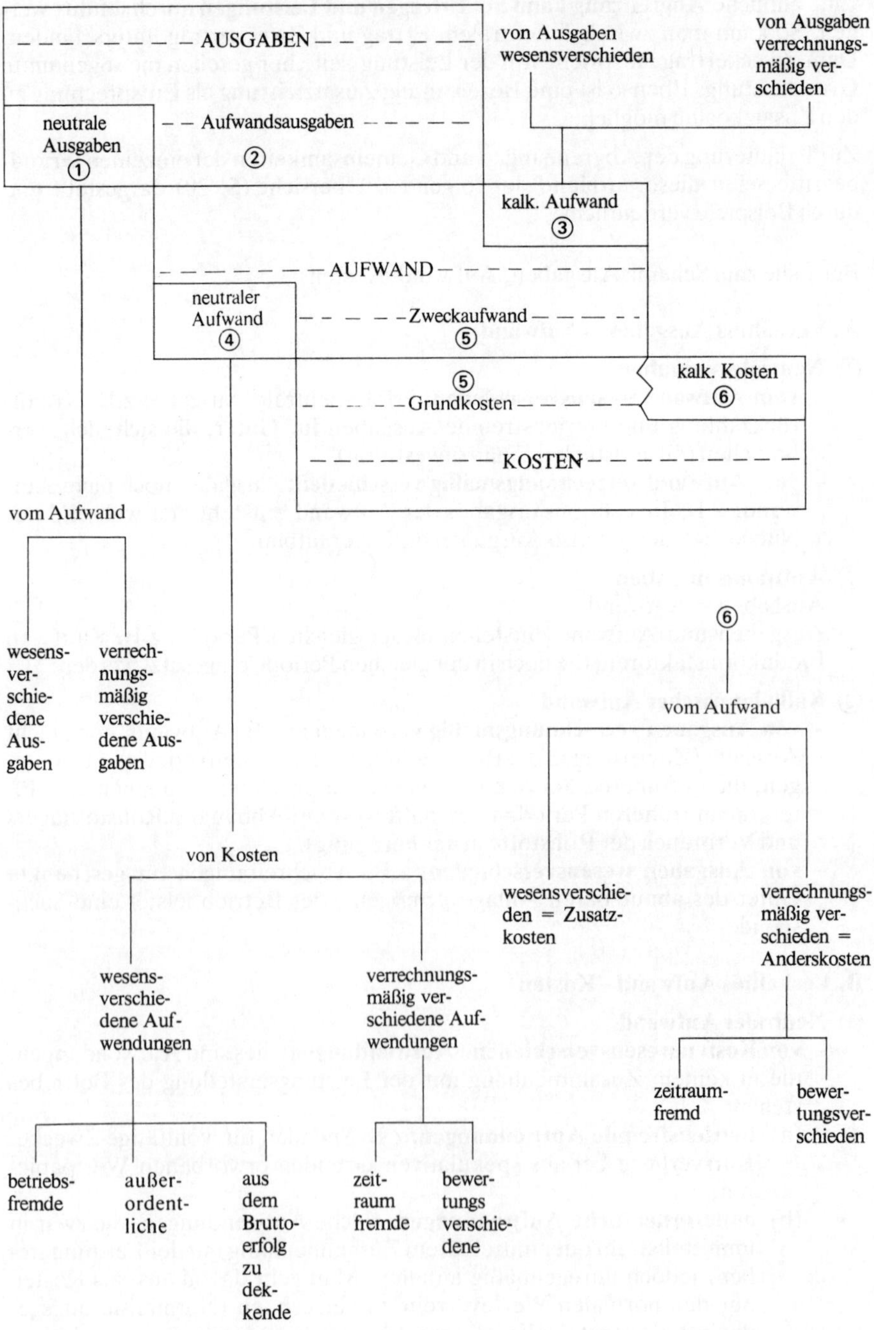

z.B. außergewöhnliche Debitorenverluste, Katastrophenschäden, Währungsverluste, Mindererlöse aus dem Verkauf betrieblicher Anlagen, Aufwendungen für Ordnungsstrafen;

(c) **aus dem Bruttoerfolg zu deckende Aufwendungen:** z.B. gewinnabhängige Steuern.

– **von den Kosten verrechnungsmäßig verschiedene Aufwendungen**
Hierbei handelt es sich um Aufwendungen, die Äquivalente für diejenigen Güterverzehre sind, die vom Kosten- und Aufwandsbegriff sachlich erfaßt werden, jedoch in verschiedener Weise;

(a) **zeitraumfremde Aufwendungen**
Dies sind z.B. Aufwendungen, die in früheren Perioden Kosten waren. Als Beispiele seien genannt: Nachholung unterlassener bilanzieller Abschreibungen, Differenz zwischen bilanziellen und kalkulatorischen Abschreibungen;

(b) **bewertungsverschiedene Aufwendungen**
Der Aufwand wird stets zu historischen Preisen bewertet. Der Ansatz der Kosten kann bei sinkenden Wiederbeschaffungspreisen dagegen geringer sein.

⑤ **Aufwand = Kosten**
Es handelt sich hier um Aufwendungen, die zugleich Kosten sind. Der Zweckaufwand ist gleich den Grundkosten. Beispiele sind Akkordlöhne oder der Verbrauch an Rohstoffen.

⑥ **Kalkulatorische Kosten**
Man unterteilt Kosten in Grundkosten und kalkulatorische Kosten. Kalkulatorische Kosten werden aufgeteilt in von Aufwendungen wesensverschiedene Kosten **(= Zusatzkosten)** und in von Aufwendungen verrechnungsmäßig verschiedene Kosten **(= Anderskosten)**.

– **wesensverschiedene Kosten** (Zusatzkosten):
z.B. Zinsen auf das Eigenkapital, kalkulatorischer Unternehmerlohn, kalkulatorische Miete.

– **verrechnungsmäßig verschiedene Kosten** (Anderskosten):

(a) **zeitraumfremde Kosten:**
z.B. Verrechnung von kalkulatorischen Abschreibungen, die in der Erfolgsrechnung erst später als Aufwand erfaßt werden oder schon früher als Aufwand erfaßt wurden, oder Verrechnung von kalkulatorischen Wagnissen. Wagnisse sind aperiodisch auftretende, zufällig bedingte Ausgaben bzw. Verluste des Betriebsprozesses, z.B. Ausschuß, Materialschwund. In der Kostenrechnung verrechnet man, da zufällige Einflüsse ausgeschaltet werden sollen, Durchschnitts- oder Normwerte als Wagnis. In der Jahreserfolgsrechnung wird der effektive Aufwand der Periode erfaßt. Dadurch entstehen zeitliche Divergenzen;

(b) **bewertungsverschiedene Kosten:**
Diese Anderskosten entstehen, wenn der verrechnete Betrag größer als die tatsächlichen Aufwendungen ist. Dieser Fall liegt z.B. vor, wenn man in der Kostenrechnung von Wiederbeschaffungspreisen abschreibt, die höher sind als die Anschaffungsausgabe.

Abgrenzung von Einnahmen, Erträgen, Leistungen

Setzt man für Ausgaben Einnahmen, für Aufwendungen Erträge und für Kosten Leistungen, so läßt sich das dargestellte Schema analog verwenden:

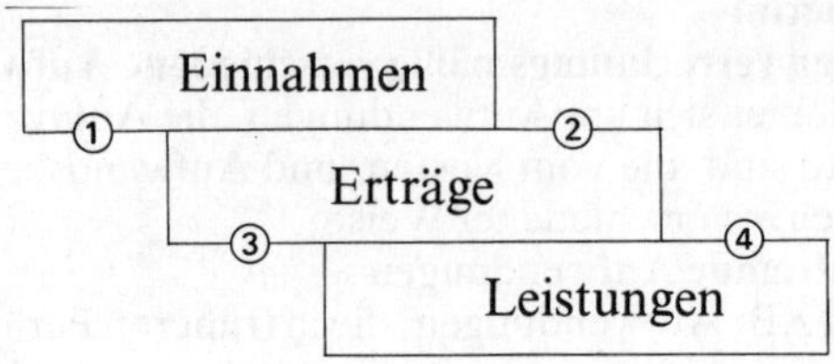

Zur Abgrenzung von Einnahmen, Erträgen und Leistungen lassen sich folgende Beispiele anführen:

① **Einnahmen, nicht Erträge**
Die neutralen Einnahmen führen in der Abrechnungsperiode nicht zu Erträgen.

– Einnahmen, von Erträgen wesensverschieden	Aufgenommene Kredite, Kreditrückzahlungen von anderen
– Einnahmen, von Erträgen verrechnungsmäßig verschieden	
(a) Einnahmen, noch nicht Erträge	Erhaltene Vorauszahlungen
(b) Einnahmen, nicht mehr Erträge	Zahlungen von Debitoren

② **Erträge, nicht Einnahmen**

– Erträge, von Einnahmen wesensverschieden	Innerbetriebliche Leistungen, die im Betrieb verbraucht werden
– Erträge, von Einnahmen verrechnungsmäßig verschieden	Produktion auf Lager (Lageraufbau); Auslieferung von jetzt gefertigten Aufträgen, für die Vorauszahlungen geleistet wurden

③ **Erträge, nicht Leistungen**

– Erträge, von Leistungen wesensverschieden	Erträge, die nicht aus einer betrieblichen Tätigkeit resultieren
– Erträge, von Leistungen verrechnungsmäßig verschieden	Zurückerstattete Steuern

④ **Leistungen, nicht Erträge**

– Leistungen, von Erträgen wesensverschieden	Nicht aktivierte innerbetriebliche Leistungen
– Leistungen, von Erträgen verrechnungsmäßig verschieden	Die erbrachte Leistung wird erst in der folgenden Periode aktiviert

2.2 Die Begriffe Einzel- und Gemeinkosten sowie variable und fixe Kosten

Die Art der Zurechnung der Kosten auf Bezugsgrößen dient zur Unterscheidung zwischen Einzel- und Gemeinkosten einerseits und variablen und fixen Kosten andererseits.

Die Unterscheidung in Einzel- und Gemeinkosten ist eine Frage der **Kostenerfassung**. Kosten lassen sich bei unterschiedlichen Bezugsgrößen erfassen. Es kann als Bezugsgröße z.B. die Produkteinheit (Kostenträger), die Produktart, die Produktgruppe, die Kostenstelle oder die Unternehmung dienen. Lassen sich die Kosten **direkt** einer Bezugsgröße zurechnen, dann spricht man von **Einzelkosten**. Werden die Kosten hingegen nicht bei einer Bezugsgröße gesondert erfaßt, dann handelt es sich um **Gemeinkosten**.

Je Produkteinheit lassen sich z.B. die Werkstoffe direkt erfassen. Diese direkt erfaßten Kosten sind **Kostenträgereinzelkosten**. Nicht gesondert, z.B. je Kostenträger, werden z.B. Gehälter, Betriebsmittel, Betriebsstoffe etc. erfaßt. Hier liegen **Kostenträgergemeinkosten** vor.

Bei den Gemeinkosten sind zwei Arten zu unterscheiden. Man trennt zwischen

(a) unechten Gemeinkosten und

(b) echten Gemeinkosten.

Unechte Gemeinkosten sind Kosten, die wesensmäßig gesondert erfaßt und damit einer Bezugsgröße direkt zugerechnet werden könnten, die also ihrer Natur nach Einzelkosten sind. Man verzichtet jedoch, z.B. bei Hilfsstoffen und Kleinmaterialien, aus bestimmten Gründen (Arbeitsersparnis, keine technische Relevanz der Erfassung) auf ihre gesonderte Erfassung als Einzelkosten.

Echte Gemeinkosten hingegen sind dadurch gekennzeichnet, daß eine gesonderte Erfassung bei einer Bezugsgröße auch bei größten Bemühungen technisch nicht möglich ist. Als charakteristisch lassen sich die Verwaltungskosten eines Konzerns ansehen. Sie stellen, bezogen auf den Kostenträger, Gemeinkosten dar.

Verwendet man die Begriffe Einzel- und Gemeinkosten ohne nähere Bezeichnung der Bezugsgröße, dann bezieht sich dieses Begriffspaar der Konvention entsprechend auf die Leistungseinheit (Kostenträger). Erfaßt man die Kosten jedoch in den Abteilungen (Kostenstellen), so liegen bei direkter Erfassung in den einzelnen Kostenstellen **Kostenstelleneinzelkosten** vor. Werden die Kosten nicht in den einzelnen Kostenstellen erfaßt, dann handelt es sich um **Kostenstellengemeinkosten**.

Die Begriffe Kostenträgereinzelkosten und Kostenstelleneinzelkosten sind nicht deckungsgleich. Die Abschreibungen für eine Dampfmaschine in der Kostenstelle Dampferzeugung sind Kostenstelleneinzelkosten, weil sie in dieser Kostenstelle direkt erfaßt werden. Auf die Produkteinheit bezogen liegen jedoch Kostenträgergemeinkosten vor, weil die Abschreibungen nicht für jede Leistungseinheit direkt erfaßbar sind. Diese Kostenträgergemeinkosten werden auf den Kostenträger über besondere Schlüsselgrößen indirekt verteilt.

Kostenstelleneinzelkosten sind in der Regel Kostenträgergemeinkosten. Der Fall, daß bestimmte Leistungen zu Kostenträgereinzelkosten führen und zugleich Kostenstellengemeinkosten sind, ist selten anzutreffen. Charakteristisch für einen solchen Ausnahmefall ist der Bau eines Modells für einen Großauftrag. Auf den Auftrag bezogen sind die Kosten für dieses Modell Kostenträgereinzelkosten. Da für die Erstellung eines solchen Modells mehrere Abteilungen herangezogen werden (z.B. Planungsabteilung, Dreherei etc.), sind die anfallenden Kosten in bezug auf das Modell gleichzeitig Kostenstellengemeinkosten.

Die Begriffe Einzelkosten und Gemeinkosten sind streng zu trennen von einem Begriffspaar der Kostentheorie, den **variablen und fixen Kosten**. Bei diesem Begriffspaar handelt es sich nicht um Probleme der Kostenerfassung, sondern um die Frage der **Veränderlichkeit der Kostenhöhe bei Variation einer Kosteneinflußgröße** (z.B. Beschäftigung = Produktionsmenge, Faktorpreise, Faktorqualität, Fertigungsprogramm, Betriebsgröße).

Der Kostenanteil, der bei Variation einer Kosteneinflußgröße (z.B. Beschäftigung) konstant bleibt, wird als **fixe Kosten** in bezug auf diese Kosteneinflußgröße bezeichnet. Als **variable Kosten** in bezug auf eine Kosteneinflußgröße (z.B. Beschäftigung) bezeichnet man diejenigen Kosten, die sich bei Variation dieser Kosteneinflußgröße ändern.

Die Abgrenzung des Begriffspaares Einzel- und Gemeinkosten zu dem der variablen und fixen Kosten stellt ein z.T. noch ungelöstes Problem der Produktions- und Kostentheorie dar. Bezieht man die Veränderlichkeit und auch die Erfaßbarkeit der Kosten auf die gleiche Bezugsgröße, so läßt sich der Unterschied der Einzel- und Gemeinkosten zu den variablen und fixen Kosten verdeutlichen. Hierzu sei die Kosteneinflußgröße Beschäftigung, die durch die Anzahl der erstellten Leistungseinheiten gemessen wird, herangezogen.

Die Kostenträgereinzelkosten stellen in der Regel beschäftigungsvariable Kosten dar. Werkstoffkosten z.B. lassen sich pro Kostenträger einzeln erfassen und sind auch abhängig von der Zahl der ausgebrachten Leistungseinheiten. Ebenfalls zu beschäftigungsvariablen Kosten führen die unechten Kostenträgergemeinkosten (z.B. Kleinmaterial). Eine eindeutige Aussage läßt sich jedoch nicht mehr bei den echten Kostenträgergemeinkosten machen. Echte Kostenträgergemeinkosten können einmal mit der Höhe der Produktionsmenge variieren. Dies gilt z.B. im Fall der Kuppelproduktion. Andererseits können echte Kostenträgergemeinkosten beschäftigungsfixe Kosten sein (z.B. zeitabhängige Abschreibungen). Fixe Kosten jedoch sind immer Kostenträgergemeinkosten.

Diese Zusammenhänge seien in der folgenden Übersicht verdeutlicht.

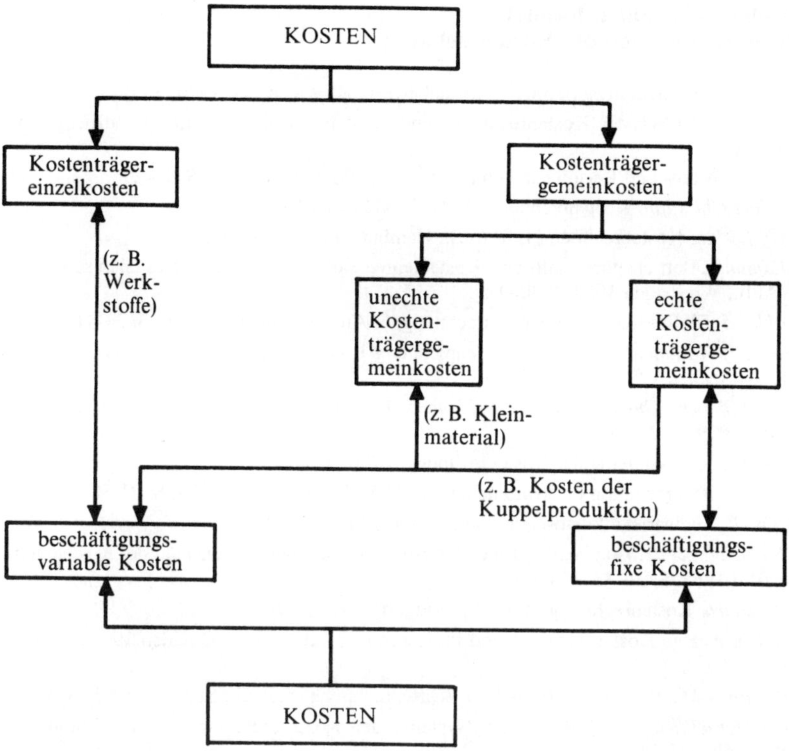
KOSTEN
Kostenträger-einzelkosten
Kostenträger-gemeinkosten
(z. B. Werk-stoffe)
unechte Kosten-trägerge-meinkosten
echte Kosten-trägerge-meinkosten
(z. B. Klein-material)
(z. B. Kosten der Kuppelproduktion)
beschäftigungs-variable Kosten
beschäftigungs-fixe Kosten
KOSTEN

Literaturübersicht zum 2. Kapitel
Begriffliche Grundlagen der Kostenrechnung

Adam, Dietrich, Entscheidungsorientierte Kostenbewertung, Wiesbaden 1970, S. 18-55.

Coenenberg, Adolf Gerhard, Kostenrechnung und Kostenanalyse, 4. Aufl., Landsberg/Lech 1999, S. 30-39.

Ebert, Günter, Kosten- und Leistungsrechnung, 8. Aufl., Wiesbaden 1997, S. 19-27.

Freidank, Carl-Christian, Kostenrechnung, 6. Aufl., München 1997, S. 1-26.

Haberstock, Lothar, Kostenrechnung I, 8. Aufl., Hamburg 1987, S. 27-37.

Heinen, Edmund, Betriebswirtschaftliche Kostenlehre, Kostentheorie und Kostenentscheidungen, 6. Aufl., Wiesbaden 1983, S. 45-127.

Huch, Burkhard, Einführung in die Kostenrechnung, 8. Aufl., Heidelberg 1986, S. 21-41.

Hummel, Siegfried/Männel, Wolfgang, Kostenrechnung 1, Grundlagen, Aufbau und Anwendung, 4. Aufl., Wiesbaden 1986, S. 63-123.

Kloock, Josef/Sieben, Günter/Schildbach, Thomas, Kosten- und Leistungsrechnung, 8. Aufl., Düsseldorf 1999, S. 24-44.

Koch, Helmut, Grundprobleme der Kostenrechnung, Köln/Opladen 1966, S. 9-62.

Kosiol, Erich, Kostenrechnung der Unternehmung, 2. Aufl., Wiesbaden 1979, S. 21-38.

Lehmann, M.-R., Industriekalkulation, 5. Aufl., Essen 1964, S. 51-69.

Menrad, Siegfried, Der Kostenbegriff, Eine Untersuchung über den Gegenstand der Kostenrechnung, Berlin 1965, S. 16-73, 134-169.

Scherrer, Gerhard, Kostenrechnung, 2. Aufl., Stuttgart 1991, S. 10-17.

Schmalenbach, Eugen, Kostenrechnung und Preispolitik, 8. Aufl., Köln/Opladen 1963, S. 5-15, 129-188.

Schönfeld, Hanns-Martin/Möller, Hans-Peter, Kostenrechnung, 8. Aufl., Stuttgart 1995, S. 4-21.

Schweitzer, Marcell/Küpper, Hans-Ulrich, Systeme der Kostenrechnung, 7. Aufl., München 1998, S. 25-57, 310-317.

Thielmann, Kurt, Der Kostenbegriff in der Betriebswirtschaftslehre, Berlin 1964, S. 34-86, 164-197.

Weber, Helmut Kurt, Betriebswirtschaftliches Rechnungswesen, Band 2: Kosten- und Leistungsrechnung, 3. Aufl., München 1991, S. 26-48.

Wilkens, Klaus, Kosten- und Leistungsrechnung, 8. Aufl., München 1996, S. 22-30, 109-118.

3. Die Kosten- und Leistungsrechnung auf der Grundlage von Ist-Vollkosten

3.1 Die Kostenarten und ihre Erfassung (Kostenartenrechnung)

3.1.1 Grundlagen der Kostenartenrechnung und die Gliederung der Kostenarten

Das Kostenrechnungssystem ist unterteilt in die Kostenarten-, die Kostenstellen- und die Kostenträgerrechnung. Die Kostenartenrechnung stellt den ersten Teilbereich der Kostenrechnung dar. Sie dient der Ermittlung und Erfassung von Art und Höhe der im Laufe der Rechnungsperiode angefallenen Kosten. Dabei versteht man unter Kostenarten die Ordnung der Kosten nach ihrer Verkehrsbezeichnung (also Materialkosten, Arbeitskosten, Betriebsmittelkosten usw.). Eine exakte Erfassung der Kostenarten, d.h. eine eindeutige und einheitliche inhaltliche Beschreibung in Verbindung mit einer überschneidungsfreien Gliederung, bildet die Grundlage für die Weiterverrechnung der Kosten auf die Kostenstellen und Kostenträger. Dabei muß die Kostenartenrechnung auf die Kostenrechnungszwecke, die mit der Kostenstellenrechnung und der Kostenträgerrechnung angestrebt werden, ausgerichtet sein.

Im Rahmen der Kostenartenrechnung differenziert man bei den Kostenarten zwischen natürlichen Kostenarten (Grundkostenarten) und kalkulatorischen Kostenarten. Diese Aufteilung resultiert aus der Abgrenzung der Kosten vom Aufwand.

Grundkosten sind aufwandsgleiche Kosten, kalkulatorische Kosten sind aufwandsverschiedene Kosten. Die kalkulatorischen Kostenarten kann man unterscheiden in:

(a) verrechnungsmäßig verschiedene (bewertungsverschiedene und/oder zeitraumfremde) Kostenarten (auch: **Anderskosten**)
(b) wesensverschiedene Kostenarten (auch: **Zusatzkosten**).

Anderskosten sind ihrem Wesen nach Aufwand, es erfolgt aber eine andere Bewertung bzw. andere zeitliche Verteilung als bei den entsprechenden Aufwandsposten der Jahreserfolgsrechnung.

Die Zusatzkosten (kalkulatorische Eigenkapitalzinsen und kalkulatorischer Unternehmerlohn) sind Kostenarten, die von ihrem Charakter her keine Aufwendungen sein können.

3.1.2 Erfassung und Analyse der wichtigsten Grundkostenarten

3.1.2.1 Personalkosten

3.1.2.1.1 Definition und Struktur der Personalkosten

Die Personalkosten umfassen alle Kosten, die auf Grund der Inanspruchnahme menschlicher Arbeitsleistungen unmittelbar und mittelbar angefallen sind. Sie weisen folgende Struktur auf:

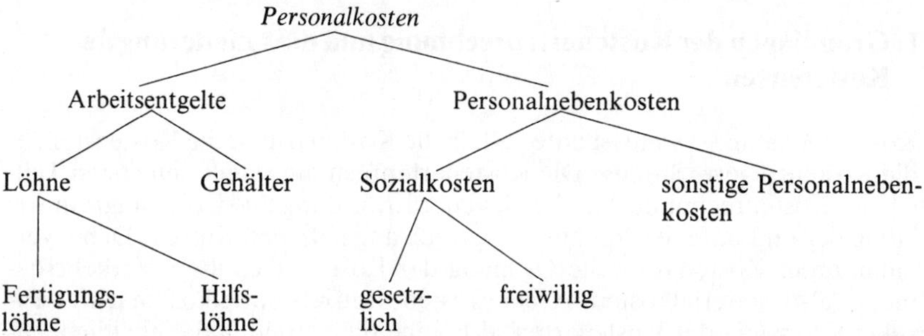

Bei den **Löhnen** trennt man zwischen Fertigungslöhnen und Hilfslöhnen. Diese Unterteilung erfolgt nach fertigungstechnischen Kriterien, denn Fertigungslöhne stehen in unmittelbarem Zusammenhang mit der Erstellung der Leistung, Hilfslöhne hingegen stehen nur in mittelbarer Beziehung zur erstellten Leistung (Kostenträger). Hilfslöhne sind z.B. die Löhne für Lager- und Transportarbeiten, Werksdienst, für Ausfall- und Wartezeiten und dergl. Sie können i.d.R. beim einzelnen Kostenträger nicht direkt erfaßt werden und sind deshalb Kostenträgergemeinkosten. Unter **Gehältern** versteht man das Arbeitsentgelt pro Zeitraum (z.B. pro Monat), das vor allem an Angestellte gezahlt wird.

Den Arbeitsentgelten sind die **Personalnebenkosten** hinzuzufügen, da für die Betriebsabrechnung sämtliche Personalkosten erfaßt werden müssen.

Zu den **gesetzlichen Sozialkosten** gehören vor allem die Arbeitgeberanteile für die Kranken-, die Renten-, die Arbeitslosen- und die Unfallversicherung. **Freiwillige Sozialkosten** sind z.B. zusätzliche Zahlungen an die Sozialversicherung, an die Pensionskasse, aber auch die Kosten für die Kantine, die Werkszeitung und dergleichen. **Sonstige Personalnebenkosten** ergeben sich z.B. durch Umzüge, Inserate usw.

3.1.2.1.2 Probleme der Erfassung der Personalkosten

Bei der Bestimmung der gerechten Höhe der Arbeitsentgelte sind einmal die Anforderungen an die Tätigkeit, die erbrachten Leistungen und soziale Aspekte zu berücksichtigen. Darüber hinaus ist es erforderlich, daß die Staffelungen der Lohnhöhen im Betrieb und das Entgeltniveau bei anderen Betrieben beachtet werden.

Die gerechte Entlohnung soll in den Lohnformen zum Ausdruck kommen. Bei den Lohnformen unterscheidet man zwischen den reinen (Zeit- und Stücklohn) und den gemischten Lohnformen.

Beim **Zeitlohn** erfolgt die Entlohnung nach Maßgabe der Kalenderzeit. Beim **Stücklohn** (Akkordlohn) wird die erbrachte Leistung vergütet. Eine solche Lohnform ist als leistungsgerecht anzusehen, wenn zwischen dem Arbeitseinsatz und der Ausbringungsmenge Proportionalität besteht. Liegt diese nicht vor, dann erscheint der Zeitlohn als der leistungsgerechtere. Diese Lohnform ist insbesondere dann zu wählen, wenn die Leistung nicht meßbar ist (dispositive Tätigkeiten) oder vom Arbeitnehmer nicht zu beeinflussen ist (Fließband).

Beim Akkordlohn unterscheidet man zwischen dem Geld- und dem Zeitakkord. Beim **Geldakkord** wird für jede erstellte Leistungseinheit ein bestimmter Geldbetrag, der sog. Geldfaktor, bezahlt. Der gesamte Lohn ergibt sich aus der Multiplikation von Geldfaktor und erstellten Mengeneinheiten. Der **Zeitakkord** hingegen stellt eine mittelbare Mengenentlohnung dar. Der Lohn beim Zeitakkord wird errechnet als Produkt aus erstellter Menge x, Vorgabezeit t_0 und Minutenfaktor g:

$$\text{Gesamtlohn} = x \cdot t_0 \cdot g \quad \left[\frac{\text{Stück}}{\text{h}} \cdot \frac{\text{Min}}{\text{Stück}} \cdot \frac{\text{GE}}{\text{Min}} \right]$$

Der Minutenfaktor – es handelt sich um einen Geldfaktor pro Minute – stellt dabei den auf eine Minute, d.h. auf eine Einheit der Vorgabezeit, bezogenen Lohn dar. Die Vorgabezeit t_0 stellt diejenige Zeit dar, die zur Erstellung einer Leistungseinheit festgelegt worden ist. Sie ist ausgerichtet an der Normalleistung des Arbeitnehmers. Den Stundenlohn bei Normalleistung bezeichnet man als **Akkordrichtsatz**. Dieser Stundenlohn liegt i.d.R. etws höher als der vergleichbare Lohn eines Zeitlöhners. Oft wird der fiktive Lohn des Zeitlöhners als Maßstab für einen garantierten Mindestlohn angesehen.

Der Zeitakkord ist heute aus folgenden Gründen vorherrschend:

(1) Bei Änderungen des Lohnsatzes wird beim Zeitakkord lediglich der Minutenfaktor geändert. Dies ist einfacher als die Handhabung beim Geldakkord. Dort wäre die gesamte Entlohnung je Stück neu zu berechnen.
(2) Aus der Formel für die Entlohnung mit Hilfe des Zeitakkordes läßt sich unmittelbar die vorgegebene Arbeitszeit pro Ausbringungseinheit bei Normalleistung erkennen. Diese Zeitgröße ist zur Wirtschaftlichkeitskontrolle erforderlich.
(3) Die vorgegebene Arbeitszeit pro Leistungseinheit läßt sich zur Planung des Produktionsprozesses heranziehen.

Der **Prämienlohn**, eine weitere Lohnform, liegt vor, wenn zu einem vereinbarten Grundlohn planmäßig eine Prämie zusätzlich gezahlt wird.

Durch die zusätzliche Zahlung unterscheidet sich diese gemischte Lohnform formal vom Akkordlohn. In einer Ausprägung, beim Lohnsystem mit Quantitätsprämien, liegt eine Verwandtschaft zum Akkordlohn vor. Dies gilt jedoch nicht im Falle von Qualitätsprämien.

Der überwiegende Teil der Gehälter und Löhne stellt Kostenträgergemeinkosten dar. Diese sind gleichzeitig Kostenstelleneinzelkosten, wenn der Arbeitsplatz eines Arbeitnehmers einer einzigen Kostenstelle zugeteilt ist. Überwacht jedoch jemand mehrere Kostenstellen, z.B. der Werkleiter, so stellt sein Gehalt Kostenstellengemeinkosten dar. Die direkten Fertigungslöhne versucht man als Kostenträgereinzelkosten zu erfassen. Sie werden gesondert je Auftrag auf einem Lohnzettel gesammelt. Dies ist beim Zeitakkord nicht die effektiv benötigte Zeit, sondern die Vorgabezeit.

Bei der Ermittlung der gesamten Personalkosten sind Prämien und Zulagen (z.B. für Schmutz und Hitze, besondere Gefahren, aber auch Verheiratetenzuschläge) zu berücksichtigen. Neben der Ermittlung der Bruttolöhne sind die Personalnebenkosten zu bestimmen. Der Gesamtbetrag geht in die Kostenartenrechnung ein.

3.1.2.1.3 Die Verteilung der Urlaubslöhne als Spezialproblem

Bestimmte Personalkosten, insbesondere die Urlaubslöhne, aber auch Feiertags- und Krankheitslöhne, Weihnachtsgratifikationen und dgl., verteilen sich ungleichmäßig über das Jahr. Urlaubslöhne konzentrieren sich auf einige wenige Monate, evtl. gar nur auf den Monat der Betriebsferien. In den Monaten, in denen die Urlaubslöhne anfallen, geht in der Regel die Produktionsmenge zurück. Eine direkte Verrechnung dieser Personalkosten im Zeitraum ihres Anfalls auf die Kostenträger würde zu überhöhten Selbstkosten und damit zu einer Verzerrung des Betriebsergebnisses führen. Die Aussagefähigkeit der aus der Kostenrechnung gewonnenen Daten würde damit sehr eingeengt. Diese Vorgehensweise widerspricht auch dem der Kostenrechnung immanenten Vergleichbarkeitsgedanken.

Um eine gleichmäßige Belastung zu erreichen, werden vor allem zwei Methoden angewandt:

(1) Zwölftelung
Die gesamte Urlaubslohnsumme wird gleichmäßig und unabhängig vom tatsächlichen zeitlichen Anfall auf zwölf Monate verteilt. Dennoch weist diese Zwölftelung den Nachteil auf, daß hierbei Beschäftigungsschwankungen nicht berücksichtigt sind. Der Monat mit den Betriebsferien wird, obwohl die Ausbringungsmenge stark reduziert ist, in gleicher Höhe mit Urlaubslohn belastet wie andere Monate. Es ergibt sich zwar eine gleichmäßige Periodenbelastung, jedoch variiert der auf die Leistungseinheit entfallene Betrag.

(2) Verteilung der Urlaubslöhne proportional zu den Fertigungslöhnen
Um eine Proportionalität zwischen Urlaubslöhnen und Fertigungslöhnen zu erhalten, wird der Quotient aus Jahresurlaubslohnsumme und Jahresfertigungslohnsumme gebildet. Beträgt z.B. die Jahresurlaubslohnsumme 300000 DM und die Jahresfertigungslohnsumme 3000000 DM, dann entfällt auf jede DM Fertigungslohn ein Betrag von 0,1 DM Urlaubslohn. Es läßt sich zur Feststellung der gesamten Lohnbelastung je Fertigungseinheit der Betrag ermitteln, der dem Fertigungslohnanteil zuzuschlagen ist. Diese Vorgehensweise hat den Vorteil, daß die Belastung der einzelnen Leistungseinheiten mit Urlaubslöhnen gleichmäßig ist.

3.1.2.2 Materialkosten

3.1.2.2.1 Definition und Struktur der Materialkosten

Materialkosten, auch Werkstoffkosten oder einfach Stoffkosten genannt, entstehen durch den Verbrauch von Materialien bei der Leistungserstellung. Materialien sind all jene Stoffe, die bei der Leistungserstellung unmittelbar in das Produkt eingehen oder unmittelbar auf das Produkt einwirken und dabei verbraucht werden. Zu den Materialien zählen die Rohstoffe, die Hilfsstoffe und die Betriebsstoffe.

Rohstoffe gehen direkt in das Erzeugnis ein und werden zu Hauptbestandteilen des Produktes (z.B. Holz bei der Herstellung von Schränken).

Hilfsstoffe gehen auch in das Produkt ein, sie werden aber zu Nebenbestandteilen des Produktes (z.B. Leim, Lack, Nägel, Schrauben).

Betriebsstoffe gehen nicht in das Produkt ein, sie sind aber zur Durchführung des Produktionsprozesses erforderlich (z.B. Schmieröle, Energiestoffe, Reinigungsmittel).

3.1.2.2.2 Methoden der Erfassung der Materialkosten

3.1.2.2.2.1 Die Ermittlung der Verbrauchsmengen

Die Erfassung des mengenmäßigen Verbrauchs an Materialien kann nach verschiedenen Methoden erfolgen. Es werden die zwei folgenden Grundmethoden unterschieden.

3.1.2.2.2.1.1 Erfassung des Materialverbrauchs beim Zugang zum Lager

Man geht bei dieser als **Festwertrechnung** bezeichneten Form der Erfassung des Materialverbrauchs von der Annahme aus, daß der Lagerzugang dem Materialverbrauch entspricht. Von einer solchen Annahme kann man ausgehen, wenn der Materialverbrauch sich über einen bestimmten Zeitraum mengenmäßig, wertmäßig und auch in der Zusammensetzung nicht oder nur geringfügig ändert. Die Festwertrechnung findet man bei solchen Betriebsstoffen, die Gebrauchsgüter sind (z.B. Werkzeuge, Hotelwäsche).

Der Lagerzugang wird nicht in der Kontenklasse 3 (Bestände für Roh-, Hilfs- und Betriebsstoffe) erfaßt. Es erfolgt eine Buchung Klasse 4 (Kostenarten) an Klasse 1 (Finanzkonten).

3.1.2.2.2.1.2 Erfassung des Materialverbrauchs beim Abgang vom Lager

Bei der Erfassung der Materialverbrauchsmengen beim Abgang vom Lager kommen insbesondere die folgenden Methoden in Betracht:

1. Erfassung durch **Befundrechnung** (Bestandsvergleich, Inventurmethode)
2. Erfassung durch **Rückrechnung** (retrograde Methode)
3. Erfassung durch **Fortschreibung** (Skontration)

Befundrechnung: Bei der **Befundrechnung** werden Bestände miteinander verglichen. Aus der Relation Anfangsbestand + Zugang = Endbestand + Verbrauch folgt:

Verbrauch = Anfangsbestand + Zugang ⁒ Endbestand

Die Bestände werden bei der Befundrechnung durch Inventur, die Zugänge beim Eingang der Materialien erfaßt.

Diese Befundrechnung weist folgende Nachteile auf:

- In der Kostenrechnung erfolgt eine Abrechnung meistens monatlich. Eine monatliche Inventur ist zeitraubend und mühselig.
- Durch die Ermittlung des Verbrauchs durch Saldierung ist nicht feststellbar, für welche Kostenstellen bzw. Kostenträger der Lagerabgang erfolgte.
- Es kann nicht differenziert werden zwischen produktionsbedingtem Verbrauch und unerwünschtem Lagerabgang. Aus Gründen der Kontrolle (Diebstahl) und der Kostenverrechnung – Diebstahl, Schwund und Verderb stellen die eigene Kostenart Lagerwagnisse dar – sollte eine Trennung der Verbrauchskomponenten möglich sein.
- Es kann nicht jede Materialart erfaßt werden (z.B. bei Kohlehalden).

Rückrechnung: Bei der **retrograden Erfassung** des Materialverbrauchs werden die Verbrauchsmengen aus den erstellten Mengen der Halb- und Fertigerzeugnisse abgeleitet, indem man von diesen erstellten Mengen auf den Materialverbrauch schließt.

Diese Rückrechnung ist einfach und schnell durchzuführen. Sie kann zweckmäßig sein, wenn ein eindeutiger Zusammenhang zwischen der Faktoreinsatzmenge und der Ausbringungsmenge besteht. Bei der Rückrechnung werden Soll-Verbrauchsmengen, in denen auch unvermeidbare Materialabfälle berücksichtigt sind, ermittelt. Dennoch kann der nicht produktionsbedingte Lagerabgang nur durch eine Inventur oder sonstige Kontrollmaßnahmen festgestellt werden.

Fortschreibung: Die Fortschreibung oder Skontration ist die genaueste Methode der Verbrauchsmengenerfassung. Die Lagerabgänge werden in der Lagerbuchhaltung durch Materialentnahmescheine erfaßt. Hierdurch wird diese Art der Verbrauchsmengenerfassung kostspielig und arbeitsintensiv.

Die Skontration beseitigt die Mängel der Befundrechnung. Es ist erkennbar, in welcher Kostenstelle die Materialien benötigt wurden und für welchen Kostenträger sie bestimmt waren. Zusätzlich ist der nicht produktionsbedingte Lagerabgang feststellbar, indem man den buchmäßigen Endbestand mit dem tatsächlichen Endbestand vergleicht, der sich auf Grund einer (permanenten) Inventur ergibt.

Wegen der Kostspieligkeit der Fortschreibung wird von dieser Methode nur bei relativ hochwertigen Materialien Gebrauch gemacht.

3.1.2.2.2.2 Die Bewertung des Materialverbrauchs

Je nachdem, ob Einzel- oder Sammelgüter vorliegen, werden bei der Bewertung des Materialverbrauchs verschiedene Methoden angewandt. Einzelgüter, z.B.

für die Fertigung von Spezialaggregaten, werden gesondert gelagert und einzeln erfaßt. Bei Sammelgütern, d.h. gleichartigen Massengütern, hingegen kommt es bei der Lagerung zu einer Mischung der zu unterschiedlichen Zeitpunkten und evtl. auch zu schwankenden Beschaffungspreisen eingekauften Materialmengen.

3.1.2.2.2.2.1 Preisansatz bei Einzelgütern

Die für die Produktion benötigten Materialverbrauchsmengen werden einzeln kalkuliert, wenn die Produkte unregelmäßig und in einzelnen bzw. in kleinen Ausbringungsmengen erstellt werden. Bewertet werden diese Materialverbrauchsmengen zu den effektiven Anschaffungsausgaben, d.h. zum Bruttorechnungspreis abzüglich Rabatte und Skonti und zuzüglich Anschaffungsnebenkosten.

3.1.2.2.2.2.2 Preisansatz bei Sammelgütern

Verschiedene Lieferanten, Saison- und Mengenrabatt, aber auch kontinuierliche Preissteigerungen führen zu unterschiedlichen Beschaffungspreisen der Materialverbrauchsmengen. Eine Trennung der Materialien nach den einzelnen Beschaffungspreisen ist praktisch nicht möglich, da bei der Lagerung eine Vermischung eintritt. Auch würde eine solche Vorgehensweise dem der Kostenrechnung innewohnenden Vergleichbarkeitsgedanken nicht entsprechen. Die Materialverbrauchsmengen sind deshalb mit **durchschnittlichen Anschaffungsausgaben** anzusetzen. Hierbei werden vor allem zwei Methoden herangezogen:

1. Methode der rollenden Durchschnittspreise

Nach dieser Methode wird nach jedem Lagerzugang ein neuer Durchschnittspreis ermittelt. Vom Lager abgehende Materialverbrauchsmengen werden mit dem jeweils ermittelten Durchschnittspreis bewertet. Erfolgte z.B. eine Beschaffung von 20 Einheiten à 100 DM und von 40 Einheiten à 120 DM, so ist der durchschnittliche Wertansatz 113,33 DM. Werden nun 15 Einheiten à 113,33 DM für die Produktion benötigt und erfolgt im Anschluß eine Auffüllung des Materiallagers in Höhe von 15 Einheiten, die zu 140 DM erworben werden, dann ergibt sich der als neu zu ermittelnde Durchschnittspreis der sich im Lager befindlichen Güter wie folgt:

Wert des im Lager befindlichen Anfangsbestandes	45 Einheiten à 113,33 DM	= 5100 DM
Wert des Lagerzugangs	15 Einheiten à 140 DM	= 2100 DM
Wert der gesamten Lagerbestände		7200 DM

Der ermittelte Durchschnittspreis pro Einheit des neuen Lagerbestandes beträgt 120 DM.

Mit der Bildung rollender Durchschnittspreise paßt man sich tendenziell den jeweiligen Beschaffungspreisen an. Diese Methode hat den Nachteil, daß die Bildung rollender Durchschnittspreise einen erheblichen Rechenaufwand erfordert. Vorteilhaft ist diese Methode jedoch bei der Ermittlung des Betriebsergebnisses, da Veränderungen der Faktorpreise erfaßt werden. Steht jedoch als Rechnungszweck die Kontrolle der Wirtschaftlichkeit im Vordergrund, dann bieten rollende Durchschnittspreise keine geeignete Vergleichsgrundlage, denn für eine

Wirtschaftlichkeitskontrolle müßten die Preisschwankungen vollständig ausgeschaltet werden. Hierfür eignen sich Festpreisverfahren.

2. Methode fester Durchschnitts- oder Standardpreise
Bei dieser Methode werden die Zu- und Abgänge an Materialien zu einem Festpreis, der von Preisschwankungen auf dem Beschaffungsmarkt unabhängig ist, verrechnet.

Die Höhe dieses Standardpreises ist dabei ausgerichtet an dem Preis des Marktes. Ein Festpreis hat den Vorteil, daß nicht in jeder Abrechnungsperiode ein neuer Durchschnitt errechnet werden muß. Auch wird die mengenmäßige Wirtschaftlichkeitskontrolle wesentlich erleichtert, denn die Vergleichbarkeit bleibt gewahrt.

Um die Differenzen zwischen dem Anschaffungspreis und dem festen Standardpreis in der Buchhaltung auszugleichen, wird ein Preisdifferenzenkonto gebildet.

3.1.3 Erfassung und Analyse kalkulatorischer Kostenarten

3.1.3.1 Kalkulatorische Abschreibungen

3.1.3.1.1 Bilanzielle und kalkulatorische Abschreibungen

Unter Abschreibungen versteht man die rechnerische Erfassung der Wertminderung von Anlagegütern in den einzelnen Perioden ihrer Nutzung und/oder pro Leistungseinheit. Abschreibungen erfolgen für dauerhafte, begrenzt nutzbare materielle und immaterielle Anlagegüter. Dabei ist zwischen **bilanziellen und kalkulatorischen Abschreibungen** zu unterscheiden. Die bilanzielle Abschreibung geht als Aufwand in die Kontenklasse 2 (neutrale Aufwendungen und Erträge) ein, kalkulatorische Abschreibungen sind Kosten und werden in der Kontenklasse 4 (Kostenarten) erfaßt.

Die **bilanziellen Abschreibungen** kann man unterscheiden in **planmäßige** und **außerplanmäßige** Abschreibungen (§253 II HGB). Mit Hilfe der planmäßigen Abschreibungen soll eine periodengerechte Verteilung der Anschaffungsausgaben bzw. Herstellungsausgaben der begrenzt nutzbaren Gegenstände des Anlagevermögens erfolgen. Durch außerplanmäßige Abschreibungen werden Wertminderungen berücksichtigt, die durch nicht vorhergesehene Ereignisse eingetreten sind. Außerplanmäßige Abschreibungen werden in der Kostenrechnung nicht erfaßt.

Kalkulatorische Abschreibungen sind die Kosten der Nutzung des betriebsbedingten, begrenzt nutzbaren Anlagevermögens. Die kalkulatorischen Abschreibungen entsprechen begrifflich den planmäßigen bilanziellen Abschreibungen. Materiell jedoch können zwischen den kalkulatorischen und den planmäßigen bilanziellen Abschreibungen Diskrepanzen auftreten, denn die **Höhe der Abschreibungen** wird durch drei Komponenten bestimmt:

(a) den Abschreibungsausgangsbetrag
(b) die Nutzungsdauer
(c) das Abschreibungsverfahren.

Die Diskrepanzen zwischen der Abschreibungshöhe der bilanziellen und der kalkulatorischen Abschreibung ergeben sich aus dem unterschiedlichen Ansatz dieser Komponenten. So werden z.B. in der Bilanz die Abschreibungen von den Anschaffungsausgaben vorgenommen. Insgesamt dürfen die Abschreibungen die Anschaffungsausgaben nicht überschreiten (Prinzip der **nominellen Kapitalerhaltung**). In der Kostenrechnung geht man jedoch vom Prinzip der **substantiellen Kapitalerhaltung**, die unternehmensindividuelle Preissteigerungen berücksichtigen will, aus. Kalkulatorische Abschreibungen werden von den eine Kapitalstruktur erhaltenden Wiederbeschaffungswerten (siehe insb. S. 54-61) des dem Betriebszweck dienenden, abnutzbaren Anlagevermögens vorgenommen. Übersteigen die Erlöse der produzierten Güter die Selbstkosten oder sind ihnen mindestens gleich, so fließen mit diesen Erlösen Abschreibungsgegenwerte als Finanzmittel in die Unternehmung zurück. Diese „verdienten" Abschreibungen können zur Beschaffung neuer Anlagen mit höheren Wiederbeschaffungspreisen verwendet werden.

3.1.3.1.2 Die Komponenten des Abschreibungsbetrages

3.1.3.1.2.1 Der Abschreibungsausgangsbetrag

Der Abschreibungsausgangsbetrag wird auf die Perioden der Nutzung verteilt. Bilanziell werden Abschreibungen als Aufwand erfaßt. Da die Bilanz und auch die Gewinn- und Verlustrechnung pagatorisch ausgerichtet sind, ist der Abschreibungsausgangsbetrag an effektiv erfolgten Zahlungen orientiert. In der Aufwandsrechnung ist der Ausgangsbetrag festgelegt durch den Rechnungsbetrag zuzüglich Nebenaufwendungen und abzüglich der Rabatte und Skonti bzw. bei selbsterstellten Anlagen durch Herstellungsaufwendungen.

Bezüglich der Abschreibungen findet sich in der Literatur zur Kostenrechnung vorwiegend die Auffassung, daß zur Unternehmenserhaltung Abschreibungen auf der Basis von später zu zahlenden **Wiederbeschaffungspreisen** und nicht auf der Grundlage von Anschaffungspreisen zu erfolgen haben. Begründet wird diese Ansicht mit der Überlegung, daß bei steigenden Beschaffungspreisen Abschreibungen auf der Basis von Anschaffungspreisen die Substanz eines Unternehmens gefährden. Es ist aber zu bedenken, daß eine Verrechnung zu hoher Kosten bei Unternehmen im Wettbewerb zu strategischen Fehlsteuerungen und damit zu einer Schwächung der Wettbewerbsposition führen kann, denn Abschreibungen vom Wiederbeschaffungspreis (zuzüglich kalkulatorischer Zinsen) können – sofern die Kosten überhöht sind – zum Ausweis faktischer Gewinne als betriebswirtschaftliche Kosten führen. Verschiedene Varianten der Substanzerhaltungskonzeption (Brutto- bzw. Nettosubstanzerhaltung) sollen einen unterschiedlichen Umfang der zu erhaltenden Substanz gewährleisten. Während die **Bruttosubstanzerhaltung** die Wiederbeschaffung der ursprünglich vorhandenen Substanz in absoluter Höhe sichert, wird bei der **Nettosubstanzerhaltung** nur der eigenfinanzierte Anteil des abnutzbaren Sachanlagevermögens auf der Grundlage von Wiederbeschaffungspreisen abgeschrieben. Läßt sich ein Wiederbeschaffungspreis auch schätzungsweise nicht bestimmen, weil neue Anlagen, bedingt durch den technischen Fortschritt, auftreten oder weil der Zeitpunkt des Anlagenersatzes zu weit entfernt ist, so werden als Abschreibungsausgangsbetrag ersatzweise Tagespreise (sog. Zeitwertabschreibung) herangezogen.

Bei der Bestimmung dieses Abschreibungsausgangsbetrages ist ein evtl. Restverkaufserlös zu berücksichtigen. Dies gilt besonders dann, wenn der Restverkaufserlös – weil z.B. der Materialwert sehr hoch ist – die Abbruchkosten übersteigt. In der Praxis wird jedoch auf eine explizite Berücksichtigung des Restverkaufserlöses meist verzichtet, da angenommen wird, daß der Restverkaufserlös gleich den Abbruchkosten ist und sich somit diese positiven und negativen Erfolgsbeiträge am Ende der Nutzungsdauer ausgleichen.

3.1.3.1.2.2 Die Nutzungsdauer

3.1.3.1.2.2.1 Die Abschreibungsursachen

Unter der Nutzungsdauer einer Anlage versteht man den Zeitraum, in dem diese Anlage im Unternehmen eine Aufgabe erfüllt. Abgesehen von rechtlich bedingten Ursachen (z.B. Beendigung von Mietverhältnissen vor Beendigung der Nutzungsfähigkeit) hängt der zeitlich begrenzte Einsatz von folgenden Abschreibungsursachen ab:

1. Verschleißursachen
2. technische Überholung (technischer Fortschritt)
3. wirtschaftliche Überholung.

Ruhender und abnutzungsbedingter Verschleiß verringern die Leistungsfähigkeit der Anlage. Der abnutzungsbedingte Verschleiß (Gebrauchsverschleiß) entsteht durch die Nutzung des Wirtschaftsgutes, der ruhende Verschleiß tritt auch dann ein, wenn die Anlage nicht genutzt wird (z.B. durch Korrosion).

Bei der **technischen Überholung** und bei der **wirtschaftlichen Überholung** bleibt die technische Leistungsfähigkeit der Anlage erhalten. Der technische Fortschritt führt zu besseren und kostengünstigeren Ersatzanlagen. Dies bewirkt eine Verkürzung der Nutzungsdauer der alten Anlage.

Unter wirtschaftlicher Überholung versteht man insbesondere den Einfluß von Bedarfswandlungen. Neben dieser Änderung der Absatzsituation führen auch Lohnerhöhungen zur wirtschaftlichen Überholung, denn durch Lohnsteigerungen werden kapitalintensive Anlagen vorteilhafter als arbeitsintensive. Somit können Lohnerhöhungen die Nutzungsdauer der sich in Betrieb befindlichen alten Anlage verkürzen.

Zur Bestimmung der Nutzungsdauer geht man in der Praxis von einer in der Vergangenheit üblichen technischen Nutzungsdauer aus. Eine auf dieser Grundlage geschätzte technische Nutzungsdauer wird, um die Wirkungen technischer und wirtschaftlicher Einflüsse zu erfassen, um Abschläge verkürzt.

Man könnte nun die „technische Nutzungsdauer" als denjenigen Zeitraum ansehen, in dem die Anlage technisch nutzbar ist. Eine solche Definition hätte zur Konsequenz, daß die Nutzungsdauer einer Anlage bereits dann beendet sein würde, wenn z.B. eine geringwertige Sicherung ausfällt. Ein ständiger Ersatz verschlissener Teile verlängert jedoch die Nutzungsdauer bis ins Unendliche. Ständige Instandhaltungsmaßnahmen jedoch sind ökonomisch einem Ersatz der Anlage gleichwertig. Die Nutzungsdauer müßte deshalb durch wirtschaftliche Überlegungen bestimmt werden.

Es ist deshalb die folgende Frage zu lösen: Wie lange ist es ökonomisch sinnvoll, bei einer Anlage Instandhaltungsmaßnahmen durchzuführen? Dies bedeutet, daß beim Vorliegen nur verschleißbedingter Abschreibungsursachen eine „technische“ Nutzungsdauer nur durch ökonomische Größen bestimmt werden kann.

Betrachtet man zusätzlich die anderen Abschreibungsursachen, dann versteht man unter der wirtschaftlichen Nutzungsdauer denjenigen Zeitraum, in dem die Anlage dem Unternehmer den größten Gewinn erbringt.

3.1.3.1.2.2.2 Probleme der Nutzungsdauerbestimmung

Die Nutzungsdauer einer Anlage ist nicht ein durch technische Eigenschaften vorgegebener Zeitraum, sondern wird durch ökonomische Überlegungen in einer Optimierungsrechnung bestimmt. Die Nutzungsdauer, von der in der Kostenrechnung auszugehen ist, ist deshalb eine wirtschaftliche Nutzungsdauer. Die Ermittlung der betriebswirtschaftlich richtigen Nutzungsdauer stellt ein Spezialproblem der Investitionstheorie dar.

Um diese Nutzungsdauer zu bestimmen, müssen die mit der Investition verbundenen Zahlungsströme, d.h. die Anschaffungsausgabe, die laufenden Betriebsausgaben und die Einnahmen, prognostiziert werden. Laufende Betriebsausgaben sind die zu zahlenden Löhne, Ausgaben für Werkstoffe, Energie, Material und dgl. Zu den Einnahmen zählen nicht nur die Erlöse aus dem Verkauf der auf der Anlage erstellten Produkte, sondern auch der Restverkaufserlös der Anlage am Ende ihrer Nutzungsdauer. Ferner ist der Einkommenszuwachs späterer Perioden zu beachten, der sich ergeben würde, wenn man die jeweils günstigste Ersatzanlage beschafft hätte.

Die wirtschaftliche Nutzungsdauer läßt sich aufgrund der Kenntnis dieser Zahlungsströme, in denen sich die Abschreibungsursachen niederschlagen, bestimmen. Sie ist als geplante Größe für die Bestimmung der bilanziellen und kalkulatorischen Abschreibungen erforderlich.

3.1.3.1.2.3 Das Abschreibungsverfahren

Bei den Abschreibungsverfahren (-methoden) wird zwischen **zeitabhängigen** und **leistungsabhängigen Verfahren** unterschieden. Bei den zeitabhängigen Abschreibungsverfahren wird der Abschreibungsausgangsbetrag auf die einzelnen Perioden der ermittelten Nutzungsdauer verteilt. Bei der Leistungsabschreibung – auch Abschreibung nach Inanspruchnahme oder mengenmäßige Abschreibung genannt – wird die Nutzungsdauer durch den Gesamtleistungsvorrat des Potentialfaktors gemessen. Man dividiert beim leistungsabhängigen Verfahren den Abschreibungsausgangsbetrag durch den Gesamtleistungsvorrat. Für die Ermittlung der Abschreibung pro Periode wird der so ermittelte Abschreibungssatz pro Leistungseinheit mit der jeweiligen Gesamtleistungsabgabe pro Periode multipliziert. Da jedoch der Gesamtleistungsvorrat bei den meisten Potentialfaktoren kaum feststellbar ist und auch die Leistungsabgabe schwer meßbar ist, verwendet man in der Regel zeitabhängige Verfahren.

3.1.3.1.2.3.1 Zeitabhängige Abschreibungsverfahren

Bei der Verteilung des Abschreibungsausgangsbetrages auf die Perioden der Nutzung ist von einem **Abschreibungsplan** auszugehen, denn der Ausgangsbetrag darf nicht willkürlich auf die Nutzungsdauer verteilt werden. Eine beliebige Verteilung des Ausgangsbetrages auf die einzelnen Perioden der Nutzung könnte z.B. zu einer Manipulation der Gewinnhöhe führen, indem man in Jahren, in denen ein niedriger Gewinn zu erwarten ist, niedrige Abschreibungsbeträge ansetzt und in Jahren mit erwarteten höheren Gewinnen besonders hohe Abschreibungsbeträge berücksichtigt. Um jegliche Manipulationen auszuschalten, muß der Abschreibungsplan zu Beginn der Nutzung für die ganze Nutzungsdauer festgelegt werden. Dabei wird die planvolle Aufteilung auf die einzelnen Perioden durch die Abschreibungsverfahren bestimmt.

Bei den zeitabhängigen Abschreibungsverfahren sind drei Arten zu unterscheiden: lineare, degressive und progressive Abschreibungsverfahren.

1. Lineare (gleichbleibende) Abschreibung
Beim linearen Abschreibungsverfahren wird der Abschreibungsausgangsbetrag (A) mit gleichbleibenden Abschreibungsbeträgen (a) auf die Perioden der Nutzung (n) verteilt.

$$a = \frac{A}{n}$$

2. Degressive Abschreibung
Die degressive Abschreibung stellt eine **Verteilung** des Abschreibungsausgangsbetrages auf die Perioden der Nutzung **in fallenden Raten** dar. Für diese Verteilung des Ausgangsbetrages bieten sich verschiedene Verfahren an. Nehmen die sinkenden Abschreibungsbeträge in Form einer geometrischen Folge ab, dann bezeichnet man diese Abschreibung als geometrisch-degressiv. Bilden die Abschreibungsbeträge eine arithmetische Folge, dann spricht man von einer arithmetisch-degressiven Abschreibung.

2a. Arithmetisch-degressive Abschreibung
Bei der arithmetisch-degressiven Abschreibung ist die Differenz aus den Abschreibungsbeträgen zweier benachbarter Perioden stets konstant:

$$a_t - a_{t+1} = \text{const.}$$

Obwohl die Abschreibungshöhe in jeder Periode stets um einen konstanten Degressionsbetrag fällt, sind verschiedene Formen der Aufteilung möglich, wie das folgende Beispiel (A = 3000, n = 4) zeigt:

	Abschreibungsverlauf und Restbuchwert R bei arithmetisch-degressiver Abschreibung			
	Fall 1		Fall 2	
	a	R	a	R
1. Jahr	900	2100	1050	1950
2. Jahr	800	1300	850	1100
3. Jahr	700	600	650	450
4. Jahr	600	0	450	0

Will man hingegen erreichen, daß die letzte Abschreibungsrate genau gleich der Differenz zweier benachbarter Abschreibungsbeträge ist ($a_t - a_{t+1} = a_n$), so ergibt sich als Degressionsbetrag bei dieser als **digitale Abschreibung** bezeichneten **speziellen Form der arithmetisch-degressiven Abschreibung:**

$$\text{Degressionsbetrag} = \frac{\text{Abschreibungsausgangsbetrag}}{\text{Summe der Jahresziffern der Nutzungsdauer}}$$

Die Abschreibung pro Jahr wäre:

$$a = \text{Degressionsbetrag} \times \text{Jahresziffer in fallender Folge}$$

Im obigen Zahlenbeispiel ergeben sich bei **digitaler Abschreibung** für die einzelnen Jahre der Nutzung die folgenden Abschreibungsbeträge und Restbuchwerte:

	Abschreibungsverlauf und Restbuchwert bei digitaler Abschreibung	
	a	R
1. Jahr	1200	1800
2. Jahr	900	900
3. Jahr	600	300
4. Jahr	300	0

2b. Geometrisch-degressive Abschreibung

Bei der geometrisch-degressiven Abschreibung ist der Quotient der Abschreibungsbeträge zweier benachbarter Perioden stets konstant:

$$\frac{a_t}{a_{t+1}} = \text{const. bzw. } \frac{a_{t+1}}{a_t} = \text{const.}$$

Der Abschreibungsbetrag fällt also nicht jedes Jahr um den gleichen Betrag, sondern mit stets kleiner werdenden Raten. Für das obige Zahlenbeispiel ergeben sich die folgenden Abschreibungsbeträge und Restbuchwerte:

	Geometrisch-degressive Abschreibung	
	a	R
1. Jahr	1600	1400
2. Jahr	800	600
3. Jahr	400	200
4. Jahr	200	0

Bei den bisher behandelten Abschreibungsmethoden wurde bis zum Ende der Nutzungsdauer der gesamte Abschreibungsausgangsbetrag verteilt. Bei der **geometrisch-degressiven Abschreibung verwendet man jedoch i.d.R. ein Verfahren, das nicht den Gesamtbetrag verteilt**. Bei dieser Form der geometrisch-degressiven Abschreibung ermittelt man die Abschreibungsbeträge, indem man vom jeweiligen Restbuchwert der Vorperiode stets einen gleichen Prozentsatz abschreibt.

Es ergibt sich bei einem Abschreibungsprozentsatz von p = 20% und einem Ausgangsbetrag von 3000 DM der folgende Abschreibungsverlauf:

	Abschreibung vom Restbuchwert	
	a	R
1. Jahr	600	2400
2. Jahr	480	1920
3. Jahr	384	1536
4. Jahr	307,20	1228,80
5. Jahr	245,76	983,04
6. Jahr	196,61	786,43
7. Jahr	157,29	629,14
.	.	.

Diese geometrisch-degressive Abschreibung in der Form der **Abschreibung vom Restbuchwert** führt nie zu einem Restbuchwert von Null. Da die Abschreibung eines Jahres stets $\left(1-\frac{p}{100}\right)$ der Abschreibung des Vorjahres ist, läßt sich bei vorgegebenem Abschreibungsprozentsatz der Restbuchwert am Ende der Nutzungsdauer (R_n) berechnen:

$$R_n = \left(1-\frac{p}{100}\right)^n \cdot A.$$

Kann man von einem von Null verschiedenen Restbuchwert am Ende der Nutzungszeit ausgehen, dann läßt sich aus der obigen Formel der Abschreibungsprozentsatz p errechnen:

$$p = \left(1-\sqrt[n]{\frac{R_n}{A}}\right) \cdot 100.$$

Der Abschreibungsprozentsatz ist dabei um so größer, je geringer der Restbuchwert am Ende der Nutzungsdauer ist. Dies bedeutet, daß die Abschreibungsbeträge pro Jahr sich sehr stark in ihrer absoluten Höhe unterscheiden. So ergibt sich z.B. bei einem Abschreibungsausgangsbetrag von 100 DM, einer Nutzungsdauer von 8 Jahren und einem Restbuchwert von 1 DM am Ende der Nutzungsdauer ein Abschreibungsprozentsatz von p = 43,76%. Die Abschreibung des 1. Jahres beträgt 43,76 DM, die des letzten Jahres 0,78 DM.

Derartige Unterschiede in der Abschreibungshöhe lassen sich betriebswirtschaftlich jedoch nicht rechtfertigen. Man findet deshalb die Abschreibung vom Restbuchwert häufig kombiniert mit der linearen Abschreibung, indem in den ersten Perioden degressiv und in den späteren linear abgeschrieben wird. Dieser Wechsel des Abschreibungsverfahrens ist auch steuerrechtlich erlaubt: Nach § 7 II EStG ist eine degressive Abschreibung bei beweglichen Wirtschaftsgütern des Anlagevermögens zulässig. Die Höhe dieser Abschreibung ist begrenzt auf maximal 30% vom Restbuchwert, der Abschreibungssatz darf höchstens das Dreifache der linearen Abschreibung betragen. Von der degressiven Abschreibung kann jederzeit zur linearen übergegangen werden.

Dieser Übergang von der geometrisch-degressiven zur linearen Abschreibungsmethode sei an folgendem Beispiel (Abschreibungsausgangsbetrag 10000 DM, Nutzungsdauer 10 Jahre, Abschreibungsprozentsatz bei degressiver Abschreibung 20%) verdeutlicht:

Jahr	Abschreibungsbetrag		Restbuchwert am Ende des jeweiligen Jahres
	geometrisch-degressiv	linear	
0	—	—	10000
1	2000	—	8000
2	1600	—	6400
3	1280	—	5120
4	1024	—	4096
5	819,20	—	3276,80
6	655,36	—	2621,44
7	—	655,36	1966,08
8	—	655,36	1310,72
9	—	655,36	655,36
10	—	655,36	0

3. Progressive Abschreibung

Die progressive Abschreibung stellt eine Verteilung des Abschreibungsausgangsbetrages auf die Perioden der Nutzung in **steigenden Raten** dar. Analog zur degressiven Abschreibung kann die progressive Abschreibung in der geometrischen oder der arithmetischen Variante bestimmt werden. Da die jeweilige Abschreibungshöhe spiegelbildlich zur degressiven ist, lassen sich die Abschreibungsbeträge bei den Varianten wie bei der degressiven Abschreibung ermitteln. Ihre Verrechnung erfolgt nur in umgekehrter Folge.

3.1.3.1.2.3.2 Leistungsabhängige Abschreibungsverfahren

Bei der leistungsabhängigen Abschreibung wird die Nutzungsdauer durch das gesamte Leistungspotential definiert. Entsprechend der jeweiligen Inanspruchnahme des Potentialfaktors wird der Abschreibungsausgangsbetrag auf die Leistungseinheiten verteilt. Um den Ausgangsbetrag auf den einzelnen Kostenträger verteilen zu können, ist es erforderlich, daß das Gesamtleistungspotential ermittelbar und die einzelne Leistungsabgabe quantifizierbar ist.

Mißt man die Nutzungsdauer durch die Ausbringungsmenge – z.B. Nutzungsdauer: 200000 Einheiten, Abschreibungsausgangsbetrag: 20000 DM, Abschreibung je Einheit: 0,10 DM – dann wird jede gefertigte Einheit mit dem gleichen Betrag

Abschreibungsbeträge (a) und Restbuchwerte (R) bei verschiedenen Abschreibungsverfahren

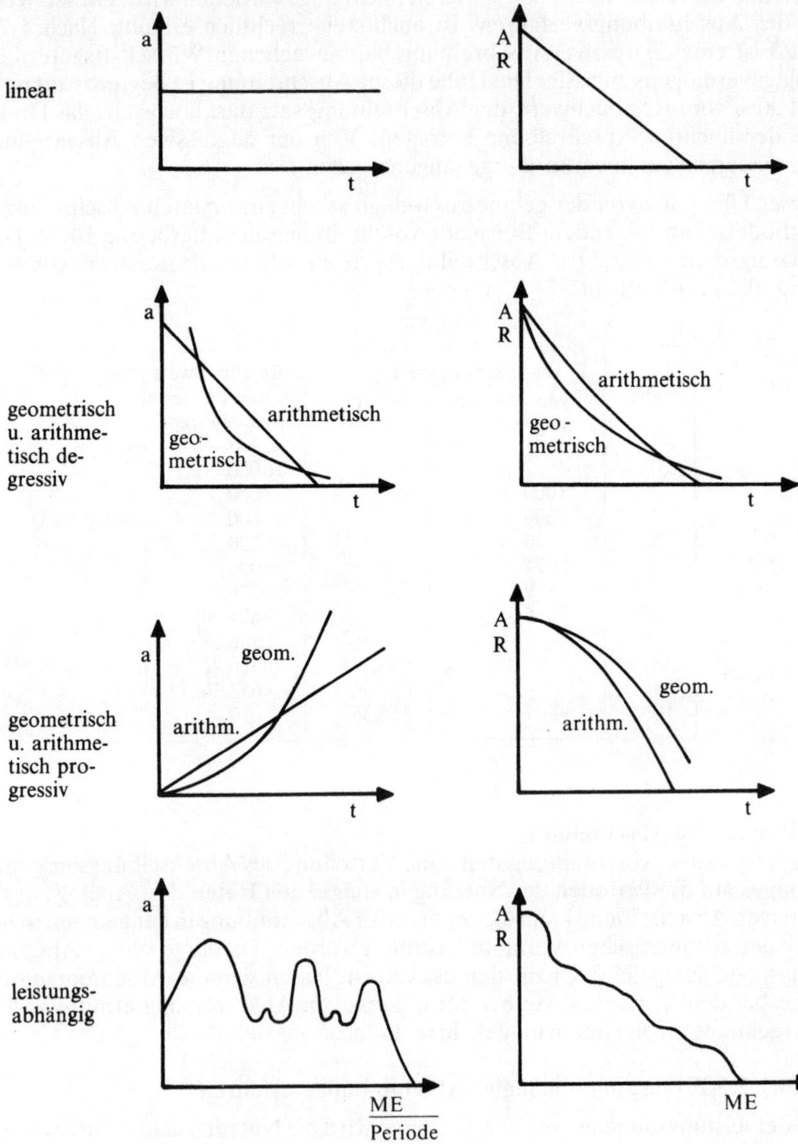

belastet. Die Abschreibung nach Inanspruchnahme führt zu konstanten variablen Kosten pro Leistungseinheit. Jedoch variiert die gesamte Abschreibungshöhe pro Periode mit der Anzahl der erstellten Leistungseinheiten.

Bei linearer Abschreibung – z.B. Nutzungsdauer: 10 Jahre, Abschreibungsausgangsbetrag: 20000 DM, Abschreibung je Jahr: 2000 DM – ist die Abschreibungshöhe pro Periode stets gleich. Dieser Abschreibungsbetrag ist auf die gefertigten Einheiten zu verteilen. Es variiert dann der auf den Kostenträger entfallende Abschreibungsbetrag mit der Anzahl der erstellten Leistungseinheiten – bei 20000 gefertigten Einheiten beträgt die Abschreibung pro Stück 0,10 DM, bei 25000 Einheiten 0,08 DM.

3.1.3.1.3 Das Problem der Erfassung der Abschreibungen als beschäftigungsvariable Kosten

Abschreibungen sind beschäftigungsvariable Kosten, wenn jede produzierte Leistungseinheit den Wert der abzuschreibenden Anlage mindert. Eine Wertminderung der Anlage tritt durch zusätzlich produzierte Leistungseinheiten nur dann ein, wenn

(1) nur der Gebrauchsverschleiß die Nutzungsdauer bestimmt (z.B. Abbau einer Kiesgrube) oder
(2) zu den ursprünglich geplanten Produktionsmengen zusätzliche Aufträge hinzukommen und dadurch der Ersatzzeitpunkt der Anlage vorverlegt wird.

Da jedoch i.d.R. auch die technische und die wirtschaftliche Überholung die wirtschaftliche Nutzungsdauer mitbestimmen, ist das technische Leistungspotential einer Anlage größer als die wirtschaftlich mögliche Leistungsabgabe in diesem Zeitraum. Es ist dann, ebenso wie in dem Fall, daß sich für die Leistungsabgabe keine Verbrauchsfunktion ermitteln läßt, die Zeitabschreibung gerechtfertigt. Zeitabschreibungen führen zu beschäftigungsfixen Kosten.

Man kann jedoch beschäftigungsfixe Abschreibungen auf die Leistungseinheiten verrechnen. Jedoch ist diese mengenmäßige Schlüsselung – hier werden die beschäftigungsfixen Kosten gleichmäßig auf die Leistungseinheiten verteilt – keine Leistungsabschreibung. Durch diese Schlüsselung werden die beschäftigungsfixen Kosten nicht zu variablen Kosten, denn die Höhe der insgesamt angefallenen Kosten variiert nicht mit der Beschäftigung. Die Verrechnung erfolgt hier lediglich unter dem Gesichtspunkt der Vergleichbarkeit der Kostenträgerkosten.

3.1.3.1.4 Die Beurteilung der Abschreibungsverfahren

Die Wahl des Abschreibungsverfahrens hat sich an den Zwecken der Kostenrechnung zu orientieren. Es ist zu fragen, welches Verfahren die „richtigen" Abschreibungsbeträge liefert. Dabei ist vorrangig auf Planungs- und Kontrollaufgaben abzustellen.

Die Abschreibungsverfahren werden sowohl mit dem **Verursachungsargument** als auch mit dem **Vergleichbarkeitsargument** begründet. Als das „richtige" Abschreibungsverfahren wird dasjenige angesehen, das die Abschreibungen entsprechend dem verursachten Werteverzehr erfaßt. Doch ist dieser verursachte Werteverzehr, der sich aus der Kombination der Abschreibungsursachen ergibt, in der Regel nicht zu messen. Deshalb kann entsprechend der Leistungsabgabe der Anlage kein Abschreibungsbetrag ermittelt werden. Aus diesem Grunde hat das Vergleichbarkeitsargument in der Praxis die größere Bedeutung. Man begnügt sich mit einem Abschreibungsverlauf, der zu einer gleichmäßigen und damit vergleichbaren Kostenbelastung führt. Denn wenn die Abschreibungen so verteilt werden, daß sie die einzelnen Perioden in gleicher Weise belasten, dann wird die Kontrolle der Wirtschaftlichkeit bei den übrigen Kostenarten erleichtert.

Insbesondere mit dem Vergleichbarkeitsargument rechtfertigt man die zeitabhängigen Abschreibungsverfahren. Folgende Begründungen werden für die einzelnen Verfahren herangezogen:

1. Die **lineare Abschreibung** führt, da der Abschreibungsausgangsbetrag zu gleichen Teilen auf die Jahre bzw. Monate der Nutzung verteilt wird, zu einer gleichmäßigen Periodenbelastung.
2. Eine andere Auffassung – z.B. von Schmalenbach vertreten – besagt, daß die **degressive Abschreibung** in der Kostenrechnung vorzuziehen sei. Zur Begründung verwendet man einmal das Verursachungsargument und einmal das Vergleichbarkeitsargument.

Entsprechend der **Verursachung** werden von einer neuen Anlage in den ersten Perioden der Nutzung mehr Leistungen abgegeben als in den späteren, da eine Anlage nicht über die gesamte Nutzungszeit ihre pro Periode zur Verfügung stehende Kapazität behält. Denn der ständige Einsatz der Anlage führt im Laufe der Jahre zu einer Erhöhung der Stillstandszeiten und zu einer Verschlechterung der Qualität der Produkte.

Unter dem Aspekt der **Vergleichbarkeit** wird gefordert, daß die gesamten Betriebsmittelkosten, die sich aus den Abschreibungen und den Reparaturkosten zusammensetzen, in jeder Periode gleich hoch sind. Da die Reparaturkosten im Laufe der Nutzungszeit steigen, läßt sich eine gleichmäßige Periodenbelastung nur erreichen, wenn die Abschreibungen sinken. Zu einer gleichmäßigen Belastung durch diese Betriebsmittelkosten gelangt man folglich nur durch einen degressiven Abschreibungsverlauf.

3. Die **progressive Abschreibung** läßt sich ebenfalls mit dem Vergleichbarkeitsargument begründen.

Zu den Anlagekosten gehören bei diesen Überlegungen (Fritz Schmidt) die Abschreibungen und die Zinsen für das in der Anlage gebundene Kapital. Da die Zinsen während der Nutzungszeit der Anlage ständig sinken, läßt sich eine gleichmäßige Periodenbelastung nur durch einen progressiven Abschreibungsverlauf erreichen.

Um die Abschreibungsverfahren beurteilen zu können, sei auf die Zwecke der Kostenrechnung abgestellt. Da die zeitabhängigen Verfahren nicht zu variablen Kosten führen, sind diese Abschreibungen nicht entscheidungsrelevant, sie können für Planungsaufgaben nicht herangezogen werden. Unter dem Aspekt der Kontrolle, d.h. der periodenbezogenen Kontrolle der Wirtschaftlichkeit der Fertigung, ist jedoch eine Verrechnung der kalkulatorischen Abschreibungen durchaus erforderlich.

Erhält man eine gleichmäßige Periodenbelastung durch die Berücksichtigung von Reparaturkosten oder Zinsen und Abschreibungen, dann läßt sich über die Wirtschaftlichkeit der Fertigung keine Aussage mehr machen. Denn eine gleich hohe Periodenbelastung kann sowohl bei einem Unternehmen mit alten Anlagen (geringe Abschreibungen, hohe Reparaturkosten) als auch bei einem Unternehmen mit neuen Anlagen (hohe Abschreibungen, geringe Reparaturkosten) auftreten. Würde man jedoch gleichmäßig abschreiben, so würden sich die Kostenunterschiede auf Grund der unterschiedlichen Altersstruktur offenlegen lassen. Da in der Kostenrechnung als Kontrollrechnung gerade die Kosten sichtbar gemacht werden sollen, die sich von Periode zu Periode ändern, empfiehlt es sich, linear abzuschreiben. Die **lineare Abschreibung** wird daher für die Praxis überwiegend befürwortet.

3.1.3.1.5 Die Fehlschätzung der Nutzungsdauer und ihre Berücksichtigung in der Kostenrechnung

Zu Beginn der Nutzungsdauer eines Anlagegegenstandes ist die optimale Nutzungsdauer unter Beachtung der Abschreibungsursachen, die sich in den Zahlungsströmen niederschlagen, entsprechend der Zielsetzung der Unternehmung festgelegt worden.

Die Nutzungsdauerbestimmung beruht auf geschätzten Wirkungen der Abschreibungsursachen. Jedoch braucht die tatsächliche Entwicklung der Daten mit den unterstellten Annahmen nicht übereinzustimmen, die tatsächliche Nutzungsdauer kann von der im Planungszeitpunkt als optimal errechneten abweichen.

Es erhebt sich die Frage, wie bei veränderter Nutzungsdauer in der Kostenrechnung vorzugehen ist, um zu richtigen kalkulatorischen Abschreibungsbeträgen zu gelangen.

Dabei sind zwei Fälle zu unterscheiden: Die Nutzungsdauer wurde zu kurz geschätzt, bzw. die Nutzungsdauer wurde zu lang geschätzt. Diese beiden Fälle seien anhand des linearen Abschreibungsverfahrens erörtert.

3.1.3.1.5.1 Zu kurz geschätzte Nutzungsdauer

Die tatsächliche Nutzungsdauer (n_t) ist länger als die geplante (n_p). Es wurde im Planungszeitpunkt von einem Abschreibungsausgangsbetrag A ausgegangen. Dieser wurde auf die geplante Zeit der Nutzung n_p verteilt. Bei linearer Abschreibung ergab sich als Abschreibungsbetrag pro Jahr:

$$\tan\beta = a = \frac{A}{n_p}.$$

Nach t Jahren ist der Restbuchwert $\overline{DE}$. Man stellt nun fest, daß die Nutzungsdauer falsch geschätzt worden ist. Es ist die tatsächliche Nutzungsdauer n_t größer als die geplante ($n_t > n_p$), somit verbleibt noch eine Restnutzungsdauer von $n_t - t$ Jahren.

Es gibt folgende Möglichkeiten zur Korrektur dieser Fehlschätzung:

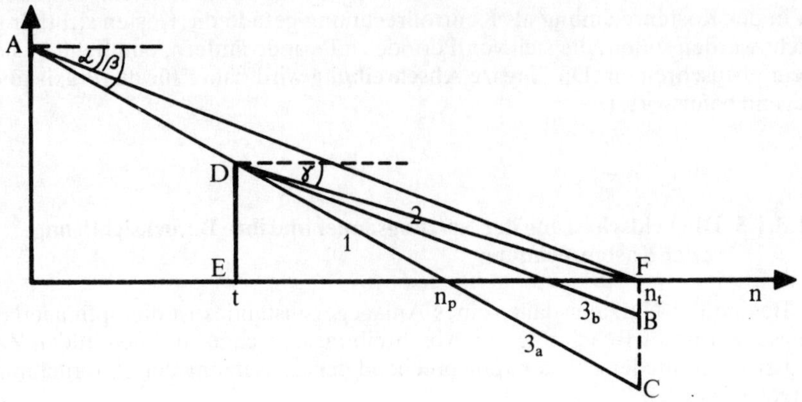

1. Möglichkeit

Es wird in der gleichen Weise wie bisher abgeschrieben, also jährlich $a_1 = \frac{A}{n_p}$ bis zum Ende des Jahres der geplanten Nutzungsdauer. In den verbleibenden Jahren $(n_t - n_p)$ wird nichts abgeschrieben.

Diese Vorgehensweise kann in keiner Weise befriedigen, da die Kontinuität der Kostenrechnung gestört wird. Da keine Vergleichbarkeit der Kosten der einzelnen Perioden vorliegt, besteht auch nicht die Möglichkeit der Kostenkontrolle. Da zudem auch keine Periode mit dem eigentlich richtigen Betrag $\tan \alpha \left(= \frac{A}{n_t}\right)$ belastet wird, ist auch die Betriebserfolgsrechnung verfälscht, denn die ersten n_p Jahre werden zu hoch, die letzten $n_t - n_p$ Jahre zu gering belastet.

2. Möglichkeit

Nachdem die Fehlschätzung offensichtlich ist, wird der bleibende Restbuchwert $\overline{DE}$ im Zeitpunkt t gleichmäßig auf die verbleibenden $n_t - t$ Jahre verteilt. Die jährliche Abschreibung ist jetzt:

$$a_2 = \frac{\overline{DE}}{n_t - t} = \tan \gamma$$

Die Kritik ist ähnlich wie bei der ersten Möglichkeit. Es liegt ein **Bruch in der Kostenrechnung** vor. Keine Periode wird „richtig" belastet, und die Kosten der Abrechnungsperioden sind nicht zu vergleichen.

3. Möglichkeit

Die bisher behandelten Möglichkeiten des Vorgehens waren dadurch gekennzeichnet, daß versucht wurde, genau den Abschreibungsausgangsbetrag A irgendwie zu verteilen. Beide Methoden waren unzureichend. Man muß daher auf jeden Fall, um die Vergleichbarkeit oder um eine richtige Periodenbelastung zu erreichen, **über den Abschreibungsausgangsbetrag hinaus abschreiben.** Es ist dabei zu bedenken, daß auf Grund der erfolgten Fehlschätzung der Nutzungsdauer sowohl der Gesichtspunkt der Vergleichbarkeit als auch der der richtigen Periodenbelastung nicht gleichzeitig berücksichtigt werden kann. Je nachdem, ob der eine oder der andere Gesichtspunkt im Vordergrund steht, sind zwei Unterverfahren möglich.

a) Vergleichbarkeit steht im Vordergrund

Man schreibt während der Restnutzungsdauer $n_t - t$ den ursprünglichen Betrag $\frac{A}{n_p}$ weiter kalkulatorisch ab und bucht die Differenz zur Bilanzabschreibung entweder direkt auf das neutrale Ergebnis oder auf ein Konto der Klasse 2. Schreibt man in der offiziellen Rechnung über die verbleibenden $n_t - t$ Jahre pro Jahr $\frac{\overline{DE}}{n_t - t}$ ab, so ist der jährlich abzugrenzende Betrag:

$$\frac{A}{n_p} - \frac{\overline{DE}}{n_t - t}.$$

Kalkulatorisch ist am Ende der tatsächlichen Nutzungsdauer $\overline{FC}$ zuviel abgeschrieben.

Diese Art des Vorgehens ist vorzuziehen, wenn der Kontrollzweck im Vordergrund steht.

b) Richtige Periodenbelastung steht im Vordergrund

Man schreibt während der Restnutzungsdauer denjenigen Betrag kalkulatorisch ab, den man richtigerweise angesetzt hätte, wenn man von vornherein die Nutzungsdauer richtig geschätzt hätte $\left(a_{3b} = \tan\alpha = \frac{A}{n_t}\right)$. Am Ende der tatsächlichen Nutzungsdauer ist der Betrag $\overline{FB}$ zuviel abgeschrieben. Der Differenzbetrag von $\frac{A}{n_t} - \frac{\overline{DE}}{n_t - t}$ wird direkt auf das neutrale Ergebnis oder ein Konto der Klasse 2 gebucht. Diese Art des Vorgehens ist zu empfehlen, wenn die **Nachkalkulation des Angebotspreises** und die richtige **Ermittlung des Betriebsergebnisses** im Vordergrund stehen. Die Vorgehensweise eignet sich jedoch nicht zur Vorbereitung von Planungsrechnungen. Für kurzfristige Planungsrechnungen dürfen nur entscheidungsrelevante Kosten, d.h. variable Kosten, herangezogen werden. Da hier zeitabhängig abgeschrieben wird, führen die Abschreibungen zu beschäftigungsfixen Kosten.

3.1.3.1.5.2 Zu lang geschätzte Nutzungsdauer

Die tatsächliche Nutzungsdauer ist kürzer als die geplante. Der geplante Abschreibungsbetrag pro Jahr beläuft sich auf $a = \frac{A}{n_p}$. Im Zeitpunkt t, bei einem Restbuchwert $\overline{DE}$, wird festgestellt, daß die tatsächliche Nutzungsdauer kleiner ist als die geplante ($n_t < n_p$). Es verbleibt eine Restnutzungsdauer von $n_t - t$ Jahren.

Es gibt folgende Möglichkeiten zur Korrektur dieser Fehlschätzung:

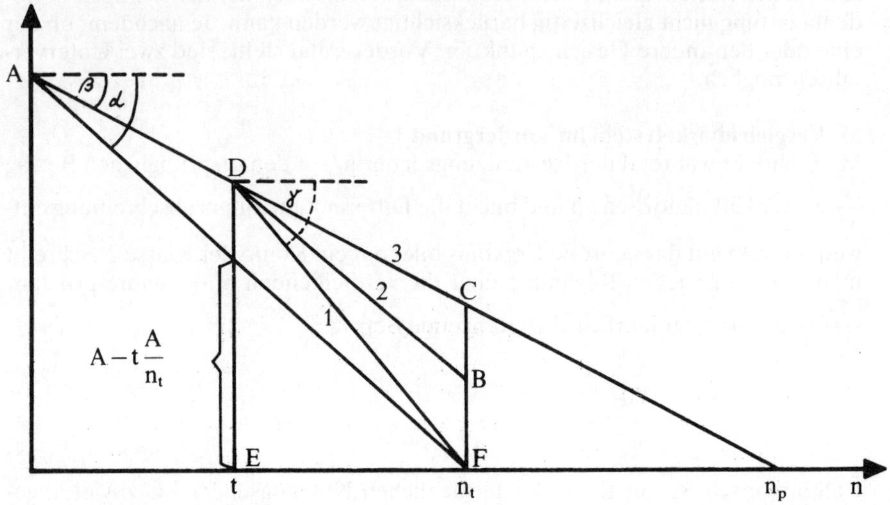

1. Möglichkeit

Der Restbuchwert nach t Jahren ($\overline{DE}$) wird gleichmäßig auf die verbleibenden $n_t - t$ Jahre verteilt. Die jährliche Abschreibung beträgt:

$$\tan \gamma = a_1 = \frac{\overline{DE}}{n_t - t}.$$

Bei dieser Vorgehensweise liegt ein Bruch in der Kostenrechnung – die Vergleichbarkeit ist gestört – vor, zudem wird keine Periode richtig belastet.

Wenn man jedoch in der beschriebenen Weise verfahren will, so ergibt sich das Problem der Abgrenzung zwischen der offiziellen Rechnung und der Kostenrechnung. In der offiziellen Rechnung wäre eine außerplanmäßige Abschreibung durchzuführen, und zwar auf den Betrag, den man als Restbuchwert erhalten hätte, wenn man sofort richtig abgeschrieben hätte. Der Restbuchwert der offiziellen Rechnung im Zeitpunkt t würde $A - t\frac{A}{n_t}$ betragen. Die außerplanmäßige Abschreibung nach den Grundsätzen ordnungsmäßiger Buchführung (GOB) und nach § 253 II Satz 3 HGB wäre somit $\overline{DE} - \left(A - t\frac{A}{n_t}\right)$. Die bilanzielle Abschreibung der $n_t - t$ Folgejahre wäre dann:

$$\frac{\left(A - t\frac{A}{n_t}\right)}{(n_t - t)} = \frac{A}{n_t}.$$

Damit beträgt der abzugrenzende Betrag jährlich:

$$\frac{\overline{DE}}{n_t - t} - \frac{A}{n_t}.$$

2. Möglichkeit

Während der verbleibenden Restnutzungsdauer wird derjenige Betrag abgeschrieben, der sich **bei richtiger Nutzungsdauerschätzung von vornherein ergeben hätte.** Die jährliche Abschreibung beträgt:

$$\tan\alpha = a_2 = \frac{A}{n_t}.$$

Nach erfolgter außerplanmäßiger Abschreibung in der Bilanz ergibt sich keine Abweichung mehr zwischen bilanzieller und kalkulatorischer Abschreibung. Es liegt bei diesem Verfahren keine Vergleichbarkeit vor. Die Vorgehensweise ist aber sinnvoll, wenn nicht die Kontrolle, sondern die **nachträgliche Preiskalkulation** oder die **Ermittlung des Betriebsergebnisses** im Vordergrund stehen. Für Planungsaufgaben eignet sich dieses Verfahren nicht, da die Abschreibungen nicht entscheidungsrelevant sind.

3. Möglichkeit

Der alte Abschreibungsplan der Kostenrechnung wird beibehalten, die kalkulatorische Jahresabschreibung beträgt also:

$$\tan\beta = a_3 = \frac{A}{n_p}.$$

Da nach erfolgter außerplanmäßiger Abschreibung jetzt jährlich $\frac{A}{n_t}$ in der offiziellen Rechnung verrechnet werden, ist ein Betrag von $\frac{A}{n_p} - \frac{A}{n_t}$ abzugrenzen. Es handelt sich um die **optimale Verfahrensweise**, wenn in der Kostenrechnung der **Kontrollzweck** dominiert, was in der Regel der Fall sein wird.

3.1.3.1.6 Die buchungstechnische Behandlung der Abschreibung

Im betrieblichen Rechnungswesen unterscheidet man zwischen bilanziellen und kalkulatorischen Abschreibungen für jedes einzelne abnutzbare Wirtschaftsgut. Dabei werden die Abschreibungen wie folgt buchungstechnisch behandelt:

Buchung der bilanziellen Abschreibung:

Bilanzielle Abschreibungen (Konto 23) an
Anlagevermögen (Konto 01)

Buchung der kalkulatorischen Abschreibung:

Kalkulatorische Abschreibungen (Konto 48) an
Verrechnete kalkulatorische Abschreibungen (Konto 28)

Die Differenz zwischen dem Konto „Bilanzielle Abschreibungen" und „Verrechnete kalkulatorische Abschreibungen" soll die geplante Differenz zwischen beiden Abschreibungsbeträgen angeben. Darüber hinaus können ungeplante Differenzen auftreten, z.B. durch eine falsch geschätzte Nutzungsdauer.

3.1.3.2 Kalkulatorische Zinsen

3.1.3.2.1 Definition und Kostencharakter der kalkulatorischen Zinsen

Kalkulatorische Zinsen gehören – wie auch die kalkulatorische Miete – zur Kostengruppe „Leihkosten". Dabei versteht man unter kalkulatorischen Zinsen einen Kostensatz für die betriebliche Inanspruchnahme von Kapital.

Bei der Ermittlung der kalkulatorischen Zinsen taucht die Frage auf, auf welche Kapitalbeträge kalkulatorische Zinsen zu verrechnen sind. Darüber hinaus ist umstritten, ob Zinsen, insbesondere Zinsen auf das Eigenkapital, Kosten sind oder nicht.

Die Vertreter des **pagatorischen Kostenbegriffes** verstehen unter Kosten nicht kompensierte, betriebsbedingte Ausgaben. Sie lehnen somit den Ansatz von Zinsen auf das Eigenkapital ab, da diese nicht mit Ausgaben verbunden sind. Lediglich Fremdkapitalzinsen sind demnach Kosten. Jedoch wird durch den Ansatz von zweckbedingten Hypothesen bei bestimmten Kostenrechnungszwecken (z.B. Betriebsvergleich) ein Ansatz von kalkulatorischen Kosten erlaubt.

Geht man indes vom **wertmäßigen Kostenbegriff** aus und definiert man demzufolge Kosten als in Geld bewerteten, betriebsbedingten Güter- und Diensteverzehr, so stellt sich die Frage, was durch den Kapitaleinsatz verzehrt wird. Da offenbar weder ein Gut noch Dienste verzehrt werden, ist der Kostencharakter von Fremd- als auch Eigenkapitalzins nicht eindeutig.

Da aber die Zinsen dennoch in der Praxis als Kosten behandelt werden, werden sie als eine Normgröße für den durch den Einsatz des Kapitals zu erreichenden Erfolg angesehen. **E. Schneider** sieht deshalb die Zinsen nur als Quasi-Kosten oder **„Als-ob-Kosten"** an.

Eine andere Rechtfertigung für den Ansatz von Zinsen als Kosten wird durch die Vertreter des wertmäßigen Kostenbegriffes geliefert. So führt Schmalenbach aus, daß das Kapital notwendig ist, um Güter beschaffen zu können. Man könnte demzufolge Kapital als einen mittelbaren Produktionsfaktor ansehen, als abstraktes Gut „Vorrätigkeit an Gütern". Ein Verbrauch an Gütern führt deshalb gleichzeitig zu einem Verzehr dieses abstrakten Gutes „Vorrätigkeit", was den Ansatz von Kosten rechtfertigt.

Es ist nun gleichgültig, woher diese mittelbaren Produktionsfaktoren beschafft werden. Wenn man ausschließlich Fremdkapital einsetzt, so führt dieser Einsatz zu Fremdkapitalzinsen. Setzt der Unternehmer jedoch einen Teil des betriebsnotwendigen Kapitals als Eigenkapital ein, so führt dieses gebundene Kapital zwar nicht zu Zinszahlungen, es wird jedoch anderen Verwendungszwecken – z.B. der Anlage auf dem Geld- oder Kapitalmarkt – entzogen. Dadurch entsteht ein Nutzenentgang in Höhe der Zinsen auf diese anderweitige Kapitalanlage. Diese Opportunitätskosten (=„Kosten" der entgangenen Gelegenheit) werden deshalb kalkulatorisch erfaßt.

Um unterschiedliche Finanzierungsstrukturen auszuschließen, werden die Zinsen auf der Grundlage des gesamten gebundenen Kapitals berechnet.

3.1.3.2.2 Die Ermittlung des betriebsnotwendigen Kapitals

Die in der Kostenrechnung anzusetzenden kalkulatorischen Zinsen auf das betriebsnotwendige Kapital lassen sich mit der folgenden Zinsformel berechnen:

$$Z = \frac{KB \cdot t \cdot p}{100} .$$

Hierbei stellt KB das betriebsnotwendige Kapital, t den Zeitraum und p den Zinssatz zur Ermittlung der Zinsen Z dar.

Das **betriebsnotwendige Kapital,** auch als betriebliches Zinskapital bezeichnet, stellt das Kapital dar, das zur Durchführung des betrieblichen Leistungserstellungs- und -verwertungsprozesses benötigt wird.

Nun ist der Kapitalbetrag, der im Betrieb gebunden ist, ständigen Veränderungen unterworfen. Als Ausgangspunkt für die Zinsberechnung verwendet man deshalb üblicherweise nicht einen zu einem bestimmten Zeitpunkt gebundenen Kapitalbetrag, z.B. den am Ende der jeweiligen Abrechnungsperiode (= **Restwertverzinsung**), sondern man geht, da der Kapitalbetrag im Laufe der Abrechnungsperiode dauernden Schwankungen unterliegt, vom durchschnittlich gebundenen Kapital (= **Durchschnittswertverzinsung**) aus.

Eine Durchschnittswertverzinsung führt zu konstanten Zinsen im Zeitablauf, während bei einer Restwertverzinsung die kalkulatorischen Zinsen mit der Höhe der Restwerte im Zeitablauf abnehmen und damit dem der Kostenrechnung innewohnenden Vergleichbarkeitsgedanken entgegenstehen. Dabei ist bei dieser Betrachtung unterstellt, daß das notwendige Kapital für einzelne Kostenstellen ermittelt wird. Ermittelt man dieses jedoch für den Gesamtbetrieb, so gleicht die heterogene Altersstruktur der Anlagen die Unterschiede zwischen der Restwertverzinsung und der Durchschnittswertverzinsung aus.

Bei der Bestimmung des betriebsnotwendigen Kapitals geht man vom Gesamtvermögen aus. Nun läßt sich das betriebsnotwendige Kapital nicht ohne weiteres aus den Bilanzansätzen übernehmen, denn die Bilanz enthält auch nicht-betrieblich eingesetzte Vermögensgegenstände. Deshalb sind diese (z.B. Reservegrundstücke, nicht-betriebsnotwendige Wertpapiere) aus dem Bilanzansatz zu eliminieren. Darüber hinaus ist es fraglich, ob die Bilanzansätze dem tatsächlichen Vermögenswert entsprechen, denn die Bilanzpositionen sind nach handels- bzw. steuerrechtlichen Vorschriften bewertet. Die Vermögensteile sind möglichst niedrig ausgewiesen, denn die Unternehmen sind i.d.R. bestrebt, den ausgewiesenen Erfolg gering zu halten, da sich dadurch die gewinnabhängigen Zahlungen (z.B. Dividende, Erfolgsteuern) verringern. Dies bedeutet, daß man die zu niedrige Bewertung korrigieren, d.h. stille Reserven auflösen muß. Es erfolgt ein Ansatz zu kalkulatorischen Werten. Durch diese Korrekturen erhält man das **betriebsnotwendige Vermögen.**

Beispiel für die Ermittlung des betrieblichen Zinskapitals (= betriebsnotwendiges Kapital)

Bilanzposten	Handelsbilanzansatz	nichtbetriebl. Kapital	Berichtigung der Bilanzansätze Unterschied im Bilanzansatz des betriebl. gebundenen Kapitals	betriebl. gebundenes Kapital z. Jahresende Berichtigte Schlußbilanz des lfd. Jahres	betriebl. gebundenes Kapital zum Ende des Vorjahres Berichtigte Schlußbilanz des Vorjahres	Durchschnitt aus 5 + 6
1	2	3	4	5	6	7
A. Das in den Vermögensteilen d. Unternehmung gebundene Kapital						
I. Anlagevermögen						
1. Grundstücke	1000000	200000	+1000000	1800000	1400000	1600000
2. Maschinen u. maschinelle Anlagen	3000000	—	—	3000000	2600000	2800000
Sa. 1+2	4000000	200000	+1000000	4800000	4000000	4400000
3. Beteiligungen	500000	500000	—	—	—	—
Sa. 1+2+3 (I)	4500000	700000	+1000000	4800000	4000000	4400000
II. Umlaufvermögen						
1. Roh-, Hilfs- u. Betriebsstoffe	400000	—	+ 100000	500000	600000	550000
2. Halberzeugnisse	100000	—	—	100000	60000	80000
3. Fertigfabrikate	140000	—	+ 60000	200000	100000	150000

Sa. 1+2+3 (Vorräte)	640000	—	+ 160000	800000	760000	780000
4. Wertpapiere des Umlaufvermögens	50000	—	—	50000	90000	70000
5. Forderungen	300000	—	—	300000	340000	320000
Sa. 4+5	350000	—	—	350000	430000	390000
6. Bankguthaben	200000	50000	—	150000	190000	170000
7. Kasse	60000	20000	—	40000	60000	50000
Sa. 6+7	260000	70000	—	190000	250000	220000
Sa. 1–7 (II)	1250000	70000	+ 160000	1340000	1440000	1390000
Sa. I+II (A)	5750000	770000	1160000	6140000	5440000	5790000*
B. Abzugskapital						
I. Kundenanzahlungen	40000	—	—	40000	60000	50000
II. Lieferantenschulden	260000	—	—	260000	220000	240000
Sa. I+II (B)	300000	—	—	300000	280000	290000**
C. Betriebsnotwendiges Kapital (A–B)				5840000	5160000	5500000***

* Betriebsnotwendiges Vermögen
** Abzugskapital
*** Betriebsnotwendiges Kapital = Betriebsnotwendiges Vermögen ./. Abzugskapital

Subtrahiert man von diesem betriebsnotwendigen Vermögen zinslos zur Verfügung stehendes Fremdkapital (sog. **Abzugskapital**), so gelangt man zum **betriebsnotwendigen Kapital.**[1] Zum zinslos zur Verfügung stehenden Fremdkapital zählen z.B. Kundenanzahlungen, zinsfreie Darlehen, Lieferantenverbindlichkeiten (letztere allerdings nur dann, wenn kein Skonto abgezogen werden darf).

Das betriebsnotwendige Zinskapital wird somit wie folgt ermittelt:

Bilanzsumme Aktiva
\+ aufgelöste stille Reserven
⁒ betriebsfremdes Vermögen

Betriebsnotwendiges Vermögen
⁒ Abzugskapital

Betriebsnotwendiges Kapital
(= betriebliches Zinskapital)

Um das im Jahresdurchschnitt gebundene, betriebsnotwendige Kapital zu erhalten, nimmt man die Ansätze des betriebsnotwendigen Kapitals zweier Jahre und bildet hieraus den Durchschnitt.

Dieses so ermittelte durchschnittlich gebundene betriebsnotwendige Kapital wird mit dem noch zu bestimmenden Zinssatz verzinst.

3.1.3.2.3 Die Wahl des Zinssatzes

Für die Wahl des Zinssatzes sind eigentlich investitionstheoretische Überlegungen heranzuziehen. Da jedoch über die Höhe des Kalkulationszinsfußes keine allgemeingültigen Aussagen getroffen werden können, sondern die Höhe von den Vereinfachungen des investitionstheoretischen Modells abhängig ist, verwendet man für kostenrechnerische Zwecke ersatzweise den Zinssatz für langfristige Kredite. Man geht jedoch von einer langfristigen Durchschnittsgröße aus, um Schwankungen dieses Zinssatzes zu eliminieren.

3.1.3.3 Die Höhe der Abschreibungs- und Zinsverrechnung im Rahmen der Unternehmenserhaltung

3.1.3.3.1 Ansatzpunkte der Unternehmenserhaltungskonzeptionen

Die Diskussion um die Berücksichtigung von Preis- und Geldwertänderungen im Rechnungswesen hat in Deutschland eine lange Tradition. Aus der Überlegung heraus, daß der herkömmliche Erfolgsbegriff in Zeiten steigender Preise nicht mehr aussagefähig ist, wurden verschiedene Unternehmenserhaltungskonzeptionen und damit unterschiedliche Erfolgsbegriffe entwickelt. Entsprechend wird die „Kostendeckung“ inhaltlich unterschiedlich weit gefaßt.

---

[1] Der Ansatz von Abzugskapital wird z.T. in der Literatur (W. Lücke) abgelehnt, weil dadurch Finanzierungseinflüsse in der Kostenrechnung berücksichtigt werden, die gerade durch den Ansatz von kalkulatorischen Zinsen ausgeschaltet werden sollten.

Während das Konzept der realen Kapitalerhaltung von einem kaufkraftorientierten Erfolgsbegriff ausgeht, werden bei dem Konzept der Substanzerhaltung nur die unternehmensindividuellen Preissteigerungen berücksichtigt. Die einzelnen **Varianten der Substanzerhaltungskonzeption** unterscheiden sich in unterschiedlich weiten Definitionen der zu erhaltenden Gegenstände.

Üblicherweise sollen mit Hilfe der kalkulatorischen Abschreibungen die Wertminderungen von Anlagegütern in den einzelnen Perioden der Nutzung bzw. pro Leistungseinheit erfaßt werden. Das kostenrechnerische Abschreibungsziel ist dabei die Erlangung ausreichender finanzieller Mittel für die Ersatzbeschaffung der Anlagegüter. Denn übersteigen die Erlöse die Kosten oder sind ihnen zumindest gleich, so fließen mit den Erlösen Abschreibungsgegenwerte als Finanzmittel in die Unternehmung zurück.

Bei einer nicht zur Substanzauszehrung führenden Festlegung der Entgelte dürfen aber nicht nur die kalkulatorischen Abschreibungen berücksichtigt werden. Denn zur Wiedererlangung der eingesetzten Anlagegüter und damit zur Ansammlung ausreichender finanzieller Mittel für die Ersatzbeschaffung müssen die Gegenwerte aller Betriebsmittelkosten berücksichtigt werden.

3.1.3.3.2 Die Bruttosubstanzerhaltung

Die bisher in der Betriebswirtschaftslehre vorherrschende Bruttosubstanzerhaltung stellt die einfachste Form der Substanzerhaltung dar. Durch **Abschreibungen vom Wiederbeschaffungspreis** soll die ursprünglich vorhandene Substanz wiederbeschafft werden können, indem durch Zurückhaltung und Ansparung von Umsatzerlösen in Höhe der Abschreibungen finanzielle Mittel für die Neuinvestition bereitgestellt werden. Dabei braucht die Ersatzbeschaffung nicht physisch identisch zu sein, sondern es kann sich ebenso um funktions- und kapazitätsgleiche Anlagen handeln.

Bei der Bruttosubstanzerhaltung soll die **Substanzerhaltung aus „eigener Kraft"** erfolgen, so daß keine zusätzliche Außenfinanzierung erforderlich ist. Die Wiederbeschaffung erfolgt allein aus der Einbehaltung erwirtschafteter Beträge.

Unterstellt man zum Beispiel bei einem Anschaffungspreis von 2 Mio. DM und einem Wiederbeschaffungspreis von 3 Mio. DM eine ursprüngliche Eigenkapitalhöhe von 700000,– DM, so werden bei einer Nutzungsdauer von 10 Jahren insgesamt 3 Mio. DM abgeschrieben. Es ergibt sich bei Bruttosubstanzerhaltung in 10 Jahren ein Vermögenszuwachs von 1 Mio. DM. Das Eigenkapital erhöht sich also auf 1,7 Mio. DM, das Verhältnis von Eigenkapital zu Fremdkapital steigt von 7:13 auf 17:13. Der Anteil des Eigenkapitals wächst nicht nur absolut, sondern auch relativ.

Bei der **Bruttosubstanzerhaltung** wird also **Fremdkapital** in zunehmendem Maße durch Eigenkapital substituiert. Die Kapitalstruktur verändert sich, das Finanzierungspotential steigt.

Nun sind die Abschreibungen auf der Basis zukünftiger Wiederbeschaffungspreise auf die Finanzierbarkeit der Ersatzinvestitionen gerichtet. Eine solche Betrachtungsweise vernachlässigt aber den Wertefluß in der Unternehmung, denn sie stellt lediglich auf eine einzige Kostenart, die kalkulatorischen Abschreibungen, ab, obwohl auch die finanziellen Gegenwerte anderer Kostenarten zur Unternehmenserhaltung beitragen können. Es werden zwar Mittel für die Wiederbeschaffung angesammelt, die Auswirkung der Verzinsung dieser angelegten Mittel wird aber ignoriert.

3.1.3.3.3 Die Nettosubstanzerhaltung

3.1.3.3.3.1 Die konzeptionelle Grundlage

Seit Beginn der 70er Jahre wird die Ansicht vertreten, daß nur der eigenfinanzierte Anteil des abnutzbaren Sachanlagevermögens auf der Basis von Wiederbeschaffungspreisen abzuschreiben sei. Begründet wird diese Konzeption der Nettosubstanzerhaltung mit folgendem Argument: Bei fortlaufender Beschaffungspreissteigerung entstehen zwar **Scheingewinne** beim eigen- und fremdfinanzierten Vermögen. Gleichzeitig entstehen aber **Schuldnergewinne** beim Fremdkapital, da das Fremdkapital nur zum Nominalwert zurückgezahlt wird. Schuldnergewinne und Scheingewinne für fremdfinanziertes Vermögen lassen sich – so die **Aufrechnungsthese** – saldieren. Da Scheingewinne demnach nur beim eigenfinanzierten Vermögen auftreten, geht man davon aus, daß die Abschreibungskorrekturen lediglich bei den eigenfinanzierten abnutzbaren Sachanlagevermögensteilen vorgenommen werden.

Die **Nettosubstanzerhaltung** sichert die Substanzerhaltung nur, wenn dem Unternehmen für die Ersatzbeschaffung Fremdkapital zugeführt wird. Deshalb ist ein bestimmter Eigenkapitalanteil unter den realen Kapitalmarktverhältnissen und Preisentwicklungen zur „Sicherung der Kreditaufnahmefähigkeit der Unternehmung als Ganzes" notwendig. Für die Substanzerhaltung ist somit ein **Minimum an interner Finanzierung zur Sicherung der Kapitalbereitstellung** anzustreben. Die für die Ersatzbeschaffung erforderlichen Beträge werden dann anteilig von den Eigen- und den Fremdkapitalgebern getragen. Das Verhältnis von Eigenkapital zu Fremdkapital bleibt gleich. Die Nettosubstanzerhaltung ist daher kapitalstrukturerhaltend. Dies sei an dem Ausgangsbeispiel verdeutlicht. Bei einem historischen Anschaffungspreis von 2 Mio. DM, Eigenkapital von 700000 DM, Fremdkapital von 1,3 Mio. DM und einem Wiederbeschaffungspreis von 3 Mio. DM beträgt der mit dem Eigenkapitalanteil gewichtete Wiederbeschaffungspreis 0,35 × 3 Mio. DM = 1,05 Mio. DM. Zur Nettosubstanzerhaltung stellt dieser mit dem Eigenkapitalanteil gewichtete Wiederbeschaffungspreis den Abschreibungsausgangsbetrag dar.

Bezüglich des Fremdkapitals wird zur Wahrung der Kapitalstruktur dabei im Ersatzzeitpunkt die Aufnahme neuen Fremdkapitals entsprechend dem Wachstum des Eigenkapitals unterstellt. Da sich die direkte Erhaltung der Substanz nur auf die eigenfinanzierten Anteile des abnutzbaren Sachanlagevermögens beschränkt, wird das „fremdfinanzierte" Sachanlagevermögen nur nominell abgeschrieben. Auf den fremdfinanzierten Anteil der zu Anschaffungspreisen bewerteten Anlagen sind die Tilgungsbeträge und Zinszahlungen zu berechnen. Dekken die Erlöse alle Kosten und somit auch die Abschreibung und die Zinsen auf das gebundene Kapital, so ist die Kreditrückzahlung und die Zinszahlung gesichert.

3.1.3.3.3.2 Nettosubstanzerhaltung und Kapitaldienst-Annuität

Schreibt man den **eigenfinanzierten Anteil** des abnutzbaren Sachanlagevermögens auf der **Basis von Wiederbeschaffungspreisen** ab, so ist schon durch die zufließenden Abschreibungsgegenwerte die von der Nettosubstanzerhaltung geforderte Konstanz der Eigenkapitalquote erreicht. Die Nettosubstanzerhaltung löst offenbar mit der Erhöhung der Kosten einer Kostenart – hier der kalkulatorischen Abschreibungen – das Substanzerhaltungsproblem, obwohl doch sicherlich zur Substanzerhaltung eines Unternehmens als Ganzes alle Erlöse und alle Kosten zu betrachten sind.

Die ausschließliche Betrachtung der Kostenart kalkulatorische Abschreibung bedeutet, daß eine Berücksichtigung kalkulatorischer Zinsen auf das Eigenkapital für eine kapitalstrukturerhaltende Substanzerhaltung nicht notwendig ist, denn eine Berücksichtigung kalkulatorischer Zinsen würde im Hinblick auf die erstrebte Substanzerhaltung zu einer zusätzlichen Verrechnung von Kosten führen, also bei der Selbstkostenermittlung verdeckte Gewinne als Kosten ausweisen.

Aber auch die Summe derjenigen kalkulatorischen Abschreibungen, die dem mit der Eigenkapitalquote gewichteten Wiederbeschaffungspreis entspricht, ist für die Nettosubstanzerhaltung als zu hoch anzusehen. Denn unterstellt man eine ständige Reinvestition der Abschreibungsgegenwerte, dann reicht es für die Ersatzbeschaffung aus, wenn die **verzinslich angesammelten Abschreibungsgegenwerte** diesem Anteil des Wiederbeschaffungspreises gleichen. „Abschreibungsausgangsbetrag“ ist dann nicht der mit dem Eigenkapitalanteil gewichtete Wiederbeschaffungspreis im Ersatzzeitpunkt, sondern dessen Barwert. Zur kapitalstrukturerhaltenden Substanzerhaltung ist somit die Annuität zu ermitteln. Dieser **Kapitaldienst**, bis zum Zeitpunkt des Ersatzes verzinslich angelegt, sichert denjenigen Anteil des Wiederbeschaffungspreises, der eigenfinanziert ist.

Auch für den fremdfinanzierten Teil lassen sich die kalkulatorischen Kosten „Abschreibungen und Zinsen“ als Einheit ansehen. Dann läßt sich anstelle der isolierten Verrechnung von Abschreibungen und Zinsen ein Kapitaldienst – eine Annuität – bestimmen, der aus dem Produkt von fremdfinanziertem Anteil des Anschaffungspreises und dem Wiedergewinnungsfaktor gebildet wird. Dieser Kapitaldienst enthält im Falle der Fremdfinanzierung neben den Zinsen auf den fremdfinanzierten Teil des Anschaffungspreises auch eine als „Abschreibung“ bezeichnete Größe. Diese „Abschreibung“ gibt dabei denjenigen Teil an, der in jedem Jahr für Tilgungszahlungen aufgebracht werden muß, sofern die Zinsen auf den gesamten Fremdkapitalbetrag verrechnet werden.

Was nun die **Höhe des Kalkulationszinses** betrifft, so ist für das eingesetzte **Fremdkapital** der **durchschnittliche Fremdkapitalzinsfuß** für die tatsächlich entstehenden Fremdkapitalkosten anzusetzen.

Die Höhe des **Zinssatzes für das Eigenkapital** ist abhängig vom Ziel der Unternehmung und dem Entscheidungsfeld. Nun lassen sich wegen der Vielzahl der alternativ möglichen Handlungsvariablen und der unvollständigen Voraussicht keine vollständigen Entscheidungsfelder definieren. Deshalb wird zumeist auf Näherungslösungen zurückgegriffen und z.B. die Effektivverzinsung der angestrebten langfristigen Kapitalanlage oder auch die langfristige Unternehmensrendite angesetzt.

Für die Ermittlung des Kapitaldienstes bei kapitalstrukturbewahrender Nettosubstanzerhaltung sollte der Zinssatz so bemessen sein, daß die verzinslich ange-

Anschaffungspreis: 2000000	Kapitaldienst				Wiederbeschaffungspreis: 3000000	
	t_1	t_2	.....	t_{10}		
Eigenkapital: 700000 Fremdkapital: 1300000 Nutzungsdauer: 10 Jahre FK-Zins: 6% EK-Zins versteuerte Eigen- kapitalrendite: 5%					Erforderliches Fremdkapital: FK-Anteil × Wiederbeschaffungspreis = 0,65 × 3000000 = 1950000	Erforderliches Eigenkapital, um ein Minimum an interner Finanzierung zur Sicherung der Kreditaufnahmefähigkeit zu gewährleisten: EK-Anteil × Wiederbeschaffungspreis = 0,35 × 3000000 = 1050000
Jährliche Tilgungs- u. Zinszahlung für das zum Nominalwert zurückzuzahlende Fremdkapital: FK-Anteil × Anschaffungspreis × Wiedergewinnungsfaktor = $0{,}65 \times 2000000 \times \frac{0{,}06\,(1+0{,}06)^{10}}{(1+0{,}06)^{10}-1}$	176628,35	176628,35	.....	176628,35	Fremdkapitalneuaufnahme in Höhe von 1950000 notwendig, da der erste Kredit in Höhe von 1300000 getilgt ist.	
Jährlich notwendiger anzusparender Betrag, um einschließlich Zins- und Zinseszinsen im Ersatzzeitpunkt den kapitalstrukturerhaltenden, eigenfinanzierten Anteil des Wiederbeschaffungspreises zur Verfügung zu haben: EK-Anteil × Barwert des Wiederbeschaffungspreises × Wiedergewinnungsfaktor = $0{,}35 \times \frac{3000000}{(1+0{,}05)^{10}} \times \frac{0{,}05\,(1+0{,}05)^{10}}{(1+0{,}05)^{10}-1} =$ $0{,}35 \times 3000000 \times \frac{0{,}05}{(1+0{,}05)^{10}-1}$	83479,80	83479,80	....	83479,80		Angesparter Eigenkapitalbetrag, der eine kapitalstrukturerhaltende Nettosubstanzerhaltung sichert: = Jährliche Annuität × Rentenendwertfaktor = $83479{,}80 \times \frac{(1+0{,}05)^{10}-1}{0{,}05}$ = 1050000

Kapitaldienst-Annuität bei kapitalstrukturerhaltender Nettosubstanzerhaltung.

legten Annuitäten den mit dem Eigenkapitalanteil gewichteten Wiederbeschaffungswert ergeben. Die Höhe dieses Zinssatzes entspricht der **versteuerten Rendite auf das Eigenkapital**.

Die vorstehenden Überlegungen seien am Ausgangsbeispiel veranschaulicht (s. tabellarische Übersicht S. 58). Es sei wiederum unterstellt, daß der Anschaffungspreis der Anlage 2 Mio. DM beträgt, die Höhe des Eigenkapitals ist 700000 DM, die des Fremdkapitals 1,3 Mio. DM. Als Zinssatz für das Fremdkapital seien 6% angenommen, der Zinssatz für das Eigenkapital beträgt 5%. Nach 10 Jahren muß bei einem Wiederbeschaffungspreis von 3 Mio. DM das die Kapitalstruktur erhaltende Eigenkapital auf 1,050 Mio. DM angewachsen sein.

Verrechnet man den mit dem Fremdkapitalanteil gewichteten Anschaffungspreis als Annuität, so beläuft sich der für Zins- und Tilgungszahlungen notwendige jährliche Kapitaldienst auf 176628,35 DM. Im Zeitpunkt der Wiederbeschaffung sind 65% des Wiederbeschaffungspreises von 3 Mio. DM, also 1,950 Mio. DM, als Fremdkapital aufzunehmen.

Für den eigenfinanzierten Teil ist während der Nutzungsdauer von 10 Jahren derjenige Anteil des Wiederbeschaffungspreises, der eine kapitalstrukturerhaltende Nettosubstanzerhaltung sichert, also 1,05 Mio. DM, ratenweise anzusparen. Hierzu ist die Annuität zu ermitteln, sie beträgt 83479,80 DM. Bei einer Reinvestition dieser Annuität mit der Eigenkapitalrendite nach Steuern von 5% ist sichergestellt, daß im Ersatzzeitpunkt 1,05 Mio. DM als Eigenkapital zur Verfügung stehen.

3.1.3.3.3.3 Die verzinsliche Anlage der auf Anschaffungspreisbasis ermittelten Abschreibungsgegenwerte und kalkulatorischen Zinsen: Eine Näherungslösung der kapitalstrukturerhaltenden Nettosubstanzerhaltung

Während bei der Nettosubstanzerhaltung der Anteil des Wiederbeschaffungspreises, der der Eigenkapitalquote entspricht, ratenweise über die annuitätische „Abschreibungsverrechnung" angespart wird und demzufolge für die Finanzierung der Ersatzinvestition kein zusätzliches Eigenkapital aufzunehmen ist, läßt sich dieses Ergebnis näherungsweise auch dadurch erreichen, daß die auf **Anschaffungspreisbasis ermittelten Abschreibungsgegenwerte** und die kalkulatorischen Zinsen verzinslich angelegt werden.

Die **Wirkung dieser zwischenzeitlichen Anlage der Rückflüsse** sei an dem Ausgangsbeispiel aufgezeigt. Bei einem Anschaffungspreis von 2 Mio. DM und einem Eigenkapital von 700000 DM, einer versteuerten Eigenkapitalrendite von 5% und einem Kostensatz für das Fremdkapital von 6% fallen in den 10 Jahren der Nutzungsdauer pro Jahr an jährlichen Tilgungs- und Zinszahlungen für das zum Nominalwert zurückzuzahlende Fremdkapital entsprechend der exakten Kapitaldienstberechnung 176628,35 DM an. Die jährlichen Abschreibungen auf den Eigenkapitalanteil des Anschaffungspreises betragen 70000 DM. Die jährlichen kalkulatorischen Zinsen auf das durchschnittlich gebundene Eigenkapital belaufen sich auf 17500 DM.

Die verzinsliche jährliche Anlage der auf Anschaffungspreisbasis berechneten Abschreibungsgegenwerte und Zinsen in Höhe von insgesamt 87500 DM ergibt zum Zeitpunkt der Ersatzinvestition bei einem Zinssatz von 5% einen Endwert – d.h. den dann zur Verfügung stehenden Eigenkapitalbetrag – von 1100565

Anschaffungspreis: 2000000	t_1	t_2	.....	t_{10}	Wiederbeschaffungspreis: 3000000	
Eigenkapital: 700000 Fremdkapital: 1300000 Nutzungsdauer: 10 Jahre FK-Zins: 6% EK-Zins: versteuerte EK-Rendite 5%					Erforderliches Fremdkapital: FK-Anteil × Wiederbeschaffungspreis = 0,65 × 3000000 = 1950000	Erforderliches Eigenkapital entsprechend der kapitalstrukturerhaltenden Nettosubstanzerhaltung: 1050000
Jährliche Tilgungs- u. Zinszahlung für das zum Nominalwert zurückzuzahlende Fremdkapital (berechnet als exakte Annuität): $0{,}65 \times 2000000 \times \frac{0{,}06\,(1+0{,}06)^{10}}{(1+0{,}06)^{10}-1}$	176628,35	176628,35	.....	176628,35	Fremdkapitalneuaufnahme in Höhe von 1950000 notwendig, da der erste Kredit in Höhe von 1300000 getilgt ist.	
Jährliche Abschreibungen (linear) auf den Eigenkapitalanteil des Anschaffungspreises Jährliche kalk. Zinsen (ermittelt auf das durchschnittlich gebundene Eigenkapital): $0{,}05 \cdot \frac{700000}{2}$	70000,— 17500,—	70000,— 17500,—	....	70000,— 17500,—		
Jährlich zur zwischenzeitlichen Anlage verfügbare Summe aus Abschreibungsgegenwerten und kalk. Zinsen	87500,—	87500,—	.....	87500,—		Angesparter Eigenkapitalbetrag durch verzinsliche Anlage der auf Anschaffungspreisbasis ermittelten Abschreibungsgegenwerte sowie der approximativ ermittelten kalk. Zinsen: $= 87500 \times \frac{(1+0{,}05)^{10}-1}{0{,}05}$ = 1100565
Differenz zwischen auf approximativer Grundlage ermitteltem Eigenkapitalbetrag im Ersatzzeitpunkt und dem entsprechend der Nettosubstanzerhaltung notwendigen Eigenkapitalbetrag						50565

Ermittlung des notwendigen eigenfinanzierten Finanzvolumens bei Abschreibungen vom Anschaffungspreis und verzinslicher Anlage der Abschreibungsgegenwerte und kalk. Zinsen.

DM. Das Beispiel zeigt, daß eine Eigenkapitalhöhe im Ersatzzeitpunkt garantiert ist, die größer ist als bei der kapitalstrukturbewahrenden Nettosubstanzerhaltung.

Durch die **zwischenzeitliche (Kapital-) Anlage der auf Anschaffungspreisbasis** ermittelten Abschreibungsgegenwerte sowie der auf Basis des durchschnittlich gebundenen Vermögens bestimmten kalkulatorischen Zinsen **ist näherungsweise eine kapitalstrukturerhaltende Nettosubstanzerhaltung** und damit eine Finanzierung der Wiederbeschaffung **gewährleistet**.

Im Gegensatz hierzu führt die im Rahmen der Bruttosubstanzerhaltung vorgenommene Verrechnung kalkulatorischer Abschreibungen vom Wiederbeschaffungspreis zuzüglich der kalkulatorischen Zinsen dazu, daß im Hinblick auf die notwendige Substanzerhaltung zu viel an „Kosten" verrechnet wird und somit eine „Demontage des Gewinns" stattfindet.

Empfehlenswert erscheint nur eine Vorgehensweise, die sicherstellt, daß Gewinne nicht als Kosten ausgewiesen werden, sondern daß Gewinnbestandteile von den zur Unternehmenserhaltung notwendigen Kosten getrennt werden. Dieses Ziel ist sowohl durch die verzinsliche Anlage der auf Anschaffungspreisbasis ermittelten Abschreibungsgegenwerte zuzüglich der kalkulatorischen Zinsen auf den durchschnittlichen Anschaffungspreis erreichbar, aber auch durch den Ansatz der kapitalstrukturbewahrenden Kapitaldienst-Annuität.

3.1.3.4 Die kalkulatorischen Wagnisse

3.1.3.4.1 Definition und Kostencharakter kalkulatorischer Wagnisse

Unternehmerisches Handeln kann auf Grund der Lückenhaftigkeit und Ungenauigkeit der Vorstellungen über die zukünftige Datenentwicklung zu Fehldispositionen führen. Das Bewußtsein und das Gefühl dieser mangelnden Voraussicht wird als **Ungewißheit** bezeichnet. Ein so gefaßter Begriff der Ungewißheit besagt, daß über zukünftige Daten keine eindeutigen Aussagen möglich sind, sondern daß man verschiedene mögliche Situationen (= **mehrwertige Zukunftsvorstellungen**) für wahrscheinlich halten muß.

Auf Grund der Ungewißheit kann nun die Gefahr des Mißlingens unternehmerischen Handelns bestehen. Diese Möglichkeit eines Kapitalverlustes oder Gewinnentganges wird als **Risiko** bezeichnet. Als **Chance** hingegen bezeichnet man die Möglichkeit eines positiven Ausgangs unternehmerischen Handelns.

Unter Wagnis versteht man ein eingeschränktes Risiko. **Wagnisse** sind kalkulierbare, sich auf einen Leistungsbereich erstreckende Risiken. Dabei bedeutet Kalkulierbarkeit, daß über die Gefahr eines Schadens in einzelnen Perioden nichts ausgesagt werden kann, jedoch ein langfristiger Durchschnitt ermittelbar ist.

Effektiv auftretende Verluste (z.B. Vertragsstrafen, Materialschwund, Forderungsausfall) können rein zufällig bedingt sein. Würden diese mit dem Eintritt des Schadens unmittelbar als Kosten erfaßt, dann wären die Ergebnisse der Kostenrechnung zufallsabhängig, eine Vergleichbarkeit wäre nicht mehr gewährleistet. Da man jedoch die Wirtschaftlichkeit der Leistungserstellung und -verwertung kontrollieren will, sind Zufallseinflüsse aus der Kostenrechnung zu eliminieren. Für die nicht unmittelbar beeinflußbaren Verluste werden deshalb durchschnittliche Werte in der Kostenrechnung angesetzt. Diese „normalen" Werte ermöglichen eine gleichmäßige Belastung der einzelnen Abrechnungsperioden.

Man kann innerhalb der Wagnisse zwei große Gruppen unterscheiden:

1. **Direkte (laufende) Verlustausgaben:** Ausschußkosten, Stillstandsverluste, Vertragsstrafen, Schadensersatzleistungen, Fehlentwicklungskosten, Gewährleistungen und Garantiezahlungen;
2. **Bestandsverluste:** Vorratswagnisse, Forderungsausfälle, Anlagenwagnisse(z.B. durch Zerstörung, technischen Fortschritt oder wirtschaftliche Überholung).

Kalkulatorische Wagnisse stellen eine Art Eigenversicherung des Bestandes dar. Es werden deshalb als kalkulatorische Wagnisse nur solche Wagnisse verrechnet, die nicht über eine Versicherung abgedeckt sind. Lassen sich die Verluste aus Einzelwagnissen auf eine Versicherung abwälzen, so geht die gezahlte Versicherungsprämie periodengerecht in die Kostenrechnung ein.

Von diesen Einzelrisiken der einzelnen Leistungsbereiche **ist das allgemeine Unternehmerrisiko abzugrenzen.** Dieses allgemeine Unternehmerrisiko resultiert aus der unternehmerischen Tätigkeit als solcher. Die Gefahr eines Konkurses kann niemals zu Kosten führen. Ein solches Risiko ist rechnerisch nicht erfaßbar, es wird durch die Chance zur Gewinnerzielung abgegolten.

3.1.3.4.2 Die Ermittlung kalkulatorischer Wagniskosten

Die Höhe der kalkulatorischen Wagnisse ist unbekannt. Deshalb erfolgt eine Orientierung an den Werten der Vergangenheit, die man in die Zukunft extrapoliert. Man ermittelt auf Grund statistischer Überlegungen einen sog. Wagniskostensatz. Dieser **Wagniskostensatz** ergibt sich als durchschnittliche Größe aus den Wagnisverlusten der Vergangenheit und einer geeigneten Bezugsgröße.

Gilt es z.B., den Wagniskostensatz der Vertriebswagnisse (z.B. Forderungsausfall) zu errechnen, so geht man aus von den Forderungsausfällen der letzten 5 Jahre (z.B. 100000 DM) und setzt sie in Relation zu den gesamten Forderungen dieses Zeitraumes (z.B. 10000000 DM). Der Wagniskostensatz beträgt dann 1%.

3.1.3.4.3 Die buchungstechnische Behandlung kalkulatorischer Wagnisse

Beträgt nun der effektive Forderungsausfall eines Monats 800 DM und belaufen sich die Forderungen auf 100000 DM, so sind als kalkulatorische Wagnisse (Vertriebswagnisse) 1000 DM zu verrechnen.

Es ergeben sich dann folgende Buchungen:

Buchungssatz 1: Außerordentliche Aufwendungen (Kontenklasse 2) an Forderungen (Kontenklasse 1): 800 DM

Buchungssatz 2: Kalkulatorische Wagnisse (Kontenklasse 4) an Verrechnete kalkulatorische Wagnisse (Kontenklasse 2): 1000 DM

3.1.3.5 Der kalkulatorische Unternehmerlohn

3.1.3.5.1 Definition und Kostencharakter des kalkulatorischen Unternehmerlohns

In Kapitalgesellschaften wird als Entgelt für die Arbeitsleistung der Unternehmensleitung ein Gehalt gezahlt. Dieses Gehalt wird in der Geschäftsbuchhaltung als Aufwand und in der Kostenrechnung als Kosten verrechnet.

In Nichtkapitalgesellschaften wird die Arbeitsleistung des Unternehmers (= Kapitaleigentümers) durch den Gewinn abgegolten. Aus handels- und steuerrechtlichen Gründen entsteht kein Aufwand. In der Kostenrechnung hingegen wird für die Arbeit des Unternehmensgeschäftsführers ein **fiktives Gehalt** (= kalkulatorischer Unternehmerlohn) angesetzt.

Da ein Verbrauch des Produktionsfaktors „dispositive Arbeit“ vorliegt, stellt der kalkulatorische Unternehmerlohn bei Verwendung des wertmäßigen Kostenbegriffes Kosten dar. Die Vertreter des pagatorischen Kostenbegriffes hingegen lehnen den kalkulatorischen Unternehmerlohn als Kosten ab, da dieser keine Zahlungen auslöst. Für bestimmte Kostenrechnungszwecke (z.B. Betriebsvergleich mit einer Kapitalgesellschaft) läßt er sich jedoch bei Verwendung von zweckbedingten Hypothesen als kalkulatorische Kosten erfassen.

3.1.3.5.2 Die Ermittlung des kalkulatorischen Unternehmerlohns

Für die Ermittlung der Höhe des kalkulatorischen Unternehmerlohnes könnte man von dem durchschnittlichen Gehalt eines Geschäftsführers einer Kapitalgesellschaft ausgehen. Dies setzt jedoch voraus, daß die Leistungen und Aufgabengebiete der Vergleichspersonen gleich sind. Auch müßte das Unternehmen von gleicher Größe sein und derselben Branche angehören. Darüber hinaus müßte sich das Fertigungsprogramm beider Unternehmen entsprechen.

Um diesen praktischen Schwierigkeiten zu entgehen, verwendet man zur Bestimmung des kalkulatorischen Unternehmerlohnes Formeln. Am bekanntesten ist die aus dem Jahre 1940 stammende sog. „Seifenformel“, bei der eine Beziehung zwischen dem Unternehmerlohn und dem Umsatz hergestellt wird:

$$\text{Unternehmerlohn} = 18\sqrt{\text{Umsatz}}\,.$$

Gegen solche Formeln läßt sich jedoch einwenden, daß sie nicht immer den tatsächlichen Gegebenheiten gerecht werden, denn eine Veränderung des Lohn- und Gehaltsniveaus ist nicht unbedingt von der Höhe des Umsatzes abhängig.

3.1.4 Steuern als Kosten

3.1.4.1 Zum Kostencharakter der Steuern

Steuern fallen nach der „Äquivalenztheorie“ als Gegenleistung für staatliche Leistungen an. Ihr Kostencharakter ist formal eindeutig zu beurteilen. Steuern und ebenso Gebühren und Beiträge stellen dann Kosten dar, wenn sie in einem unmittelbaren Bezug zur betrieblichen Leistungserstellung stehen, wenn sie zwangsläufig mit der Produktion und dem Absatz der Güter anfallen.

Hinsichtlich der einzelnen Steuerarten ist jedoch jeweils zu prüfen, ob ein derartiger Zusammenhang zur betrieblichen Leistungserstellung und -verwertung besteht.

3.1.4.2 Der Kostencharakter einzelner Steuerarten

3.1.4.2.1 Verbrauch- und Verkehrsteuern

Verbrauchsteuern (Stromsteuer, Mineralölsteuer, Bier-, Branntwein-, Kaffee-, Schaumwein- sowie Tabaksteuer) sind Steuern, die mengenproportional beim Absatz der Produkte zu zahlen sind. Sie erhöhen die anfallenden Kosten. Da sie pro Einheit der abgesetzten Produkte anfallen, sind diese Verbrauchsteuern als Kostenträgereinzelkosten Sondereinzelkosten des Vertriebs.

Verkehrsteuern (z.B. Umsatzsteuer und Grunderwerbsteuer) versteuern den Rechtsverkehr; sie haben im allgemeinen Kostencharakter (Anmerkung: Durch das Gesetz zur Verbesserung der Rahmenbedingung der Finanzmärkte (Finanzmarktförderungsgesetz) vom 22. Februar 1990, BGBl. I 1990, 266, sind mit Wirkung zum 1. Januar 1991 zunächst die Börsenumsatzsteuer (Wertpapiersteuer) und die Wechselsteuer sowie mit Wirkung zum 1. Januar 1992 die Gesellschaftsteuer abgeschafft worden).

Die zu den Verkehrsteuern zählende Nettoumsatzsteuer (Mehrwertsteuer) ist eine Wertsteuer. Bemessungsgrundlage ist nicht die abgesetzte Menge, sondern der Nettoumsatz. Dies ist die Differenz zwischen dem Absatzpreis und den Kosten der von vorgelagerten Produktions- und/oder Handelsstufen bezogenen Produkte. Die Vorleistungen umfassen Materialkosten sowie die Anschaffungskosten der Betriebsmittel. Entsprechendes gilt für Dienstleistungen.

Die Berechnung der Mehrwertsteuer kann auf zwei Arten erfolgen. Es läßt sich einmal die **Wertschöpfung** der Unternehmung bestimmen, indem man die in das Produkt eingegangenen Vorleistungen von dem Absatzpreis subtrahiert und so den zu besteuernden Betrag erhält. Eine andere, praktisch einfachere Möglichkeit besteht darin, daß man den Umsatz besteuert. Von dieser Gesamtsteuer sind die gezahlten Umsatzsteuerbeträge auf die Vorleistungen zu subtrahieren. Damit geht die Mehrwertsteuer nicht in die Kostenrechnung ein. Ein Einbezug wäre nur erforderlich für die gezahlten Steuerbeträge auf die Vorleistungen. Soweit die Steuerbeträge auf die Vorleistung als „Vorsteuer" abzugsfähig sind, entfällt die Notwendigkeit der Erfassung der Kostenrechnung.

Die Grunderwerbsteuer erhöht den Anschaffungsausgangsbetrag bzw. die Herstellkosten.

3.1.4.2.2 Substanzsteuern

Zu den Substanzsteuern zählt die **Grundsteuer**.

Die **Gewerbekapitalsteuer** ist durch das Gesetz zur Fortsetzung der Unternehmenssteuerreform (BGBl. I 1997, 2590) und das Gesetz zur Änderung des Grundgesetzes (Artikel 28 und 106), BGBl. I 1997, 2470 weggefallen. Auch die Vermögensteuer ist für Veranlagungszeitpunkte nach dem 31. Dezember 1996 ersatzlos entfallen, und zwar als Konsequenz aus dem Beschluß des BVerfG vom 22. Juni 1995, BStBl. II 1995, S. 655).

3.1.4.2.3. Erfolgsteuer

3.1.4.2.3.1 Körperschaftsteuer

Die **Körperschaftsteuer** ist die Gewinnsteuer der Kapitalgesellschaften. Über den Kostencharakter dieser Steuer läßt sich keine einheitliche Aussage machen.

Die Körperschaftsteuer wird ermittelt auf Grund der Bemessungsgrundlage Erfolg. Daher wird einerseits argumentiert, daß sie nicht wiederum eine **negative Komponente dieses Erfolges** darstellen kann. Ihr Kostencharakter wird deshalb verneint. Betrachtet man jedoch nicht die Art der Ermittlung der Bemessungsgrundlage, sondern fragt man nach den Zwecken der Kostenrechnung, so hat die Körperschaftsteuer bei **Planungsrechnungen** einen Einfluß auf die Vorteilhaftigkeit von Handlungsalternativen. Sie beeinflußt wie andere Kosten die unternehmerischen Entscheidungen. Ihr Kostencharakter als negative Komponente des Gewinns ist deshalb bei Planungsrechnungen zu bejahen.

Für **Kontrollrechnungen** ist die Körperschaftsteuer i.d.R. unwichtig. Lediglich bei einem Kostenvergleich zwischen Gesellschaften in der Rechtsform der Kapitalgesellschaft und der der Personengesellschaft ist die Körperschaftsteuer zu berücksichtigen.

Durch das Gesetz zur Reform der Unternehmensbesteuerung und zur Senkung der Steuersätze erfolgt 2001 ein Strukturwechsel in der Besteuerung der Kapitalgesellschaften. An die Stelle des Vollanrechnungsverfahrens tritt das sog. „Halbeinkünfte-"Verfahren, wonach Gewinne der GmbH mit einem einheitlichen Steuersatz von 25% belastet und ausgeschüttete Gewinne nur zur Hälfte in die Bemessungsgrundlage für die persönliche Einkommensteuer der Anteilseigner einbezogen werden.

3.1.4.2.3.2 Einkommensteuer

Das Einkommen natürlicher Personen unterliegt der Einkommensteuer. Es wird nicht der Betrieb belastet, sondern der Eigentümer. Als Subjektsteuer ist sie unmittelbar personenbezogen. Ihr Kostencharakter wird, da ihr das Merkmal der Leistungsbezogenheit fehlt, i.d.R. verneint. Für **Planungsrechnungen** sollte man jedoch genauso wie bei der Körperschaftsteuer dann den Kostencharakter bejahen, wenn sie die Auswahl der Handlungsalternativen beeinflußt.

3.1.4.2.3.3 Gewerbesteuer (Gewerbeertragsteuer)

Seit der Abschaffung der Gewerbe**kapital**steuer wird die Gewerbesteuer nur noch als Gewerbe**ertrag**steuer erhoben. Die Gewerbeertragsteuer ist abhängig von der Höhe des Gewinns. Bemessungsgrundlage ist zwar der Erfolg; da sie jedoch anfällt, weil ein Unternehmen betrieben wird, ist ihr Kostencharakter unbestritten.

Literaturübersicht zum Kapitel 3.1
Die Kostenarten und ihre Erfassung

Coenenberg, Adolf Gerhard, Kostenrechnung und Kostenanalyse, 4. Aufl., Landsberg/Lech 1999, S. 47-73.

Döring, Ulrich, Kostensteuern, Stuttgart 1984.

Ebert, Günter, Kosten- und Leistungsrechnung, 8. Aufl., Wiesbaden 1997, S. 29-64.

Fischer, Johannes/Heß, Otto/Seebauer, Georg, Buchführung und Kostenrechnung, 2. Aufl., Leipzig 1940, S. 69-132, 245-308.

Freidank, Carl-Christian, Kostenrechnung, 6. Aufl., München 1997, S. 91-128.

Haberstock, Lothar, Kostenrechnung I, 8. Aufl., Hamburg 1987, S. 72-117.

Henzel, Friedrich, Die Kostenrechnung, 4. Aufl., Essen 1964, S. 71-139.

Huch, Burkhard, Einführung in die Kostenrechnung, 8. Aufl., Heidelberg 1986, S. 45-74.

Hummel, Siegfried/Männel, Wolfgang, Kostenrechnung 1, Grundlagen, Aufbau und Anwendung, 4. Aufl., Wiesbaden 1986, S. 128-185.

Kilger, Wolfgang, Betriebliches Rechnungswesen, in: Jacob, Herbert, (Hrsg.), Allgemeine Betriebswirtschaftslehre, 5. Aufl., Wiesbaden 1988, S. 921-1044, hier S. 968-970.

Kilger, Wolfgang, Einführung in die Kostenrechnung, 3. Aufl., Wiesbaden 1987, S. 69-153.

Kloock, Josef/Sieben, Günter/Schildbach, Thomas, Kosten- und Leistungsrechnung, 8. Aufl., Düsseldorf 1999, S. 67-108.

Kollnig, Karl/Weilbach, Erich A., Kalkulation und Steuer. Steuerlich zweckmäßig kalkuliert und bilanziert, Berlin 1969, S. 100-112.

Kosiol, Erich, Kostenrechnung der Unternehmung, 2. Aufl., Wiesbaden 1979, S. 143-155.

Kosiol, Erich, Kostenrechnung und Kalkulation, 2. Aufl., Berlin 1972, S. 101-116.

Lehmann, Bruno, Kostenlenkung durch Betriebsabrechnung, Herne/Berlin 1961, S. 72-129, 243-269.

Lücke, Wolfgang, Fehlschätzung der Nutzungsdauer in der kalkulatorischen Abschreibung, in: krp, 2/1959, S. 61-66.

Lücke, Wolfgang, Die kalkulatorischen Zinsen im betrieblichen Rechnungswesen, in: ZfB, 35. Jg., 1965, Ergänzungsheft, S. 3-28.

Mellerowicz, Konrad, Kosten und Kostenrechnung II: Verfahren, I. Teil: Allgemeine Fragen der Kostenrechnung und Betriebsabrechnung, 5. Aufl., Berlin 1974, S. 234-378.

Norden, Helmut/Wille, Friedrich, Der Betriebsabrechnungsbogen, 11. Aufl., Stuttgart 1973, S. 21-31.

Rieper, B./Waldmann, J., Programmierte Einführung in das betriebliche Rechnungswesen, München 1972, S. 89-109.

Scherrer, Gerhard, Kostenrechnung, 2. Aufl., Stuttgart 1991, S. 153-177.

Schmalenbach, Eugen, Kostenrechnung und Preispolitik, 8. Aufl., Köln/Opladen 1963, S. 307-349.

Schönfeld, Hanns-Martin/Möller, Hans-Peter, Kostenrechnung, 8. Aufl., Stuttgart 1995, S. 21-55.

Schubert, Werner, Kostenarten und Leistungsarten, in: Handwörterbuch des Rechnungswesens, 2. Aufl., Stuttgart 1981, Sp. 998-1005.

Schweitzer, Marcell/Küpper, Hans-Ulrich, Systeme der Kostenrechnung, 7. Aufl., München 1998, S. 59ff, 142-159.

Wagner, Franz W./Heyd, Reinhard, Ertrag- und Substanzsteuern in der entscheidungsbezogenen Kostenrechnung, in: ZfbF, 33. Jg., 1981, S. 922-935.

Weber, Jürgen, Einführung in das Rechnungswesen II: Kostenrechnung, 5. Aufl., Stuttgart 1997, S. 105-144.

Wilkens, Klaus, Kosten- und Leistungsrechnung, 8. Aufl., München 1996, S. 48-60, 132-137.

Zimmermann, Gebhard, Zur Substanzerhaltung in Unternehmen unter Preisaufsicht. Das Problem der Kostenbewertung bei Elektrizitätsversorgungsunternehmen im Rahmen der Tarifgenehmigung, in: Zeitschrift für öffentliche und gemeinwirtschaftliche Unternehmen, Band 12, 1989, S. 498-516.

Zimmermann, Gebhard, Kostenrechnung und Unternehmenserhaltung, in: Männel, W., (Hrsg.), Handbuch der Kostenrechnung, Wiesbaden 1992, Sp. 1414-1428.

Zimmermann, Gebhard, Das Minimum an interner Finanzierung als Problem der Sicherung der Kreditaufnahmefähigkeit, in: Albach, Horst/Delfmann, Werner, (Hrsg.), Dynamik und Risikofreude in der Unternehmensführung, Wiesbaden 1995, S. 151-169.

3.2 Die Kostenstellenrechnung

3.2.1 Aufgaben und Bedeutung der Kostenstellenrechnung

Die Kostenartenrechnung dient dazu, die Kosten zu erfassen und zweckgerichtet zu gliedern. Damit erfüllt die Kostenartenrechnung keine eigene Aufgabe, sondern liefert Ausgangsgrößen für die nachfolgenden Bereiche der Kostenrechnung, in denen die Gesamtkosten irgendwelchen Bezugsgrößen zugemessen werden.

Aufbauend auf die Kostenartenrechnung gibt die Kostenstellenrechnung Auskunft darüber, in welcher Höhe die einzelnen Kostenarten in den Kostenstellen innerhalb der Abrechnungsperiode anfallen. Dabei versteht man unter **Kostenstellen** rechnungstechnisch abgegrenzte betriebliche Teilbereiche; es **sind Orte der Kostenentstehung und der Kostenzurechnung**.

Die Kostenstellenrechnung hat **primär** folgende **Aufgaben** zu erfüllen:

(1) die Kontrolle der Wirtschaftlichkeit (Kostenkontrolle)
(2) die Vorbereitung der Kostenträgerrechnung
(3) die Lieferung von relevanten Kosten für die Planungsaufgaben.

Durch die Untergliederung in Kostenstellen läßt sich der Fertigungsprozeß und damit die Gesamtkostenhöhe analysieren, da die Kostenbestimmungsgrößen und deren Einfluß innerhalb einer Kostenstelle (Abteilung) besser zu erkennen und zu durchleuchten sind als im Gesamtbetrieb. Eine Kontrolle an den Stellen, an denen diese Kosten zu verantworten sind, ermöglicht die **Ermittlung von Unwirtschaftlichkeiten**. Da die geplanten Kosten innerhalb der Kostenstelle mit den entstandenen Istkosten verglichen werden, werden gleichzeitig die Ursachen der Unwirtschaftlichkeiten im Produktionsprozeß aufgedeckt und die Möglichkeiten zu ihrer Beseitigung aufgezeigt.

Um in der **Kostenträgerrechnung** die Kosten je Erzeugniseinheit ermitteln zu können, stellt die Kostenstellenrechnung ein Instrument dar zur Vorbereitung der Verteilung der Kostenträgergemeinkosten auf die Erzeugniseinheit.

Eine genaue Bestimmung der Kosten je Leistungseinheit stellt dann kein Problem dar, wenn nur eine einzige Produktart gefertigt wird, die Fertigung einstufig ist und keine Lagerbildung erfolgt. Da die Kostenträgereinzelkosten pro Leistungseinheit direkt erfaßt werden, können die Kostenträgergemeinkosten durch die einfache Divisionskalkulation der einzelnen Leistungseinheit zugeteilt werden.

Bei **Mehrproduktfertigung**, die zusätzlich noch mehrstufig sein kann, beanspruchen jedoch die verschiedenen Produktarten die einzelnen Produktionsfaktoren unterschiedlich stark. Um die Kostenträgergemeinkosten auf die Leistungseinheiten verteilen zu können, wird versucht, die in jeder Kostenstelle anfallenden Kosten entsprechend der Belastung durch die Produktart über geeignete Maßgrößen (Schlüsselgrößen) zu verteilen. Die Kostenträgerrechnung wird dabei in ihrer Genauigkeit erhöht, wenn der Fertigungsprozeß so in Kostenstellen eingeteilt wird, daß die spezifische Inanspruchnahme der Produktionsfaktoren durch die Zwischen- und Endprodukte ermittelt werden kann. Zusätzlich werden hierdurch Informationen gewonnen, die für betriebliche **Dispositionen** verwendet werden können.

3.2.2 Gliederungskriterien und Arten von Kostenstellen

Die Einteilung des Gesamtbetriebes in Kostenstellen ist abhängig von dem in der Kostenrechnung verfolgten Zweck. Für die Bildung dieser Kostenstellen lassen sich **räumliche, verantwortungsbereichsorientierte, funktionale oder abrechnungstechnische Gesichtspunkte** heranziehen.

Bei einer **Einteilung nach räumlichen Gesichtspunkten** stellen räumlich zusammenhängende und abgegrenzte Bereiche eine Kostenstelle dar. Eine solche Einteilung ist einfach und übersichtlich, wenn in jeder Kostenstelle nur eine Tätigkeitsart ausgeführt wird. Fallen jedoch in einer solchen Kostenstelle verschiedenartige Leistungen an, so stellt eine solche Einteilung zwar abgegrenzte Abrechnungsbereiche dar, sie ist jedoch nachteilig für Kontrollzwecke und für die Ermittlung von Kalkulationssätzen.

Die **Einteilung nach Verantwortungsbereichen** grenzt die Aufsichtsbezirke von Abteilungsleitern, Werkmeistern etc. ab. Da für jeden Kostenstellenleiter die Befugnisse und Zuständigkeiten klar geregelt sind, wird die Verantwortlichkeit des Kostenstellenleiters für die sich bei der Kostenkontrolle ergebenden Abweichungen deutlich.

Für eine möglichst genaue Zuteilung der Kostenträgergemeinkosten auf die Kostenträger ist die Kostenstellenbildung nach Verantwortungsbereichen noch nicht ausreichend. Um die Beanspruchung der Produktionsfaktoren durch die Kostenträger möglichst exakt erfassen zu können, ist eine Aufgliederung nach verschiedenen Arbeitsgängen notwendig. Bei einer solchen **funktionsorientierten Einteilung** würde man in einer Werkhalle mit je einem zuständigen und verantwortlichen Meister z.B. die Kostenstellen Dreherei, Fräserei, Bohrerei und Schleiferei bilden. In diesem Fall würde die Gliederung nach Verantwortungsbereichen durch die funktionale Gliederung ergänzt.

Da die Bildung der Kostenstellen nach den verschiedensten Kriterien, die abhängig sind vom jeweils verfolgten Zweck der Kostenrechnung, vorgenommen werden kann, ist eine allgemeine Aussage über die Feinheit der Kostenstelleneinteilung nicht möglich. Mehrstufige und differenzierte Produktionsprozesse können dazu führen, daß jeder einzelne Arbeitsplatz zur Kostenstelle erklärt wird (= **sog. Platzkostenrechnung**). Durch eine so weitgehende Unterteilung verbessert man die Kontrollmöglichkeiten und erhöht die Genauigkeit der Kalkulation und die der Ermittlung relevanter Kosten. Indes führt eine so differenzierte Kostenstelleneinteilung **zu umfangreichen abrechnungstechnischen Arbeiten.** Es ist deshalb bei der Bildung von Kostenstellen nicht nur ein Kriterium zu berücksichtigen, sondern es ist – unter Berücksichtigung der jeweiligen betrieblichen Verhältnisse – eine **Kombination der obigen Kriterien** empfehlenswert.

Die charakterisierten Gliederungskriterien führen zu vielfältigen Arten von Kostenstellen. In der Praxis werden unter **abrechnungstechnischen Gesichtspunkten** regelmäßig drei große Kostenstellenkategorien unterschieden: **Allgemeine Kostenstellen, Hauptkostenstellen und Hilfskostenstellen.** Diese abrechnungstechnischen Gliederungsmerkmale lassen sich zusätzlich nach funktionalen Kriterien unterteilen.

1. Allgemeine Kostenstellen

Allgemeine Kostenstellen sind Stellen, die dem gesamten Unternehmen dienen; sie erbringen für sämtliche Kostenstellen des Unternehmens Leistungen. Sie stehen nicht unmittelbar mit der Leistungserstellung und Leistungsverwertung in Zusammenhang, sondern schaffen nur die Voraussetzungen für die Leistungserstellung und -verwertung. Zu den allgemeinen Kostenstellen zählen insbesondere: Wasser- und Stromversorgung, Hausmeister, Kantine etc. Auch zählt hierzu die Verwaltung, die jedoch häufig ausgegliedert wird.

2. Hauptkostenstellen

Hauptkostenstellen tragen unmittelbar zur Leistungserstellung und -verwertung bei. Man unterscheidet folgende Arten von Hauptkostenstellen: **Fertigungshauptkostenstellen**, in denen die Produktion der Kostenträger erfolgt (z.B. Gießerei, Bohrerei, Dreherei, Fräserei, Montage), **Materialhauptkostenstellen** (z.B. Beschaffung, Lagerhaltung und Ausgabe von Werkstoffen) und **Vertriebshauptkostenstellen** (z.B. Inlandsvertrieb, Export).

3. Hilfskostenstellen

Hilfskostenstellen leisten Nebendienste für die Hauptkostenstellen. Man unterscheidet demzufolge **Fertigungshilfskostenstellen** (z.B. Reparaturabteilung, Arbeitsvorbereitung, Lohnbüro), **Materialhilfskostenstellen** (z.B. innerbetrieblicher Transport, Fuhrpark) und **Vertriebshilfskostenstellen** (z.B. Werbung, Verpackung).

Die Unterteilung in Haupt- und Hilfskostenstellen ist jedoch nicht überschneidungsfrei. Eine Hilfskostenstelle kann z.B. bei Nichtauslastung der Kapazität zur Hauptkostenstelle werden, wenn sie zusätzlich abzusetzende Leistungen erbringt.

Von dieser Untergliederung in abrechnungstechnische und funktionale Gesichtspunkte ausgehend, werden die in den Hilfskostenstellen und allgemeinen Kostenstellen erfaßten Kosten nicht direkt auf die Kostenträger verteilt, sondern erst auf andere Kostenstellen umgelegt. Sie werden deshalb auch als **Vorkosten-**

stellen bezeichnet. Von den Hauptkostenstellen – unter abrechnungstechnischen Aspekten auch als **Endkostenstellen** bezeichnet – werden die Kosten nicht auf andere Kostenstellen, sondern direkt auf den Kostenträger verrechnet.

3.2.3 Die Verteilung der Kosten in der Kostenstellenrechnung

3.2.3.1 Die Ermittlung der Kostenarten nach dem Ort ihrer Entstehung und die Kostenverteilung

Zu Beginn der Kostenstellenrechnung ist eine Differenzierung zwischen den Kostenarten vorzunehmen, die direkt für jeden einzelnen Kostenträger als Kostenträgereinzelkosten erfaßt werden können, und den Kostenarten, die nicht für jeden Kostenträger einzeln erfaßbar sind bzw. erfaßt werden (Kostenträgergemeinkosten) und deshalb über die Kostenstellenrechnung den einzelnen Kostenträgern zugerechnet werden müssen. Geht es allein um den Zweck der Trägerkalkulation, so kann man die Kostenträgereinzelkosten sofort auf die Kostenträger verrechnen und kann sich den Einbezug dieser Kosten in die Kostenstellenrech-

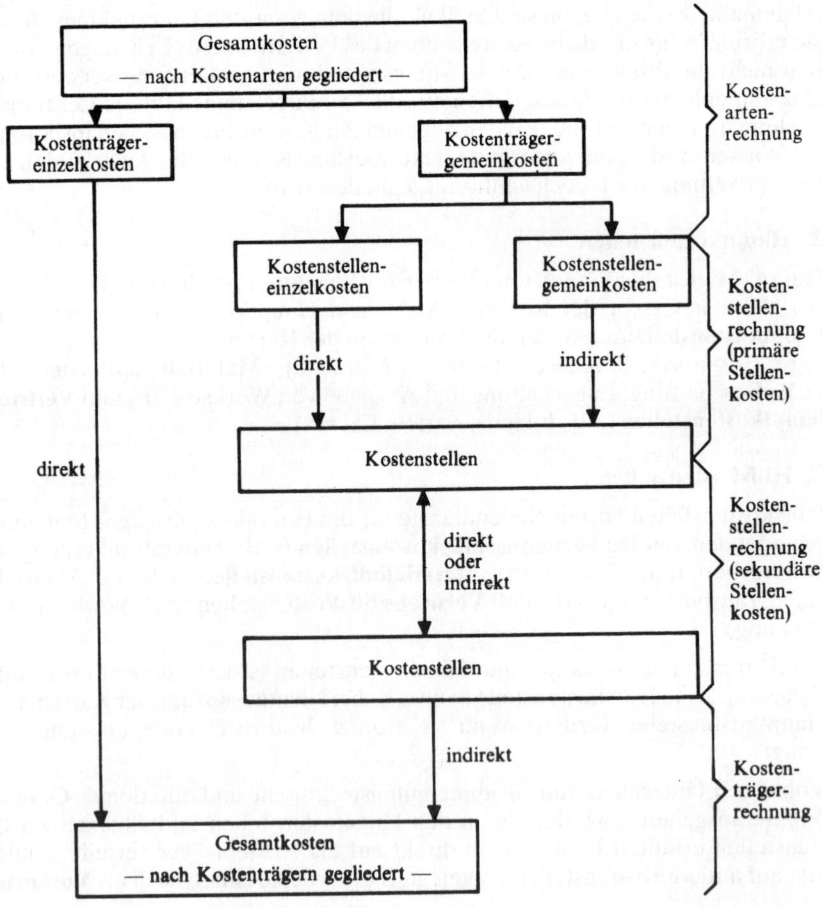

nung sparen. Die Notwendigkeit zur Verrechnung über die Kostenstellen besteht dann nur bei den Kostenträgergemeinkosten. Für eine möglichst genaue Zurechnung ist ein Nachvollzug des Weges der Kostenträger durch den Betrieb und somit eine Kostenstellenrechnung notwendig.

Diejenigen Kostenarten, die Kostenträgergemeinkosten sind, sind auf die Kostenstellen zu verteilen. Erfolgt eine solche Umlage direkt, d.h. sind die Kostenarten pro Kostenstelle einzeln erfaßbar, so liegen **Kostenstelleneinzelkosten** vor. Sind die Kostenträgergemeinkosten nicht pro Kostenstelle zu erfassen – liegen also **Kostenstellengemeinkosten** vor –, so hat eine Verteilung indirekt, d.h. durch Schlüsselgrößen zu erfolgen. Man spricht bei der Umlage der Kostenarten auf die Kostenstellen auch von der Verteilung der **primären Kosten**. Sie heißen deshalb primär, weil sie in den Stellen, auf die sie verteilt werden, tatsächlich, d.h. zuerst angefallen sind.

Erfolgt eine Verrechnung von Kosten einer Kostenstelle auf eine andere, verrechnet man also den Leistungsaustausch zwischen den Kostenstellen, so kann diese innerbetriebliche Leistungsverrechnung wiederum direkt oder mit Hilfe von Schlüsselgrößen erfolgen. Die Kosten, die eine Kostenstelle von einer anderen empfängt, sind **sekundäre Stellenkosten**.

Die so ermittelten Kosten der Kostenstellen lassen sich über entsprechende Schlüsselgrößen (z.B. Kalkulationssätze) auf die Kostenträger verrechnen.

3.2.3.2 Das Schlüsselungsproblem in der Kostenstellenrechnung

3.2.3.2.1 Die Notwendigkeit der Kostenschlüsselung

Die Kostenstellenrechnung ist notwendig zur Stellenkontrolle, zur Erhöhung der Genauigkeit der Trägerkalkulation und zur Lieferung entscheidungsrelevanter Kosteninformationen. Eine Differenzierung in Kostenstellen ist bereits dann erforderlich, wenn nur ein Produkt in mehreren Produktionsstufen erstellt wird und sich zwischen den Produktionsstufen Läger bilden. Darüber hinaus ist die Kostenstellenrechnung notwendig bei Mehrproduktfertigung, bei der die einzelnen Produktarten die jeweiligen Produktionsstufen unterschiedlich stark belasten. Für eine exakte Abrechnung ist der Produktionsprozeß vertikal und horizontal so zu zerlegen, daß in den einzelnen Kostenstellen eine Kontrolle ermöglicht wird und zusätzlich den erstellten Leistungseinheiten die bei der Fertigung anfallenden Kosten weitestgehend genau zugemessen werden können.

Um diese Aufgaben zu erfüllen, sind die in jeder Kostenstelle anfallenden Kosten zu bestimmen. Die Kostenträgergemeinkosten sind auf die Kostenstellen zu verteilen. Dabei ist man bestrebt, von den Gemeinkostenarten möglichst viele als Kostenstelleneinzelkosten, d.h. direkt, zu erfassen. Die nicht direkt erfaßbaren Gemeinkosten muß man mit Hilfe von geeigneten Bezugs- oder Maßgrößen – auch **Schlüsselgrößen** genannt – auf die Kostenstellen verteilen.

Das zweite Verteilungsproblem ergibt sich bei der Verteilung der Kosten von Kostenstelle zu Kostenstelle. Für diese Kostenumlage, die dem Leistungsfluß der innerbetrieblichen Leistungen, d.h. zwischen Vorkostenstellen, zwischen Vor- und Endkostenstellen und zwischen Endkostenstellen – wenn hier Leistungsbeziehungen bestehen – entsprechen sollte, sind Verteilungsschlüssel erforderlich.

Das dritte, sich im Anschluß an die Kostenstellenrechnung ergebende Verteilungsproblem, bei dem eine Gemeinkostenschlüsselung erforderlich ist, ist die Zurechnung der Kosten der Endkostenstellen auf die Kostenträger. Diese Zurechnung erfolgt mit Hilfe geeigneter Zuschlagssätze.

Für die Verteilung der Gemeinkosten ist der **optimale Schlüssel**, d.h. diejenige Maß- bzw. Bezugsgröße zu suchen, mit der man die Tätigkeiten der verschiedenen Kostenstellen oder auch die einzelnen Produktarten vergleichbar machen kann, d.h. einheitlich zum Ausdruck bringen kann. Zur Ermittlung des optimalen Gemeinkostenverteilungsschlüssels sind verschiedene Kriterien entwickelt worden. Diese Kriterien sind unterschiedlich; sie hängen von dem jeweils zugrunde gelegten Kostenzurechnungsprinzip ab.

Die **Zurechnungsprinzipien** und die sich daraus ergebende **Wahl des optimalen Gemeinkostenverteilungsschlüssels** seien im folgenden dargelegt.

3.2.3.2.2 Kostenzurechnungsprinzipien als Grundlage der Kostenschlüsselung

3.2.3.2.2.1 Das Kostenverursachungsprinzip

In der Kostenrechnung muß man bestrebt sein, eine möglichst richtige und genaue Zurechnung der Kosten auf die Kostenstellen und Kostenträger zu erreichen. Dabei ergibt sich die Frage, was unter einer **richtigen Verteilung** der Kosten auf Kostenstellen und Kostenträger zu verstehen ist. Diese Frage wird beantwortet von den sog. **Kostenzurechnungsprinzipien**.

Da die Gemeinkosten den Kostenträgern nicht direkt zugeordnet werden können, ist eine Zumessung über eine Ersatzgröße (Schlüsselgröße) erforderlich. Dabei ist diese Zuordnung um so genauer, je besser der verwendete Kostenschlüssel die Kosten, die z.B. pro Leistungseinheit angefallen sind, ausdrückt. Bei der Definition des Stückkostenbegriffes stehen sich zwei Auffassungen gegenüber. Einmal versteht man unter Stückkosten die durch Leistungseinheiten speziell **verursachten Kosten**, zum anderen die auf die Leistungseinheit **größenanteilig entfallenden Kosten**.

Als **Kosten je Leistungseinheit** bezeichnet man nach dem Prinzip der Kostenverursachung diejenigen Kosten, die durch eine Leistungseinheit hervorgerufen oder bewirkt worden sind, die also angefallen sind, weil eine Leistungseinheit hergestellt wurde.

Dieser Grundgedanke des **Kostenverursachungsprinzips** (Schmalenbach, Rummel), daß die Kosten auf die Leistungseinheiten nach Maßgröße der speziellen Verursachung durch diese Leistungseinheiten verrechnet werden, hat zur Konsequenz, daß speziell **durch die Leistungseinheit nur die Grenzkosten verursacht sein können.** Dies bedeutet, daß die Fixkosten nicht durch die Leistungseinheit hervorgerufen werden, da sie nicht unmittelbar produktionsbedingt, sondern notwendige Voraussetzung für die Produktion sind.

Bei einer **verursachungsgerechten Kostenzurechnung** wird unterstellt, daß die Kostenänderung sich proportional zur Ausbringungsmenge bzw. Bezugsgröße verhält. Diese Annahme – sie setzt voraus, daß die Kosten variabel sind und linear verlaufen – wird von Rummel als das **Proportionalitätsprinzip** bezeichnet.

Eine Proportionalität zwischen der Kostenänderung und einer Bezugsgröße läßt sich nur bei den Grenzkosten feststellen. Fixe Kosten kann man zwar proportional (kalenderzeitproportional) verrechnen, doch läßt sich keine Proportionalität zu den Leistungseinheiten herstellen. Da jedoch eine Grenzkostenrechnung nicht immer die Zwecke der Kostenrechnung erfüllt – z.B. sind bei der Bewertung der Bestände von Halb- und Fertigfabrikaten anteilige Fixkosten zu berücksichtigen und bei der Preiskalkulation bei langfristiger Betrachtung die fixen Kosten zu decken – kann man die Kosten nicht stets nach dem Kostenverursachungsprinzip zurechnen, sondern hat statistische Anteilsziffern zu bilden.

3.2.3.2.2.2 Das Leistungsentsprechungsprinzip

Bereits bei Rummel findet man die Erkenntnis, daß eine verursachungsgerechte Kostenzurechnung bei echten Gemeinkosten nicht möglich ist. Ausgehend von dieser Erkenntnis läßt sich fragen, ob überhaupt eine Kausalbeziehung zwischen den Kosten und den Leistungseinheiten besteht. Eine solche Kausalbeziehung wird von H. Koch verneint, denn Kosten fallen nicht nur an, weil produziert wird. **Kosten und erzeugte Leistungsmengen sind Elemente desselben Handlungsprozesses, sie sind verbunden über eine gemeinsame Zielsetzung.** Daraus folgt, daß Kostenanteilsziffern ermittelt werden müssen, also eine Beziehung zwischen den Gesamtkosten eines Betriebes bzw. einer Periode und der Gesamtheit der Leistungseinheiten hergestellt werden muß. **Die Gesamtkosten einer Periode müssen** nach Maßgabe der Größenrelation zwischen den Leistungseinheiten auf diese, also **leistungsentsprechend, verteilt werden.** Dieses **Leistungsentsprechungsprinzip** kann man auch so formulieren:

Gleich große Leistungseinheiten erhalten gleich große Kostenanteile und größere Leistungseinheiten entsprechend größere Kostenanteile.

Bei **homogenen** Leistungen läßt sich der Kostenanteil je Leistungseinheit durch einfache Divisionskalkulation ermitteln:

$$k = \frac{K}{x}.$$

k = Stückkosten
K = Gesamtkosten
x = Menge

Bei **heterogenen** Leistungen muß für alle Leistungseinheiten gemeinsam ein fiktives Gesamtprodukt (Generalprodukt) gebildet werden. Die Fertigung muß formal homogenisiert werden.

Die **Gemeinkostenschlüsselung** bei heterogener Produktion vollzieht sich bei Zugrundelegung des Leistungsentsprechungsprinzips in folgenden drei Schritten:

(1) Wahl des Gemeinkostenverteilungsschlüssels und Ermittlung der Schlüsselkoeffizienten.

Beispiel: Als Schlüsselgröße wird der Fertigungslohn gewählt. Die Schlüsselsumme betrage in der Abrechnungsperiode S DM Fertigungslohn. Diese S DM entfallen auf die n Produktarten wie folgt:

$$S = s_1 \cdot x_1 + s_2 \cdot x_2 + \ldots + s_j \cdot x_j + \ldots + s_n \cdot x_n.$$

Hierbei stellt s_j den Schlüsselkoeffizienten je Einheit des Produktes j, z.B. Lohneinheiten je Produkteinheit j und x_j die Anzahl der Einheiten des Produktes j dar.

(2) Ermittlung der anteiligen Gemeinkosten je Einheit des Generalprodukts (je Schlüsseleinheit) nach dem Kostenanteilsgleichheitsprinzip.

Im Beispiel: Ermittlung der Gemeinkosten je DM Fertigungslohn.

$$gk_s = \frac{GK}{S} = \frac{GK}{s_1 \cdot x_1 + \ldots + s_j \cdot x_j + \ldots + s_n \cdot x_n}$$

gk_s = anteilige Gemeinkosten je Schlüsseleinheit.

Die anteiligen Gemeinkosten je Schlüsseleinheit können in absoluten Werten als Gemeinkostensatz je Schlüsseleinheit oder in Prozenten als Gemeinkostenzuschlag je Schlüsseleinheit ausgedrückt werden.

(3) Umrechnung der anteiligen Gemeinkosten je Schlüsseleinheit in anteilige Gemeinkosten je Kostenträger.

Die Gemeinkosten je Produkteinheit ergeben sich durch Multiplikation des Gemeinkostensatzes je Schlüsseleinheit mit dem Schlüsselkoeffizienten der betrachteten Produkteinheit, hier: Lohneinheit je Produkteinheit.

$$gk_j = \frac{GK}{S} \cdot s_j$$

gk_j = anteilige Gemeinkosten der Leistungseinheit j.

3.2.3.2.2.3 Das Kostentragfähigkeitsprinzip

Ein weiteres Kostenzurechnungsprinzip stellt das Kostentragfähigkeitsprinzip dar. Eine Kostenzurechnung erfolgt hierbei nicht unter Kostenverursachungsgesichtspunkten, sondern die Zurechnung der Gemeinkosten auf die erstellten Leistungseinheiten erfolgt nach Maßgabe der Fähigkeit dieser Leistungseinheiten, Kosten zu übernehmen. Als Maßgröße für die Tragfähigkeit der Gemeinkosten wird der Bruttostückgewinn, d.h. die Differenz zwischen Absatzpreis und Einzelkosten, angesehen.

Je größer dieser Bruttostückgewinn ist, desto größer ist die Fähigkeit des Produktes, Gemeinkosten zu tragen.

Werden z.B. zwei Produkte erstellt, beträgt beim ersten Produkt der Bruttostückgewinn 5 DM und beim zweiten Produkt 3 DM und betragen die Kostenträgergemeinkosten 4 DM, so werden nach der Tragfähigkeit auf das erste Produkt 2,50 DM und auf das zweite Produkt 1,50 DM verrechnet.

Eine sinnvolle Kostenzurechnung hat nach Kostenentstehungsgesichtspunkten zu erfolgen. Nach dem Kostentragfähigkeitsprinzip hingegen findet die Kostenzurechnung nach erzielten oder erzielbaren Bruttostückgewinnen, ausgedrückt durch Absatzpreis minus Einzelkosten, statt. Da jedoch die Höhe des Absatzpreises nicht in einem begründeten Zusammenhang zum Kostenanfall steht, eignet sich das Kostentragfähigkeitsprinzip nicht zur Zurechnung von Gemeinkosten.

3.2.3.2.3 Die Kriterien der Schlüsselwahl

3.2.3.2.3.1 Das Proportionalitätsprinzip

Das **Proportionalitätsprinzip** als Kriterium für die Wahl des optimalen Gemeinkostenschlüssels **basiert auf dem Kostenverursachungsprinzip**.

Dieses Proportionalitätsprinzip besagt, daß diejenige Schlüsselgröße für die Verteilung der Gemeinkosten zu wählen ist, zu welcher die Gemeinkosten möglichst angenähert proportional verlaufen. Dieses Proportionalitätsprinzip gilt für die Verteilung der Kostenstellengemeinkosten auf die Kostenstellen und auch für die Verteilung der Kostenträgergemeinkosten auf die Kostenträger. Die **Veränderung der Schlüsselgröße** muß also **proportional zur Veränderung der Kosten** sein. Da somit die Schlüsselgröße indirekt die Kostenhöhe mißt, besteht folglich auch eine Proportionalität zwischen der Schlüsselgröße und den die Kosten verursachenden Einflußgrößen.

Als mögliche Schlüsselgrößen für die Kostenzurechnung in der Kostenstellen- und Kostenträgerrechnung bieten sich dabei sowohl **Wertschlüssel** (z.B. Löhne, Gehälter, Umsatz, Einzelmaterialkosten) als auch **Mengenschlüssel** (z.B. Materialgewicht, Fläche eines Raumes, Fertigungszeit, Schichtzahlen) an.

Das Proportionalitätsprinzip geht aus von

(1) der **Linearität der Gemeinkosten** (linearer Verlauf der Gemeinkostenkurve) oder
(2) der **Variabilität der Gemeinkosten** (Gemeinkostenkurve verläuft durch den Koordinatenursprung).

Werden nur variable Gemeinkosten auf die Leistungseinheit verteilt, so ist nach dem Proportionalitätsprinzip diejenige Schlüsselgröße optimal, bei der die empirisch ermittelte variable Gemeinkostenkurve einen **linearen Verlauf** aufweist. Die fixen Gemeinkosten werden dann unmittelbar der Betriebsergebnisrechnung angelastet.

Folgt man jedoch der Auffassung eines Teils der Literatur, daß bei der Ermittlung der Kosten pro Leistungseinheit sämtliche Kosten – also auch die fixen Gemeinkosten – der einzelnen Leistungseinheit zuzurechnen sind, dann ist nach dem Proportionalitätsprinzip diejenige Schlüsselgröße zu wählen, die die **größte Kostenvariabilität** aufweist. Die Kostenvariabilität läßt sich im Fall einer linearen Gemeinkostenkurve (bei der durch die Schlüsselmenge definierten Normal- oder auch Vollausnutzung der Anlage) durch den Quotienten aus proportionalen Gemeinkosten und Gesamtgemeinkosten bestimmen.

3.2.3.2.3.2 Das Prinzip der minimalen Gemeinkostenstreuung (Kostenstreuungsprinzip)

Die Verteilung der Kosten auf die Leistungseinheit ist nach dem Leistungsentsprechungsprinzip dann optimal, wenn jede Leistungseinheit einen Kostenanteil entsprechend ihrem Anteil an der Gesamtleistung erhalten hat.

Im Falle der homogenen Produktion ist eine direkte Anwendung des – aus dem Leistungsentsprechungsprinzip gewonnenen – Gesamtkostenanteilsprinzips möglich nach dem Satz: gleich große Leistungseinheiten erhalten gleich große Kostenbeträge.

Bei heterogener Produktion werden die heterogenen Leistungseinheiten durch **Verteilungshilfsgrößen** (Schlüsselgrößen) formal gleichnamig gemacht, also auf ein homogenes Generalprodukt, dem sämtliche Leistungseinheiten direkt zurechenbar sind, umgerechnet. Die Einheit dieses Generalproduktes ist dabei durch die Einheit der Schlüsselgröße definiert.

Die zu verteilenden Gesamtgemeinkosten lassen sich gemäß dem **Kostenanteilsgleichheitsprinzip** auf die Schlüsseleinheit verteilen. Um die anteiligen Gemeinkosten je Kostenträger zu erhalten, werden diese Gemeinkosten je Schlüsseleinheit (= Gesamtgemeinkosten dividiert durch die Anzahl der Schlüsseleinheiten) mit dem Schlüsselkoeffizienten, der die Anzahl der Schlüsseleinheiten pro Kostenträger angibt, multipliziert. Da sich diese Kostenzurechnung für alternative Gemeinkostenverteilungsschlüssel durchführen läßt, entsteht **das Problem der Bestimmung des optimalen Schlüssels**.

Bedingt durch den unpräzisen Begriff des Generalproduktes ist bei heterogener Produktion die Verrechnung der Gemeinkosten nach dem Kostenanteilsgleichheitsprinzip ungenau, denn bei gegebener Schlüsselsumme (z.B. maximale Gesamtfertigungszeit auf allen Produktionsanlagen) kann die Auftragszusammensetzung schwanken. Mit sich ändernder Mengenrelation zwischen den heterogenen Produkten verändert sich auch die Höhe der Gesamtgemeinkosten (z.B. durch Veränderung der Abschreibungen, Energiekosten, Hilfslöhne etc.). Dies bedeutet, daß die anteiligen Gemeinkosten je Schlüsseleinheit und damit die anteiligen Gemeinkosten je Kostenträger abhängig sind von Veränderungen der Auftragszusammensetzung bei gegebener Zahl von Einheiten des Generalproduktes (Schlüsselsumme). Je größer nun bei alternativer Auftragszusammensetzung die Schwankungen der Gesamtgemeinkosten sind, desto ungenauer sind die anteiligen Gemeinkosten pro Kostenträger. Die Streuung der Gesamtgemeinkostenhöhe ist nun bei gegebener Schlüsselsumme von Schlüsselgröße zu Schlüsselgröße verschieden. **Um einen größtmöglichen Genauigkeitsgrad bei der Kostenzurechnung zu erhalten, ist deshalb derjenige Schlüssel optimal, bei dem für alternativ ermittelte Auftragszusammensetzungen die Schwankungen der Gemeinkosten am geringsten sind**. Als Maß für diese Streuung läßt sich z.B. der Variationskoeffizient heranziehen. Der optimale Gemeinkostenschlüssel wird also nach dem Prinzip der minimalen Gemeinkostenstreuung **(Kostenstreuungsprinzip)** ausgewählt.

3.2.3.3 Die Verrechnung innerbetrieblicher Leistungen

3.2.3.3.1 Begriff und Aufgabe der innerbetrieblichen Leistungsverrechnung

Die Unternehmung erbringt neben den Absatz- und Lagerleistungen auch Leistungen, die selbst wieder im Betriebsprozeß eingesetzt werden. Diese Leistungen eines Betriebsteils für einen anderen Betriebsteil werden als **innerbetriebliche Leistungen** bezeichnet.

Bei den innerbetrieblichen Leistungen wird zwischen aktivierungspflichtigen und nicht aktivierungspflichtigen Leistungen unterschieden. Zu den **aktivierungspflichtigen innerbetrieblichen Leistungen** zählen insbesondere selbsterstellte Anlagen, werterhöhende Instandsetzungen und dgl. Sie werden in der Bilanz zu Herstellungskosten (= Herstellungsaufwand) aktiviert und entlasten damit die beanspruchten Kostenstellen. In den Jahren ihrer Nutzung werden sie als Abschreibungen und Zinsen in der Kostenartenrechnung erfaßt und gehen als ein Kostenbestandteil in die Kosten der mit ihnen erstellten Leistungseinheiten ein.

Die **nicht aktivierungspflichtigen innerbetrieblichen Leistungen** müssen in der Periode ihrer Entstehung als Kosten verrechnet werden. Sie sind den Kostenstellen anzulasten, die Leistungen empfangen haben. Deshalb muß der innerbetriebliche Leistungsfluß verfolgt werden.

In diesem Leistungsfluß haben die innerbetrieblichen Leistungen einen doppelten Charakter: Jede erstellte Leistung einer Kostenstelle stellt **einerseits** einen **Kostenträger** dar und steht damit gleichgeordnet neben den Kundenleistungen des Betriebes. **Andererseits** werden sie zu einem bestimmten Zeitpunkt zu einer **Kostenart** (die Kostenstellenleistungen werden ja weiterverarbeitet und gehen in das Endprodukt ein) und stehen dann neben von außen bezogenen Produktionsfaktoren.

Innerbetriebliche Leistungen sind beispielsweise:

(1) Leistungen der allgemeinen Stellen, wie Lieferung von Wasser, Gas, Strom.
(2) Leistungen von Hilfsstellen, das heißt Leistungen der Reparaturstelle oder der Werkzeugmacherei, des Lohnbüros, des Innentransports.
(3) Leistungen von Hauptstellen, wie etwa selbsterstellte Anlagen, aber auch Zwischenprodukte.
(4) Leistungen, die aus rechentechnischen Gründen wie innerbetriebliche Leistungen behandelt werden, so vor allem der Ausschuß.

Die **Aufgabe der Verrechnung** innerbetrieblicher Leistungen besteht darin, die Höhe der Kosten dieser Leistungen mit Hilfe eines sinnvoll erscheinenden Rechenverfahrens auf diejenigen Kostenstellen zu verteilen, in denen die innerbetrieblichen Leistungen eingesetzt worden sind, die also Vorleistungen von anderen Stellen in Anspruch nehmen und zu Zwischenleistungen weiterverarbeiten.

Die Ermittlung dieser sekundären Gemeinkosten ist erforderlich, um zu einer **aussagefähigen Kostenstellenkontrolle** zu gelangen und um eine möglichst **genaue Zurechnung** der Kosten **pro Kostenträger** zu erreichen. Zusätzlich ist die richtige Ermittlung der entscheidungsrelevanten Kosten eine notwendige Voraussetzung, um die Entscheidung zwischen Handlungsalternativen, z.B. zwischen Fremdbezug und Eigenfertigung, treffen zu können. Das schwierigste Problem bei der innerbetrieblichen Leistungsverrechnung liegt in der **Berücksichtigung der gegenseitigen Leistungsverflechtungen**. Denn Kostenstellen können ihre Leistungen nicht verrechnen, bevor nicht bekannt ist, mit welchen Kostenbeträgen sie von anderen Kostenstellen, von denen sie Leistungen beziehen, belastet werden. Da dies bei gegenseitiger Leistungsverflechtung für jede Kostenstelle gilt, läßt sich theoretisch die Verrechnung innerbetrieblicher Leistungen nur simultan lösen. Dieser **simultane Lösungsansatz und die Näherungsverfahren** seien im folgenden dargestellt.

3.2.3.3.2 Die Verfahren der Verrechnung innerbetrieblicher Leistungen

3.2.3.3.2.1 Das Einzelkosten- oder Kostenartenverfahren

Beim Kostenartenverfahren wird nur ein Teil der primären Stellenkosten der empfangenden Kostenstelle zugerechnet. **Nur die Einzelkosten in bezug auf den Auftrag** (insbesondere direkte Lohnkosten und direkte Materialkosten) **werden weiterverrechnet**; die primären Gemeinkosten in bezug auf den Auftrag bleiben unverteilt bei der leistenden Kostenstelle. Dadurch werden die gesamten Stellenkosten der abgebenden Kostenstelle um die Einzelkosten verringert, diese erhöhen die Gesamtkosten der empfangenden Kostenstelle.

Dieses Verfahren führt dazu, daß die gesamten, für die innerbetrieblichen Leistungen anfallenden Kosten nicht erkennbar sind. Bei der empfangenden Kostenstelle führt der Verbrauch an innerbetrieblichen Leistungen nur zu geringen Kosten. Dadurch entfällt der Zwang zur sparsamen Fertigung. Für die leistende Kostenstelle fallen jedoch bei dieser Kostenverrechnung überhöhte Gemeinkosten an. Eine Kontrolle der Kostenstellen ist nicht sinnvoll; die Kostenträgerstückrechnung liefert verzerrte Ergebnisse. Dieses Verfahren ist deshalb nur dann verwendbar, wenn der Anteil der Einzelkosten an den gesamten Kosten des Auftrags relativ hoch ist und wenn ein einseitiger Leistungsfluß vorliegt.

3.2.3.3.2.2 Die Stellenumlageverfahren

3.2.3.3.2.2.1 Vorbemerkungen

Die Stellenumlageverfahren sind dadurch charakterisiert, daß bei den innerbetrieblichen Leistungen nur ein **einseitiger Leistungsfluß** erfaßt wird. Die Verrechnung der Kosten innerbetrieblicher Leistungen kann deshalb nur dann richtig sein, wenn bei zwei Kostenstellen nur die eine an die andere leistet. Bei gegenseitigen Leistungsverflechtungen sind die Stellenumlageverfahren im Prinzip ungeeignet. Nur durch ergänzende Korrekturen läßt sich dann eine mit dem tatsächlichen Leistungsfluß übereinstimmende Verteilung der primären Stellenkosten erreichen.

3.2.3.3.2.2.2 Das Anbauverfahren

Dieses auch als **direktes Umlageverfahren** bezeichnete Kostenstellenumlageverfahren geht von einer Aufteilung des Betriebes in Allgemeine Kostenstellen, Hilfskostenstellen und Hauptkostenstellen aus. Der Betrieb ist soweit untergliedert, daß jede Kostenstelle nur eine Leistungsart erstellt.

Die innerbetriebliche Leistungsverrechnung erfolgt **nicht für Leistungen der gleichen Ebene**. Es werden also nur die Beziehungen zwischen zwei Kostenstellen unterschiedlicher Ebenen, i.d.R. zwischen einer Hilfs- und einer Hauptkostenstelle, erfaßt. Ebenfalls werden nicht erfaßt die eventuellen Leistungen von einer Hauptkostenstelle an Hilfskostenstellen.

Die folgende Darstellung zeigt die leistungsmäßigen Verflechtungen zwischen den Kostenstellen. Dabei sind die in der Leistungsverrechnung vernachlässigten Beziehungen gestrichelt gezeichnet.

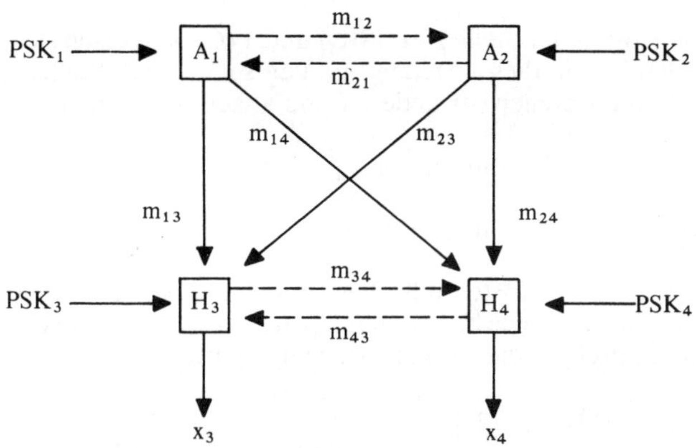

Es bedeutet:

A_i = Hilfskostenstelle i
H_j = Hauptkostenstelle j
PSK_i = Primäre Stellenkosten der Stelle i
PSK_j = Primäre Stellenkosten der Stelle j
m_{ij} = Leistungen der Kostenstelle i an die Kostenstelle j
q_i = Verrechnungspreis der Kostenstelle i
q_j = Verrechnungspreis der Kostenstelle j
m_i = abgegebene Leistungsmenge der Kostenstelle i
m_j = abgegebene Leistungsmenge der Kostenstelle j
x_i = Absatzleistung der Hauptkostenstelle i
GSK_j = gesamte Stellenkosten der Kostenstelle j
$GSK_j = q_j \cdot m_j$

Das Anbauverfahren erfaßt nicht die Leistungen zwischen den Hilfskostenstellen (m_{12} und m_{21}) und zwischen den Hauptkostenstellen (m_{34} und m_{43}). Ein möglicher Eigenverbrauch (m_{ii}) ist nicht vorgesehen. Die Verrechnungssätze für die verrechenbaren Leistungen der Hilfskostenstellen ergeben sich durch Division der primären Stellenkosten dieser Stellen durch die rechentechnisch abgegebenen Leistungen dieser Stellen.

Für die Kostenstelle 1 gilt:

$$PSK_1 = q_1 (m_1 - m_{12}).$$

Hieraus erhält man den Verrechnungspreis für die abgegebenen Leistungen der Kostenstelle 1:

$$q_1 = \frac{PSK_1}{m_1 - m_{12}}.$$

Hierbei ist $m_1 = m_{12} + m_{13} + m_{14}$.

Entsprechend ergibt sich als Verrechnungspreis für die abgegebenen Leistungsmengen der Kostenstelle 2:

$$q_2 = \frac{PSK_2}{m_2 - m_{21}}.$$

Die gesamten Kosten der Stellen 3 (GSK_3) und 4 (GSK_4) setzen sich jeweils aus primären Stellenkosten dieser Stellen und den sekundären Stellenkosten, d.h. den Kosten, die diese Stellen von anderen empfangen, zusammen.

$$GSK_3 = PSK_3 + m_{13}q_1 + m_{23}q_2$$

$$GSK_4 = PSK_4 + m_{14}q_1 + m_{24}q_2$$

Die Gesamtleistung der Kostenstelle 3 ergibt sich aus der Absatzleistung x_3 und der abrechnungstechnisch nicht erfaßten Leistung m_{34}. Es ist also $m_3 = x_3 + m_{34}$. Als Abrechnungspreis für die Absatzleistungen ergibt sich:

$$q_3 = \frac{GSK_3}{x_3} = \frac{GSK_3}{m_3 - m_{34}}$$

$$q_3 = \frac{PSK_3 + m_{13}q_1 + m_{23}q_2}{m_3 - m_{34}}.$$

Entsprechend gilt für den Verrechnungspreis der rechentechnisch abgegebenen Leistungen der Kostenstelle 4:

$$q_4 = \frac{PSK_4 + m_{14}q_1 + m_{24}q_2}{m_4 - m_{43}}.$$

Der **Mangel des direkten Umlageverfahrens** (Anbauverfahrens) besteht darin, daß Leistungen von Kostenstellen der gleichen Ebene nicht erfaßt werden. Obwohl primäre Stellenkosten weiterverrechnet werden, treten dennoch wegen dieser nicht erfaßten Leistungen große Verzerrungen auf, die sich nicht nur in der Kostenstellenkontrolle, sondern auch in der Kostenträgerstückrechnung auswirken.

Die Verrechnungspreise für die einzelnen Leistungen der Kostenstellen seien an folgendem **Zahlenbeispiel** bestimmt:

Eine Unternehmung hat u.a. zwei Vorkostenstellen A_1 und A_2 und zwei Hauptkostenstellen H_3 und H_4, in denen jeweils ein Endprodukt erzeugt wird.

Die von jeder Kostenstelle (KST) insgesamt erstellten Leistungseinheiten und der Leistungsaustausch sind der folgenden Matrix zu entnehmen. Die aufgeführten Kostenstellen empfangen keine Leistungen von anderen Kostenstellen der Unternehmung.

leistende KST	abgegebene Leistungseinheiten an die KST				insgesamt erstellte und abgegebene Leistungseinh.	Leistungen, die an den Markt oder an hier nicht erfaßte KST gehen
	A_1	A_2	H_3	H_4		
A_1	—	20	30	50	120	20
A_2	10	—	50	20	100	20
H_3	0	0	—	360	400	40
H_4	0	0	20	—	100	80

Die primären Stellenkosten setzen sich wie folgt zusammen:

	Primäre Stelleneinzelkosten	Primäre Stellengemeinkosten
A_1	400	400
A_2	600	300
H_3	4000	800
H_4	1200	400

Für die Verrechnungspreise der rechentechnisch abgegebenen Leistungen ergibt sich nach dem obigen allgemeinen Ansatz:

$$q_1 = \frac{800}{120 - 20} = 8,$$

$$q_2 = \frac{900}{100 - 10} = 10,$$

$$q_3 = \frac{4800 + 30 \cdot 8 + 50 \cdot 10}{400 - 360} = \frac{5540}{40} = 138{,}50,$$

$$q_4 = \frac{1600 + 50 \cdot 8 + 20 \cdot 10}{100 - 20} = \frac{2200}{80} = 27{,}5.$$

3.2.3.3.2.2.3 Das Stufenumlageverfahren (Step-Ladder-System)

Das Stufenumlageverfahren ist eine Weiterentwicklung des Anbauverfahrens, denn hier ist eine Weiterverrechnung auch bei solchen Kostenstellen möglich, die selbst innerbetriebliche Leistungen empfangen haben. Allerdings lassen sich hierbei nur **einseitige Leistungsbeziehungen** berücksichtigen. Dies bedeutet, daß Kostenstellen, die ihre Leistungen an andere Kostenstellen bereits abgerechnet haben, nicht mehr mit Kosten von anderen Stellen belastet werden dürfen.

Da wechselseitige Leistungsverflechtungen rechentechnisch nicht erfaßt werden, besteht das Problem darin, eine solche Anordnung der Kostenstellen zu finden, die eine möglichst weitgehende Verteilung der Kosten gestattet.

Man beginnt mit derjenigen Kostenstelle, die keine oder nur wenige Leistungen (= bewertete Leistungsmengen) von anderen Kostenstellen empfängt, und verteilt Kostenstelleneinzel- und -gemeinkosten auf alle empfangenden Stellen. Daraufhin legt man die Kosten der nächsten Stelle um, und so fort. Tauchen hierbei Rückverflechtungen auf, so werden sie einfach nicht erfaßt. Hierin liegt der Fehler dieses Verfahrens. Man bezeichnet dieses Verfahren deshalb auch als **Einbahnstraßensystem** oder wegen der formalen Ähnlichkeit als BAB-Methode (BAB = Betriebsabrechnungsbogen). Jedoch ist die BAB-Methode nur eine spezielle Ausgestaltung dieses Stufenumlageverfahrens.

Die Umlage der Kosten auf die folgenden Stufen sei an dem Ausgangsbeispiel verdeutlicht. Dabei sind, bevor die Hauptkostenstellen abgerechnet werden, erst alle Vorkostenstellen abzurechnen.

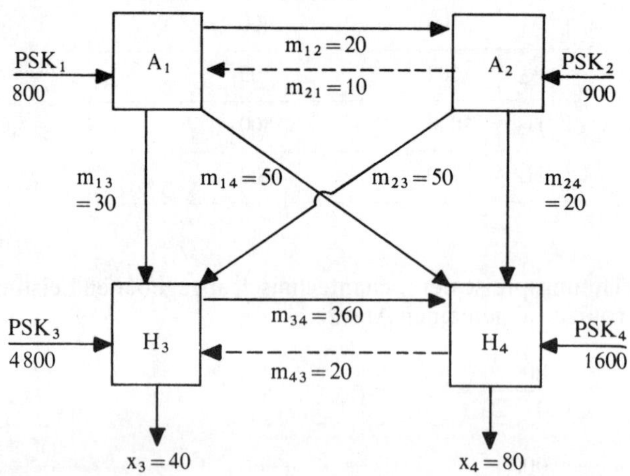

Die Kostenstelle A_1 empfängt die wenigsten Leistungen von anderen Kostenstellen. Deshalb werden als erstes die primären Stellenkosten dieser Kostenstelle verteilt, und zwar auf die Kostenstellen A_2, H_3 und H_4. Da auf zurückliegende Kostenstellen eine Verteilung nicht mehr möglich ist, können die primären und sekundären Kosten der Kostenstelle A_2 nur noch auf die Kostenstellen H_3 und H_4 verteilt werden. Die Leistungsmenge m_{21} kann nicht mehr berücksichtigt werden.

Nach dieser Verteilung der Kosten der Vorkostenstellen auf die Stellen H_3 und H_4 hat nun noch die Leistungsabrechnung zwischen diesen Kostenstellen und die Kostenverteilung von den Hauptkostenstellen auf die Absatzleistungen zu erfolgen. Da bei der wechselseitigen Leistungsbeziehung zwischen den Kostenstellen H_3 und H_4 die abgegebene Leistung m_{34} überwiegt, werden diese Leistungen auf die Kostenstelle H_4 verrechnet. Die Rückverflechtung m_{43} muß vernachlässigt werden. Nach dieser Kostenumlage lassen sich die verbleibenden Kosten der Kostenstellen H_3 und H_4 auf die Absatzleistungen verteilen.

Durch diese Anordnung der Kostenstellen und durch die unterstellte Abrechnung des Leistungsflusses ergeben sich für die einzelnen Kostenstellen die folgenden gesamten Stellenkosten:

A_1	A_2	H_3	H_4
PSK_1	PSK_2	PSK_3	PSK_4
GSK_1	$+m_{12}q_1$	$+m_{13}q_1$	$+m_{14}q_1$
	GSK_2	$+m_{23}q_2$	$+m_{24}q_2$
		GSK_3	$+m_{34}q_3$
			GSK_4

Für die einzelnen rechentechnisch abgegebenen Leistungen erhält man als jeweiligen Verrechnungspreis:

$$q_1 = \frac{PSK_1}{m_1} = \frac{800}{120} = 6^2/_3$$

$$q_2 = \frac{PSK_2 + m_{12}q_1}{m_2 - m_{21}} = \frac{900 + 20 \cdot 6^2/_3}{100-10} = \frac{1\,033{,}33}{90} = 11{,}48 \approx 11{,}50$$

$$q_3 = \frac{PSK_3 + m_{13}q_1 + m_{23}q_2}{m_3} = \frac{PSK_3 + m_{13}q_1 + m_{23}q_2}{m_{34} + x_3}$$

$$= \frac{4800 + 30 \cdot 6^2/_3 + 50 \cdot 11{,}5}{400} = \frac{5575}{400} = 13{,}94$$

$$q_4 = \frac{PSK_4 + m_{14}q_1 + m_{24}q_2 + m_{34}q_3}{m_4 - m_{43}}$$

$$= \frac{1600 + 50 \cdot 6^2/_3 + 20 \cdot 11{,}5 + 360 \cdot 13{,}93}{100 - 20} = 89{,}77.$$

Das Beispiel enthielt keinen Eigenverbrauch der leistenden Kostenstellen. Liegt jedoch in den einzelnen Kostenstellen ein Eigenverbrauch m_{ii} vor, dann wird bei der Berechnung des Verrechnungspreises der Eigenverbrauch in den abgegebenen Leistungen berücksichtigt. Die gesamten Stellenkosten GSK_i werden dann auf die abgegebenen Leistungsmengen verteilt.

3.2.3.3.2.2.4 Die Umlage mit schrittweiser, geschätzter oder zeitlich verzögerter Nachbelastung

Das Stufenumlageverfahren stellt eine Näherungsmethode dar. Es führt nur dann zu einer exakten Umlage der Kosten, wenn keine Kostenstelle Kosten von der rechnungstechnisch nachfolgenden Kostenstelle empfängt, wenn also in keiner Phase der Kostenumlage Kosten auf eine Stelle verteilt werden müssen, bei der zuvor bereits eine Entlastung vorgenommen worden ist. Man strebt deshalb eine feste Leistungshierarchie an. Erfolgt jedoch beim Stufenumlageverfahren dennoch eine Umlage auf eine bereits entlastete Kostenstelle, so entsteht hier ein unverteilter Restbetrag.

Dieser dann unverteilte Restbetrag läßt sich mit Hilfe des Stellenumlageverfahrens erneut verteilen. Eine solche **schrittweise Nachbelastung** erfolgt so lange, bis alle Gemeinkosten verteilt sind bzw. bis ein gewünschter Genauigkeitsgrad erreicht ist.

Vereinfachen läßt sich diese Verteilung der Gemeinkosten dadurch, daß man die noch zu verteilenden Gemeinkosten im **voraus schätzt** und dann diesen geschätzten Betrag bei der Stufenumlage sofort berücksichtigt. Ebenso liegt eine Vereinfachung dann vor, wenn man die Restbeträge in den einzelnen Kostenstellen beläßt und sie dann in der nächsten Abrechnungsperiode in die Verrechnung einbezieht **(zeitliche Nachbelastung).** Durch diese Korrekturen am Stellenumlageverfahren werden die Fehler, die dadurch entstehen, daß der Leistungsaustausch nur einseitig berücksichtigt wird, abgeschwächt oder beseitigt.

3.2.3.3.2.3 Die Stellenausgleichsverfahren

3.2.3.3.2.3.1 Vorbemerkungen

Bei den Stellenausgleichsverfahren werden **gegenseitige Leistungsverflechtungen** erfaßt. Dies hat zur Konsequenz, daß eine sukzessive Umlage der Kosten der einzelnen Stellen nicht mehr möglich ist, sondern die Leistungsverrechnung simultan erfolgen muß. Denn bei den durch die wechselseitigen Leistungsbeziehungen verbundenen Kostenstellen können die anfallenden gesamten Stellenkosten nicht mehr isoliert ermittelt werden. Auch können die gesamten Stellenkosten erst verteilt werden, nachdem den einzelnen Kostenstellen die sekundären Stellenkosten zugerechnet worden sind.

Für eine exakte Leistungsverrechnung ist deshalb die Auflösung eines linearen Gleichungssystems notwendig. Näherungsweise lassen sich darüber hinaus vereinfachende, iterative Verfahren verwenden.

3.2.3.3.2.3.2 Der einfache Stellenausgleich

Bei diesem Verfahren werden zur Berücksichtigung des wechselseitigen Leistungsaustausches die **Einzelkosten** in bezug auf die innerbetriebliche Leistung **direkt bei der empfangenden Kostenstelle verrechnet**. Die **Gemeinkosten** in bezug auf die innerbetriebliche Leistung werden entweder sofort oder am Ende der Abrechnungsperiode der empfangenden Kostenstelle zugerechnet. Dabei erfolgt diese Zurechnung über sog. **Zuschlagssätze**. Bei dieser Zuschlagskalkulation[1] bilden die Einzelkosten in bezug auf die innerbetriebliche Leistung die Basis für den Zuschlagssatz. Dieser zu verrechnende Kostenanteil ergibt sich aus der Multiplikation der Einzelkosten mit dem Zuschlagssatz.

Der Nachteil dieses Verfahrens besteht darin, daß Veränderungen (Schwankungen) der innerbetrieblichen Leistungen nicht ständig berücksichtigt werden können. Dadurch werden die Zuschlagssätze ungenau.

---

[1] Zur Zuschlagskalkulation vgl. S. 108ff.

3.2.3.3.2.3.3 Das Verfahren der Kreislaufverrechnung

Bei der Kreislaufverrechnung erfolgt die Verteilung der Gemeinkostenreste im **Iterationsverfahren**. Diese Verteilung erfolgt solange, bis alle Kostenstellen entleert sind. Das Verfahren ist sehr genau, es ist jedoch durch sich wiederholende Arbeitsgänge recht aufwendig.

Die iterative Leistungsverrechnung sei an dem bereits beim Anbau- und Stufenumlageverfahren verwendeten Zahlenbeispiel verdeutlicht. In der nochmals aufgeführten Matrix ist zusätzlich der prozentuale Anteil der Leistungen angegeben, der von der gesamten abgegebenen Leistungsmenge der leistenden Kostenstelle an die empfangende Kostenstelle geht.

an KST / von KST	A_1	A_2	H_3	H_4	insgesamt abgegebene Leistungseinh. der leistenden KST	Primäre Stellenkosten der leistenden Kostenstelle
A_1	—	$m_{12}=20$ (16,67%)	$m_{13}=30$ (25%)	$m_{14}=50$ (41,67%)	120	800
A_2	$m_{21}=10$ (10%)	—	$m_{23}=50$ (50%)	$m_{24}=20$ (20%)	100	900
H_3	$m_{31}=0$ (0%)	$m_{32}=0$ (0%)	—	$m_{34}=360$ (90%)	400	4800
H_4	$m_{41}=0$ (0%)	$m_{42}=0$ (0%)	$m_{43}=20$ (20%)	—	100	1600

Mit Hilfe der Kreislaufverrechnung lassen sich die Gesamtkosten je Kostenstelle wie folgt ermitteln:

KST A_1		KST A_2		KST H_3		KST H_4	
KST A_1 bekommt 10% der zu verteilenden Kosten der KST A_2		KST A_2 bekommt 16,67% der zu verteilenden Kosten der KST A_1		KST H_3 bekommt von den zu verteilenden Kosten der Kostenstellen: 25% von A_1, 50% von A_2, 20% von H_4		KST H_4 bekommt von den zu verteilenden Kosten der Kostenstellen: 41,67% von A_1, 20% von A_2, 90% von H_3	
PSK_1 : 800		PSK_2 : 900		PSK_3 : 4800		PSK_4 : 1600	
noch zu verteilende sekundäre Stellenkosten	empfangene sekundäre Stellenkosten	noch zu verteilende sekundäre Stellenkosten	empfangene sekundäre Stellenkosten	noch zu verteilende sekundäre Stellenkosten	empfangene sekundäre Stellenkosten	noch zu verteilende sekundäre Stellenkosten	empfangene sekundäre Stellenkosten
	90(A_2)		133,33(A_1)		200(A_1) 450(A_2) 320(H_4)		333,33(A_1) 180,—(A_2) 4320,—(H_3)
90		133,33		970		4833,33	
	13,33(A_2)		15 (A_1)		22,5 (A_1) 66,67(A_2) 966,67(H_4)		37,50(A_1) 26,67(A_2) 873,—(H_3)
13,33		15		1055,83		937,17	
	1,50(A_2)		2,22(A_1)		3,33(A_1) 7,50(A_2) 187,43(H_4)		5,55(A_1) 3,—(A_2) 950,25(H_3)
1,50		2,22		198,26		958,80	
	0,22(A_2)		0,25(A_1)		0,38(A_1) 1,11(A_2) 191,76(H_4)		0,63(A_1) 0,44(A_2) 178,43(H_3)
0,22		0,25		193,12		179,49	
	0,03(A_2)		0,04(A_1)		0,06(A_1) 0,13(A_2) 35,90(H_4)		0,09(A_1) 0,05(A_2) 173,81(H_3)
0,02		0,04		36,09		173,95	
	—		—		— 0,02(A_2) 34,79(H_4)		0,01(A_1) — 32,48(H_3)
—		—		34,78		32,49	
	—		—		6,50(H_4)		31,30(H_3)
—		—		6,50		31,30	
	—		—		6,26(H_4)		5,85(H_3)

KST A_1		KST A_2		KST H_3		KST H_4	
—		—		6,26		5,85	
	—		—		1,17(H_4)		5,63(H_3)
—		—		1,17		5,63	
	—		—		1,13(H_4)		1,05(H_3)
—		—		1,13		1,05	
	—		—		0,21(H_4)		1,02(H_3)
—		—		0,21		1,02	
	—		—		0,20(H_4)		0,19(H_3)
—		—		0,20		0,19	
$\sum SSK_1 = 105{,}07$ $PSK_1 = 800$		$\sum SSK_2 = 150{,}84$ $PSK_2 = 900$		$\sum SSK_3 = 2\,503{,}55$ $PSK_3 = 4\,800$		$\sum SSK_4 = 7\,160{,}27$ $PSK_4 = 1\,600$	
$GSK_1 = 905{,}07$		$GSK_2 = 1\,050{,}84$		$GSK_3 = 7\,303{,}55$		$GSK_4 = 8\,760{,}27$	

Von den Gesamtkosten der Kostenstelle A_1 gehen
an KST A_2: 150,84
an KST H_3: 226,26
an KST H_4: 377,10
an Kostenstellen, von denen A_1 nichts empfängt: 150,84

Von den Gesamtkosten der Kostenstelle A_2 gehen
an KST A_1: 105,07
an KST H_3: 525,43
an KST H_4: 210,16
an Kostenstellen, von denen A_2 nichts empfängt: 210,17

Von den Gesamtkosten der Kostenstelle H_3 gehen
an KST H_4: 6573,01
in die erstellte Absatzleistung x_3: 730,35

Von den Gesamtkosten der Kostenstelle H_4 gehen
an KST H_3: 1751,87
in die erstellte Absatzleistung x_4: 7008,22

Die Summe der primären Stellenkosten beträgt 8100 Geldeinheiten (GE). Diese Summe muß gleich sein der Summe der Kosten, die an Kostenstellen verrechnet werden, von denen die aufgeführten Kostenstellen nichts empfangen, und der Kosten für die erstellten Absatzleistungen. (Die Differenz zwischen 8100 und 8099,59 ist durch Rundungsfehler und durch nicht verteilte Restbeträge unter 0,20 bedingt.)

3.2.3.3.2.3.4 Das mathematische Verfahren

Das mathematische Verfahren berücksichtigt den wechselseitigen Leistungsaustausch zwischen den Kostenstellen, indem der **gesamte Leistungsfluß simultan er-**

faßt wird. Bei einem simultanen Ansatz wird berücksichtigt, daß die Leistungsverrechnung auf eine Kostenstelle den hier zu bestimmenden Kostenbetrag beeinflußt. Dabei erfolgt eine exakte Bestimmung der Verrechnungssätze der Leistungen der einzelnen Kostenstellen, ohne daß eine bestimmte Struktur des Leistungsflusses vorausgesetzt wird. Berücksichtigt wird der gegenseitige Leistungsaustausch dadurch, daß so viele lineare Gleichungen über die Leistungsbeziehungen aufgestellt werden, wie Kostenstellen bzw. zu bestimmende Verrechnungspreise bestehen.

Für jede einzelne Gleichung muß gelten, daß die mit dem zu bestimmenden Verrechnungspreis multiplizierten abgegebenen Leistungen dieser Stelle (= gesamte Stellenkosten) gleich sein müssen der Summe aus primären und sekundären Stellenkosten. Dabei ergeben sich die sekundären Stellenkosten aus der Summe der von den einzelnen Kostenstellen bezogenen und mit dem Verrechnungspreis dieser Kostenstellen bewerteten Leistungsmengen.

Verwendet man die folgenden Symbole

q_j = Verrechnungspreis der Kostenstelle j
q_i = Verrechnungspreis der Kostenstelle i
PSK_i = Primäre Stellenkosten der Kostenstelle i
PSK_j = Primäre Stellenkosten der Kostenstelle j
m_i = abgegebene Leistungsmenge der Kostenstelle i
m_j = abgegebene Leistungsmenge der Kostenstelle j
m_{ij} = Leistungsmenge, die Kostenstelle i an Kostenstelle j liefert ($i \neq j$)
GSK_i = gesamte Stellenkosten der Kostenstelle i
GSK_j = gesamte Stellenkosten der Kostenstelle j
$GSK_j = m_j \cdot q_j$,

so lassen sich die Gleichungen des mathematischen Verfahrens allgemein formulieren:

$$m_j \cdot q_j = PSK_j + \sum_{\substack{i=1 \\ i \neq j}}^{n} m_{ij} \cdot q_i$$

Gesamte Kosten der KST_j = Primäre Kosten der KST_j + Sekundäre Kosten der Kostenstelle j

Es ist zu beachten, daß in der Summe stets $j \neq i$ gilt. Dies ist aus folgendem Grund erforderlich: PSK_j stellt die primären, die folgende Summe die sekundären Kosten der Stelle j dar. Wäre nun $j = i$, so würden eigene Leistungen der Stelle j sekundäre Kosten bewirken, es würden in genau dieser Höhe primäre Kosten der Stelle j doppelt verrechnet.

Aus diesem Gleichungssystem lassen sich die Verrechnungspreise der abgegebenen Leistungen simultan bestimmen.

Für das bisher verwandte Zahlenbeispiel ergibt sich folgender Ansatz:

$$\begin{aligned} 120\,q_1 &= 800 + 10\,q_2 \\ 100\,q_2 &= 900 + 20\,q_1 \\ 400\,q_3 &= 4800 + 30\,q_1 + 50\,q_2 + 20\,q_4 \\ 100\,q_4 &= 1600 + 50\,q_1 + 20\,q_2 + 360\,q_3 \end{aligned}$$

Das Gleichungssystem kann mit Hilfe des modifizierten Gauss'schen Algorithmus gelöst werden.

Ausgehend vom Ausgangstableau, in dem die Gleichungen nach den primären Stellenkosten aufgelöst sind: $\left(PSK_j = m_j \cdot q_j - \sum_{\substack{i=1 \\ j \neq i}}^{n} m_{ij} q_i \right)$

	q_1	q_2	q_3	q_4	PSK
(1)	120	−10	0	0	800
	−20	100	0	0	900
	−30	−50	400	−20	4800
	−50	−20	−360	100	1600

gelangt man über die folgenden Iterationen zum Endtableau (7):

	q_1	q_2	q_3	q_4	
(2)	12	−1	0	0	80
	−2	10	0	0	90
	−3	−5	40	−2	480
	−5	−2	−36	10	160

	q_1	q_2	q_3	q_4	
(3)	1	$-\frac{1}{12}$	0	0	$\frac{20}{3}$
	0	$\frac{118}{12}$	0	0	$\frac{310}{3}$
	0	$-\frac{63}{12}$	40	−2	500
	0	$-\frac{29}{12}$	−36	10	$\frac{580}{3}$

	q_1	q_2	q_3	q_4	
(4)	1	$-\frac{1}{12}$	0	0	$\frac{20}{3}$
	0	118	0	0	1240
	0	−63	480	−24	6000
	0	−29	−432	120	2320

	q_1	q_2	q_3	q_4	
(5)	1	$-\frac{1}{12}$	0	0	$\frac{20}{3}$
	0	1	0	0	10,51
	0	0	480	−24	6662,03
	0	0	−432	120	2624,75

	q_1	q_2	q_3	q_4	
(6)	1	$-\frac{1}{12}$	0	0	$\frac{20}{3}$
	0	1	0	0	10,51
	0	0	1	−0,05	13,88
	0	0	0	98,4	8620,57

	q_1	q_2	q_3	q_4	
(7)	1	$-\frac{1}{12}$	0	0	6,67
	0	1	0	0	10,51
	0	0	1	−0,05	13,88
	0	0	0	1	87,61

Aus

$$q_3 - 0{,}05 \cdot 87{,}61 = 13{,}88$$

ergibt sich

$$q_3 = 13{,}88 + 0{,}05 \cdot 87{,}61 = 18{,}26.$$

Entsprechend folgt aus

$$q_1 - \frac{1}{12} \cdot 10{,}51 = 6{,}67$$

$$q_1 = 6{,}67 + 0{,}88 = 7{,}55.$$

Als Verrechnungspreise für die Leistungen der einzelnen Kostenstellen erhält man somit

$$q_1 = 7{,}55; \quad q_2 = 10{,}51; \quad q_3 = 18{,}26; \quad q_4 = 87{,}61.$$

In diesem Zahlenbeispiel ist ein Eigenverbrauch nicht berücksichtigt worden. Unterstellt man, daß z.B. die Kostenstelle A_1 10 Einheiten selbst verbraucht, ist also $m_{11} = 10$, so ist das Gleichungssystem zu modifizieren. Da die von der Kostenstelle A_1 abgegebene Leistungsmenge nunmehr $m_1 = 110$ beträgt, ergibt sich folgender Ansatz:

$$
\begin{aligned}
110\,q_1 &= 800 + 10\,q_2 \\
100\,q_2 &= 900 + 20\,q_1 \\
400\,q_3 &= 4800 + 30\,q_1 + 50\,q_2 + 20\,q_4 \\
100\,q_4 &= 1600 + 50\,q_1 + 20\,q_2 + 360\,q_3
\end{aligned}
$$

Obwohl nur eine Gleichung im Gleichungssystem verändert worden ist, müssen wegen der Interdependenz der Leistungsbeziehungen die Verrechnungspreise für alle abgegebenen Leistungsmengen neu bestimmt werden.

Dieses auf Ist-Vollkosten beruhende Verfahren der Verrechnung innerbetrieblicher Leistungen – es läßt sich, wie auch bei den anderen Verfahren, ein Verrechnungspreis auch auf der Basis von Teilkosten bestimmen – erfüllt höchste Genauigkeitsansprüche. Für eine Kostenkontrolle ist es jedoch nur bedingt geeignet, denn durch die Weiterverrechnung der Istkosten werden Unwirtschaftlichkeiten auf Kostenstellen verrechnet, die für diese Kostenhöhe nicht verantwortlich sind. Zu **Kontrollzwecken** sind deshalb die Istleistungsmengen mit **Planverrechnungssätzen**, die man mit dem mathematischen Verfahren ermitteln kann, zu bewerten.

3.2.3.3.2.3.5 Der Stellenausgleich mit Hilfe der Matrizenrechnung

Beim mathematischen Verfahren sind die Verrechnungspreise die zu ermittelnden Unbekannten des Gleichungssystems. Die wechselseitige Leistungsbeziehung läßt sich aber auch durch ein lineares Gleichungssystem erfassen, in das nicht die mit den zu bestimmenden Verrechnungspreisen bewerteten Leistungsmengen eingehen, sondern lediglich Gesamtkostengrößen.

Um eine solche Schreibweise zu ermöglichen, sei von folgenden Symbolen ausgegangen:

K_j = gesamte Kosten der Stelle j nach Umlage (entspricht GSK_j)
K_i = gesamte Kosten der Stelle i nach Umlage (entspricht GSK_i)
r_{ij} = Anteil der Kosten (nach Umlage) der Stelle i, der auf die Stelle j entfällt
B_j = primäre Stellenkosten der Stelle j (entspricht PSK_j)

Es gilt nun:

$$K_j = B_j + \sum_{\substack{i=1 \\ i \neq j}}^{n} r_{ij} K_i \qquad (i = 1, \ldots, n)$$

Die zu bestimmenden gesamten Kosten einer jeden Kostenstelle ergeben sich aus den primären Kosten dieser Kostenstelle und den Anteilen, die diese Kostenstelle von den zu bestimmenden Gesamtkosten anderer Kostenstellen bekommt.

Da eine direkte Ermittlung der Kosten K_j ausgeschlossen ist, weil die dazu erforderliche Höhe der einzelnen Gesamtkostenbeträge K_i auch ermittelt werden muß, ist folgende Umrechnung notwendig:

$$B_j = K_j - \sum_{\substack{i=1 \\ i \neq j}}^{n} r_{ij} K_i \qquad (i = 1, \ldots, n)$$

Verwendet man hierfür die Matrizenschreibweise, so ergibt sich:

$$\mathcal{B} = \mathcal{K} - \mathcal{R}' \cdot \mathcal{K}$$

Hierin bedeuten:

$$\mathcal{B} = \begin{bmatrix} B_1 \\ \vdots \\ B_j \\ \vdots \\ B_n \end{bmatrix}, \quad \mathcal{K} = \begin{bmatrix} K_1 \\ \vdots \\ K_j \\ \vdots \\ K_n \end{bmatrix}, \quad \mathcal{R}' = \begin{bmatrix} 0 & r_{21} & \dots & \dots & r_{n1} \\ r_{12} & 0 & \dots & & \vdots \\ \vdots & & \cdot & & \vdots \\ \vdots & & & \cdot & \vdots \\ r_{1n} & \dots & & \dots & 0 \end{bmatrix}$$

Setzt man

$$(\mathcal{E} - \mathcal{R}') = \mathcal{R},$$

dann lautet die Matrixschreibweise

$$\mathcal{B} = \mathcal{K} - \mathcal{R}' \cdot \mathcal{K} = (\mathcal{E} - \mathcal{R}')\mathcal{K} = \mathcal{R} \cdot \mathcal{K}.$$

Um die gesamten Kosten jeder Kostenstelle zu bestimmen, ist jetzt dieses Gleichungssystem nach $\mathcal{K}$ aufzulösen.

$$\mathcal{K} = \mathcal{R}^{-1} \cdot \mathcal{B}$$

$\mathcal{R}^{-1}$ stellt hierbei die Inverse von

$$\mathcal{R} = \begin{bmatrix} 1 & -r_{21} & -r_{31} & \dots & \dots & -r_{n1} \\ -r_{12} & 1 & \dots & & & \vdots \\ \vdots & & \cdot & & & \vdots \\ & & & \cdot & & \\ \vdots & & & & \cdot & \vdots \\ -r_{1n} & \dots & & & \dots & 1 \end{bmatrix}$$

dar.

Die Koeffizienten der inversen Matrix geben dabei die Anteile der Kosten der einzelnen Stellen an den primären Kosten aller Stellen an. Durch diese Schreibweise erhält man eine **Aufgliederung der Kostenstellenkosten nach ihrer Herkunft**, d.h. ihre Abhängigkeit von den primären Kosten jeder Kostenstelle, von Größen, die direkt erfaßbar sind.

Für das bisher verwendete Zahlenbeispiel ergibt sich nun unter Berücksichtigung der Kostenanteile, die die empfangende Kostenstelle j von den Gesamtkosten der Kostenstelle i erhält, das folgende Gleichungssystem:

$$K_1 = 800 + \frac{10}{100} K_2$$

$$K_2 = 900 + \frac{20}{120} K_1$$

$$K_3 = 4800 + \frac{30}{120} K_1 + \frac{50}{100} K_2 + \frac{20}{100} K_4$$

$$K_4 = 1600 + \frac{50}{120} K_1 + \frac{20}{100} K_2 + \frac{360}{400} K_3$$

In Matrixschreibweise lautet das Gleichungssystem in Abhängigkeit von den primären Stellenkosten:

$$\begin{bmatrix} K_1 \\ K_2 \\ K_3 \\ K_4 \end{bmatrix} = \begin{bmatrix} 1 & -\frac{10}{100} & 0 & 0 \\ -\frac{20}{120} & 1 & 0 & 0 \\ -\frac{30}{120} & -\frac{50}{100} & 1 & -\frac{20}{100} \\ -\frac{50}{120} & -\frac{20}{100} & -\frac{360}{400} & 1 \end{bmatrix}^{-1} \cdot \begin{bmatrix} 800 \\ 900 \\ 4800 \\ 1600 \end{bmatrix}$$

Nach Berechnung der Inversen ergibt sich:

$$\begin{bmatrix} K_1 \\ K_2 \\ K_3 \\ K_4 \end{bmatrix} = \begin{bmatrix} 1{,}0169 & 0{,}1017 & 0 & 0 \\ 0{,}1695 & 1{,}0169 & 0 & 0 \\ 0{,}5250 & 0{,}7110 & 1{,}2195 & 0{,}2439 \\ 0{,}9301 & 0{,}8857 & 1{,}0975 & 1{,}2195 \end{bmatrix} \cdot \begin{bmatrix} 800 \\ 900 \\ 4800 \\ 1600 \end{bmatrix}$$

Hieraus lassen sich die gesamten Stellenkosten der einzelnen Kostenstellen ermitteln. Es ergibt sich:

$$K_1 = 905{,}08; \quad K_2 = 1050{,}84; \quad K_3 = 7303{,}84; \quad K_4 = 8760{,}75.$$

Das mathematische Verfahren hat den Nachteil, daß bei jeder Änderung der abgegebenen Leistungsmenge einer Kostenstelle das gesamte Gleichungssystem neu zu lösen ist. Bei der Matrizenrechnung hingegen sind diese aufwendigen Berechnungen nicht erforderlich, wenn sich die Kostenstruktur des Betriebes, d.h. die Relation von Abgabemengen einer Stelle an andere Stellen, nicht oder nur unwesentlich ändert. Die Koeffizienten der Matrix R^{-1}, die die Anteile der Kosten der Kostenstellen an den primären Kosten aller Stellen angeben, bleiben unverändert bei gleicher Verflechtungsstruktur. Dies hat den Vorteil, daß die Gesamtkosten jeder Kostenstelle in jeder Abrechnungsperiode sofort aus den veränderten primären Stellenkosten ermittelt werden können.

3.2.3.3.3 Beurteilung der Verfahren zur Verrechnung innerbetrieblicher Leistungen

Die Verrechnung innerbetrieblicher Leistungen ist nach den **Stellenumlageverfahren** unexakt, wenn gegenseitige Leistungsverflechtungen vorliegen. Bei wechselseitigen Leistungsbeziehungen ist eine genaue Verrechnung nur mit Hilfe der Stellenausgleichsverfahren möglich.

Das **mathematische Verfahren** liefert exakte Lösungen. Es hat jedoch den Nachteil, daß bei jeder Änderung der abgegebenen Leistung einer Kostenstelle das Gesamtsystem von n Gleichungen neu zu lösen ist. Dadurch wird es sehr arbeitsaufwendig. Mit dem Stufenumlageverfahren ist es identisch, wenn keine Rückverflechtungen vorliegen.

Relativ leicht zu handhaben ist die **Kreislaufverrechnung**. Dieses iterative Näherungsverfahren kommt zu recht guten Lösungen.

Der Stellenausgleich mit Hilfe der **Matrizenrechnung** ist vorteilhaft, wenn bei Beschäftigungsschwankungen die Kostenstruktur unverändert bleibt, wenn also die Matrix $\mathbb{R}^{-1}$ sich nicht ändert. Es lassen sich dann die gesamten Stellenkosten direkt aus den primären Stellenkosten ermitteln. Dies bedeutet, daß nicht unbedingt das ganze Gleichungssystem neu zu lösen ist. Hierin liegt der Vorteil des Stellenausgleichsverfahrens mit der Matrizenrechnung.

3.2.4 Die Technik der Kostenstellenrechnung

3.2.4.1 Der Betriebsabrechnungsbogen (BAB) als Instrument der Kostenstellenrechnung

Der BAB dient zur Verdeutlichung der Durchführung der Kostenstellenrechnung. Er erfüllt keine materiellen Aufgaben, sondern er stellt lediglich eine tabellarische Übersicht dar, in der die zu verteilenden Kostenarten aufgeführt sind und eine Kostenzurechnung auf allgemeine Kostenstellen, Haupt- und Hilfskostenstellen erfolgt.

3.2.4.2 Der Aufbau des Betriebsabrechnungsbogens und ein Beispiel

Im BAB sind vertikal die Kostenartensummen aufgeführt und horizontal die allgemeinen Kostenstellen, die Hauptkostenstellen und Hilfskostenstellen.

Der BAB hat folgende Aufgaben zu erfüllen:

(1) Verteilung der primären Gemeinkosten auf die Kostenstellen;
(2) Verteilung der Kosten der allgemeinen Kostenstellen auf die nachgelagerten Haupt- und Hilfskostenstellen;
(3) Verteilung der Kosten der Hilfskostenstellen auf die Hauptkostenstellen;
(4) Ermittlung der Gemeinkostenzuschlagssätze für die Verrechnung der Stellenkosten als Erzeugnisgemeinkosten;
(5) Ermittlung der Kostenstellenüber- oder -unterdeckungen durch einen Vergleich der Istkosten mit vorgegebenen Kosten.

Der formale Aufbau eines Betriebsabrechnungsbogens

Erzeugnisgemein-kostenarten		Schlüssel-größe	Gesamt-beträge	Allgemeine KST 1	Allgemeine KST 2	Hauptkostenstellen 1	Hauptkostenstellen 2	Hauptkostenstellen 3	Hilfskostenstellen 1	Hilfskostenstellen 2	
Primäre Gemein-kosten	KSTEK	direkt									Verteilung der KA auf KST
	Summe										
	KSTGK	indirekt									Verteilung der KA auf KST
	Summe										
	Summe Kostenarten										
Sekundäre Gemein-kosten				↳	→	→	→	→	→	→	Durchführung der i.b.L.
					↳	→	→	→	→	→	
						←	←	←	←	↵	
						←	←	←	↵		
Summe der auf die KTR zu verrechnenden Stellenkosten											
											Bildung von Kalkulationssätzen für die Hauptkostenstellen
											Ermittlung von Über- und Unterdeckungen

Zahlenbeispiel für einen BAB (Angaben in 100 DM)

Kostenstelle / Kostenarten	zu verrechnender Betrag	Verteilungsgrundlage	Allg. Kostenstellen		Haupt
			Kesselhaus	Kraftzentrale	Materialhauptkostenstelle
1. Materialeinzelkosten					34535
2. Lohneinzelkosten					
3. Herstellkosten					
4. Hilfslöhne	9000	Hilfslohnscheine (dir.)	600	900	1200
5. Gehälter	12300	Gehaltslisten (dir.)	1400	1300	1700
6. kalk. Abschr.	8300	Anlagenwerte	700	1150	80
7. Kapitalkosten	1060	⌀ Kap. bind.	80	130	30
8. Mieten	1640	Raumfläche	30	35	20
9. freiw. Sozialkosten	4185	Zahl der Beschäftigten	200	300	420
10. Brennstoffe	655	Energieverbrauch (dir.)	520	90	–
11. bezogene Werkzeuge	45	Rechnung (direkt)	4	8	–
12. Versicherungsprämien	10	Versicherungsgrundlage	–	2	–
13. Summe Gemeinkosten	37195		3534	3915	3450
14. Umlage Kesselhaus		abgegebene Dampfmenge	↳	1690	–
15. Umlage Kraftzentrale		abgegebene Strommenge		↳	870
16. Umlage Arbeitsbüro		Kopfzahl			240
17. Umlage Reparaturstelle		nach Aufträgen			655
18. Summe Gemeinkosten	37195		–	–	5215
19. Zuschlagsbasis[1]					34535
20. Istzuschlagssatz					15,10%
21. Normalzuschlagssatz					14,50%
22. Verrechnete Gemeinkosten					5007,58
23. Überdeckung					–
24. Unterdeckung					207,42

[1] Lohneinzelkosten für Fertigungshauptstellen
Einzelmaterialkosten für Materialstelle
Herstellkosten für Verwaltungs- und Vertriebsstelle

kostenstellen		Hilfskostenstellen		Verwaltungs-stelle	Vertriebs-stelle
Fertigungs-hauptkosten-stellen I	Fertigungs-hauptkosten-stellen II	Reparatur-stelle	Arbeits-büro		
8442	3420				
				74602	74602
2100	1700	800	700	600	400
–	–	2100	900	3200	1700
1680	2430	940	60	510	750
320	290	70	5	80	55
710	630	120	25	40	30
625	470	740	290	910	230
–	–	–	–	5	40
12	11	10	–	–	–
4	3	1	–	–	–
5451	5534	4781	1980	5345	3205
930	690	224	–	–	–
1470	1975	730	120	260	180
810	730	320	↵		
2735	2665	↵			
11396	11594	–	–	5605	3385
8442	3420			74602	74602
134,99%	339%			7,51%	4,54%
140%	330%			7%	4,8%
11818,80	11286			5222,14	3580,90
422,80	–			–	195,90
–	308			382,86	–

Die Funktionen 4 und 5 erfolgen in Nebenrechnungen. Auf die Funktion 4 – Teil der sogenannten Kalkulation – wird innerhalb der Kostenträgerrechnung eingegangen.

Schematisch hat der BAB den in der folgenden Übersicht (S. 95) dargestellten formalen Aufbau. Das erste Schlüsselungsproblem taucht bei der Verteilung der primären Kostenstellenkosten auf die Kostenstellen (KST) auf. Dabei werden prinzipiell als primäre Kostenstellenkosten **nur Kostenträgergemeinkosten** verrechnet, denn die Kostenträgereinzelkosten werden direkt bei den einzelnen Kostenträgern (KTR) erfaßt. Die Verrechnung von Kostenträgergemeinkosten über die einzelnen Kostenstellen ist notwendig, um diese Kostenträgergemeinkosten gemäß der effektiven Inanspruchnahme der einzelnen Kostenstellen möglichst genau auf die Fertigungshauptkostenstellen verteilen zu können. Dies ermöglicht eine differenzierte und damit genauere Zurechnung dieser Kosten auf den Kostenträger.

Man sollte jedoch auch die Kostenträgereinzelkosten berücksichtigen. Einerseits, weil die Einzelkosten bei der Zurechnung der Kostenträgergemeinkosten auf die einzelnen Leistungseinheiten die Bezugsgröße für die Zuschlagssätze darstellen. Andererseits, weil dann eine Kontrolle aller Kosten der Kostenstelle möglich ist.

Die Umlage der Kostenarten (KA) auf die Kostenstellen kann nun bei den **Kostenstelleneinzelkosten (KSTEK) direkt** erfolgen. Eine solche direkte Verteilung ist möglich z.B. bei den Gehältern oder auch bei bezogenen Materialien, denn auf Grund der Gehaltslisten oder der bezogenen Rechnungen läßt sich ersehen, in welcher Kostenstelle diese Kostenarten angefallen sind.

Liegen **Kostenstellengemeinkosten** (KSTGK) vor, so sind diese **indirekt** auf die einzelnen Kostenstellen zu verteilen. Verteilungsgrundlage für die Kostenarten ist dabei der bereits als optimal ermittelte Gemeinkostenverteilungsschlüssel. Indirekt verteilt werden z.B. Versicherungsprämien, kalkulatorische Abschreibungen, Kapitalkosten, Wagniskosten etc.

Nach dieser Verteilung der Kostenarten auf die Kostenstellen ist für jede einzelne Kostenstelle die Summe der primären Gemeinkosten bekannt. Es erfolgt jetzt die **Verrechnung der innerbetrieblichen Leistungen**. Prinzipiell zwingt die Benutzung des BAB's nicht zur Verwendung eines bestimmten Verfahrens der Verrechnung innerbetrieblicher Leistungen. Jedes dargestellte Verfahren kann hierzu herangezogen werden. Üblicherweise verwendet man das **Stufenumlageverfahren.** Da hierbei die Leistungsbeziehungen nur einseitig verrechnet werden, kommt es bei der Anordnung der Kostenstellen darauf an, daß die Rückverflechtungen so gering sind, daß sie vernachlässigt werden können. Man strebt hierfür eine Stellenhierarchie an.

Die Kosten der allgemeinen Stellen werden im BAB auf die nachgelagerten Kostenstellen verteilt. So werden die Kosten der 1. allgemeinen Kostenstelle auf die nachfolgenden allgemeinen Kostenstellen und auf die Haupt- und Hilfskostenstellen zugerechnet. Diese Zurechnung erfolgt für die allgemeinen Kostenstellen so lange, bis alle allgemeinen Kostenstellen entlastet sind.

Die Verteilung der Kosten der allgemeinen Kostenstellen erfolgt wiederum über Schlüsselgrößen.

Nach Abschluß dieser Verteilung sind dann die Kosten der Hilfskostenstellen auf die Hauptkostenstellen zu verrechnen. Auch hierfür ist ein optimaler Gemeinkostenschlüssel zu wählen.

Die Kostenumlage im BAB ist damit abgeschlossen. Für jede Hauptkostenstelle sind die primären und die sekundären Kosten bekannt. Die Ermittlung der Gemeinkostenzuschlagssätze stellt bereits eine Vorstufe der Kostenträgerrechnung dar. Sie ist jedoch hier erforderlich, um eine Kontrolle der Kosten im BAB zu ermöglichen. Die im BAB ermittelten Istgemeinkosten werden den Normalgemeinkosten gegenübergestellt. Dabei verwendet man als Bezugsgröße für die Ermittlung der Zuschlagssätze entweder Einzelkostenarten (Materialeinzelkosten, Lohneinzelkosten), Fertigungsstunden oder auch Herstellkosten. Auch diese Bezugsgrößen stellen optimale Schlüssel dar. Die Normalgemeinkosten erhält man, indem man die Bezugsgröße (= Zuschlagsbasis) mit dem Normalzuschlagssatz multipliziert. Als Differenz zu den Istgemeinkosten ergibt sich eine Kostenstellenüber- oder -unterdeckung. Diese Differenz zwischen Normal- und Istkosten bietet einen Ansatzpunkt für eine Kostenkontrolle.

Die Übersicht (S. 96f.) verdeutlicht die Kostenzurechnung im BAB an einem Zahlenbeispiel.

Literaturübersicht zum Kapitel 3.2
Die Kostenstellenrechnung

Adam, A./Roppert, J., Betriebliche Leistungsverrechnungen, Würzburg 1962, S. 29-37.

Biethahn, Jörg, Kostenstellen und Leistungsstellen, in: Handwörterbuch des Rechnungswesens, 2. Aufl., Stuttgart 1981, Sp. 1090-1097.

Börner, Dietrich, Gemeinkosten und ihre Verrechnung, in: Kosiol, E., (Hrsg.), Handwörterbuch des Rechnungswesens, Stuttgart 1970, Sp. 1017-1023.

Börner, Dietrich, Kostenverteilung, Prinzipien und Technik, in: Handwörterbuch des Rechnungswesens, 2. Aufl., Stuttgart 1981, Sp. 1105-1114.

Coenenberg, Adolf Gerhard, Kostenrechnung und Kostenanalyse, 4. Aufl., Landsberg/Lech 1999, S. 75-90.

Ebert, Günter, Kosten- und Leistungsrechnung, 8. Aufl., Wiesbaden 1997, S. 64-86.

Fischer, Johannes/Heß, Otto/Seebauer, Georg, Buchführung und Kostenrechnung, 2. Aufl., Leipzig 1940, S. 57-69.

Freidank, Carl-Christian, Kostenrechnung, 6. Aufl., München 1997, S. 128-143.

Haberstock, Lothar, Kostenrechnung I, 8. Aufl., Hamburg 1987, S. 118-161.

Henzel, Friedrich, Die Kostenrechnung, 4. Aufl., Essen 1964, S. 276-328.

Huch, Burkhard, Einführung in die Kostenrechnung, 8. Aufl., Heidelberg 1986, S. 74-108.

Hummel, Siegfried/Männel, Wolfgang, Kostenrechnung 1, Grundlagen, Aufbau und Anwendung, 4. Aufl., Wiesbaden 1986, S. 190-249.

Kilger, Wolfgang, Betriebliches Rechnungswesen, in: Jacob, Herbert, (Hrsg.), Allgemeine Betriebswirtschaftslehre, 5. Aufl., Wiesbaden 1988, S. 921-1044, hier S. 970-983.

Kilger, Wolfgang, Einführung in die Kostenrechnung, 3. Aufl., Wiesbaden 1987, S. 154-264.

Kloock, Josef/Sieben, Günter/Schildbach, Thomas, Kosten- und Leistungsrechnung, 8. Aufl., Düsseldorf 1999, S. 105-129.

Koch, Helmut, Grundprobleme der Kostenrechnung, Köln/Opladen 1966, S. 63-107.

Kosiol, Erich, Kostenrechnung der Unternehmung, 2. Aufl., Wiesbaden 1979, S. 156-222.

Kosiol, Erich, Kostenrechnung und Kalkulation, 2. Aufl., Berlin 1972, S. 116-138.

Lehmann, Bruno, Kostenlenkung durch Betriebsabrechnung, Herne/Berlin 1961, S. 138-242.

Mellerowicz, Konrad, Kosten und Kostenrechnung II: Verfahren, I. Teil: Allgemeine Fragen der Kostenrechnung und Betriebsabrechnung, 5. Aufl., Berlin 1974, S. 378-409, 452-506.

Münstermann, H., Unternehmensrechnung, Wiesbaden 1969, S. 61-154.

Norden, Helmut/Wille, Friedrich, Der Betriebsabrechnungsbogen, 11. Aufl., Stuttgart 1973, S. 31-46, 61-139.

Rieper, B./Waldmann, J., Programmierte Einführung in das betriebliche Rechnungswesen, München 1972, S. 110-132.

Rummel, Kurt, Einheitliche Kostenrechnung auf der Grundlage einer vorausgesetzten Proportionalität der Kosten zu betrieblichen Größen, 3. Aufl., Düsseldorf 1949, S. 36-93.

Scherrer, Gerhard, Kostenrechnung, 2. Aufl., Stuttgart 1991, S. 179-196.

Schierenbeck, Henner, Leistungsverrechnung, innerbetriebliche, in: Handwörterbuch des Rechnungswesens, 2. Aufl., Stuttgart 1981, Sp. 1147-1156.

Schönfeld, Hanns-Martin/Möller, Hans-Peter, Kostenrechnung, 8. Aufl., Stuttgart 1995, S. 55-103.

Schweitzer, Marcell/Küpper, Hans-Ulrich, Systeme der Kostenrechnung, 7. Aufl., München 1998, S. 155-182.

Weber, Jürgen, Einführung in das Rechnungswesen II: Kostenrechnung, 5. Aufl., Stuttgart 1997, S. 60-69, 183-209.

Wilkens, Klaus, Kosten- und Leistungsrechnung, 8. Aufl., München 1996, S. 60-62, 190-216.

3.3 Die Kostenträgerrechnung

3.3.1 Die Kostenträgerstückrechnung oder Kalkulation

3.3.1.1 Die Aufgaben der Kalkulation

In der Kostenträgerstückrechnung werden, aufbauend auf die Kostenartenrechnung und die Kostenstellenrechnung, die Kosten der einzelnen Leistungseinheiten ermittelt. Die Kostenträgerrechnung bildet die letzte Stufe im Rahmen der Zurechnung der gesamten Kosten auf die Leistungseinheit (Kostenträger). Dabei werden als Kostenträger betriebliche Leistungen angesehen. Dies sind einmal die betrieblichen Absatzleistungen und die Lagerleistungen, zusätzlich gehören hierzu die innerbetrieblichen Leistungen (aktivierungspflichtige und nicht aktivierungspflichtige Innenaufträge).

Die Ermittlung der Kosten pro Leistungseinheit ist erforderlich, da

(1) betriebliche Leistungen bewertet werden müssen,
(2) preispolitische Entscheidungen (Kalkulation des Angebotspreises im Falle der Beeinflußbarkeit dieses Angebotspreises, Ermittlung der kurz- und langfristigen Preisuntergrenze, Ermittlung der sog. „Selbstkostenpreise" bei öffentlichen Aufträgen) zu treffen sind,

(3) eine Kontrolle der Kosten pro Leistungseinheit vorzunehmen ist,
(4) für Planungsrechnungen Unterlagen bereitgestellt werden müssen.

Die Kostenträgerrechnung kann ex post **(Nachkalkulation)** aber auch ex ante **(Vorkalkulation)** durchgeführt werden.

Bei der Vorkalkulation werden im voraus für einen speziellen Auftrag die Selbstkosten ermittelt. Für diese Vorkalkulation werden Normal- oder Plankosten herangezogen.

In der Nachkalkulation werden die effektiv angefallenen Istkosten für die produzierten und abgesetzten Leistungseinheiten ermittelt. Durch einen Vergleich dieser Ist-Selbstkosten mit den in der Vorkalkulation ermittelten Werten läßt sich die Wirtschaftlichkeit der Leistungserstellung und -verwertung kontrollieren.

Die Art der Zurechnung der Kosten auf die Leistungseinheit (Kalkulation) ist abhängig von betriebsindividuellen Gegebenheiten. Insbesondere beeinflußt der Umfang des Fertigungsprogramms (ein Produkt oder mehrere Produkte) und das Fertigungsverfahren die Wahl der sinnvollerweise anzuwendenden Kalkulationsmethode.

3.3.1.2 Die Kalkulation bei verschiedenen Fertigungsverfahren

3.3.1.2.1 Die Fertigungsverfahren

Die Produktionsverfahren lassen sich nach den verschiedensten Gesichtspunkten systematisieren. Für die Wahl des „richtigen" Kalkulationsverfahrens sei von der Einteilung der Fertigungsverfahren in homogene Fertigung, heterogene Fertigung und Kuppelproduktion ausgegangen.

Bei **homogener Produktion** wird nur eine Erzeugnisart produziert. Der Produktionsprozeß selbst kann ein- oder mehrstufig sein.

Werden in einer Periode mehrere Erzeugnisarten neben- und/oder nacheinander gefertigt, so liegt eine Mehrproduktfertigung **(heterogene Produktion)** vor.

Von Parallelproduktion bzw. **unverbundener Produktion** ist dann zu sprechen, wenn die Produktionsbedingungen des einen Produktes nicht abhängig sind von denen des (der) anderen.

Dies bedeutet, daß die Kosten der Herstellung des Gutes i unabhängig sind von den Produktionskosten aller anderen Güter. Dies hat zur Konsequenz, daß jede Produktart isoliert, d.h. wie bei homogener Produktion, betrachtet werden kann.

Haben die Produktionsprozesse jedoch mindestens einen Produktionsfaktor gemeinsam, dann liegt **gemeinsame Produktion** vor. Grundsätzlich sind die Produktionsverfahren für die verschiedenen Güter auch hier produktionstheoretisch unabhängig. Für einige Arbeitsgänge jedoch werden die gleichen Produktionsfaktoren benutzt. Solange die Kapazität dieser gemeinsam zu nutzenden Faktoren nicht voll ausgelastet ist, ist die Produktion wie bei der Parallelproduktion voneinander unabhängig; die Kosten für das Gut i sind unabhängig von den Mengen aller anderen Produkte.

Tritt Knappheit der Faktoren auf, so ist die Steigerung der Ausbringungsmenge eines Gutes nur durch die Abnahme der Ausbringungsmenge eines anderen Gutes zu erreichen. Es liegt **Alternativproduktion** vor, bei der das Mengenverhältnis der Güterkombinationen beliebig variiert werden kann.

Diese Produktion mehrerer Produktarten beruht hierbei nicht auf einer technologischen Zwangsläufigkeit. Es sind vielmehr wirtschaftliche Überlegungen bei der Ausnutzung z.B. von Großanlagen hierfür entscheidend. Die produktionsmäßigen Interdependenzen sind dispositiver Art. Dieser ökonomisch bedingte Verbund will die Produktionsmöglichkeiten gewinnmaximal ausschöpfen.

Hierfür ist die **Sortenfertigung** ein Beispiel. Es handelt sich bei der Sortenfertigung um Erzeugnisse, die produktions- und häufig auch absatzverwandt sind und zeitlich nacheinander in regelmäßigen Abständen gefertigt werden.

Bei **Serienfertigung** hingegen werden von verschiedenen Erzeugnisarten begrenzte Mengen (Serien) gefertigt. Eine Neuauflage der Serie erfolgt nicht unbedingt. Eine Serienfertigung ist möglich bei Alternativproduktion und auch bei Parallelproduktion.

Bei **Einzelfertigung** wird jeweils nur eine Mengeneinheit produziert.

Eine Mehrproduktproduktion, bei der **mehrere Produkte zwangsläufig und gleichzeitig** anfallen, wird als **Kuppelproduktion** bezeichnet. Sind bei diesem naturbedingten fertigungstechnischen Phänomen die Mengenrelationen unbeeinflußbar, so spricht man von einer **starren Kopplung**. Ist jedoch das Mengenverhältnis in gewissen Grenzen variabel, so ist dies als **elastische Kopplung** zu bezeichnen. Die gemeinsam anfallenden Produkte können nur Hauptprodukte, aber auch Haupt- und Nebenprodukte sein.

3.3.1.2.2 Die Kalkulation bei homogener Fertigung

3.3.1.2.2.1 Einstufige Fertigung

3.3.1.2.2.1.1 Die einfache Divisionskalkulation

Bei Produktion einer Produktart lassen sich die Kosten pro Leistungseinheit mit Hilfe der sog. Divisionskalkulation bestimmen. Die Selbstkosten je Einheit (k_s) lassen sich dadurch ermitteln, daß man die gesamten, in der Periode angefallenen Kosten (K) durch die Anzahl der erstellten Leistungseinheiten (x_p) dividiert:

$$k_s = \frac{K}{x_p}$$

Diese Art der Kostenzurechnung setzt voraus, daß

(1) nur eine Produktart gefertigt wird,
(2) die Produktionsmenge x_p mit der Absatzmenge x_A übereinstimmt, d.h. daß keine Lagerbestandsänderung bei den Fertigfabrikaten eintritt bzw. Lagerbestände überhaupt nicht bestehen,
(3) der Produktionsprozeß abrechnungstechnisch einstufig ist, d.h. daß es keine Lagerbildung an Halb- und Zwischenprodukten gibt bzw. keine Bestandsänderung an Halb- und Zwischenprodukten entsteht.

3.3.1.2.2.1.2 Die mehrfache Divisionskalkulation

Treten Lagerbestandsänderungen in den Fertigfabrikatelägern auf, stimmen also die Absatz- und die Produktionsmenge nicht mehr überein, so ist die einfache Divisionskalkulation bei einstufiger Fertigung durch die **mehrfache Divisionskalkulation** zu ersetzen.

Die insgesamt angefallenen Gesamtkosten sind zu trennen in die für die Produktion benötigten Herstellkosten (Materialeinzel- und -gemeinkosten sowie Fertigungseinzel- und -gemeinkosten), in die für den Absatz erforderlichen Vertriebskosten und in die Verwaltungskosten. Bei den Verwaltungskosten ist dabei zu unterscheiden, ob sie für den Produktions- oder den Absatzbereich angefallen sind.

Verwendet man die folgenden Symbole

x_p = Produktionsmenge der Periode
x_A = Absatzmenge der Periode
K_H = gesamte Herstellkosten der Periode
K_{VwP} = Verwaltungskosten der Periode, die dem Produktionsbereich zuzurechnen sind
K_{VwA} = Verwaltungskosten der Periode, die dem Absatzbereich zuzurechnen sind
K_{Vw} = $K_{VwP} + K_{VwA}$ = gesamte Verwaltungskosten der Periode
K_{Vt} = gesamte Vertriebskosten der Periode;

dann ergibt sich als Formel für die Selbstkosten je Leistungseinheit:

$$k_s = \frac{K_H + K_{VwP}}{x_p} + \frac{K_{Vt} + K_{VwA}}{x_A}$$

Es möge z.B. in der Abrechnungsperiode die Produktionsmenge 20000 Einheiten und die Absatzmenge 15000 Einheiten betragen. Die gesamten Kosten K belaufen sich auf 330000 DM. Von diesen Gesamtkosten entfallen auf Vertriebskosten 80000 DM und auf Verwaltungskosten 40000 DM. Von diesen Verwaltungskosten sind dem Produktionsbereich 30000 DM, dem Absatzbereich 10000 DM zuzuordnen. Die Höhe der Herstellkosten ist demzufolge: $K_H = K - K_{Vw} - K_{Vt} = 210000$ DM.

Die Selbstkosten pro Leistungseinheit sind somit:

$$k_s = \frac{210000 + 30000}{20000} + \frac{80000 + 10000}{15000}$$

$$k_s = 12 + 6 = 18 \text{ DM.}$$

Die mehrfache Divisionskalkulation erfordert bereits eine Differenzierung der Kosten nach bestimmten Bereichen, also eine Kostenstellenrechnung. Würde im obigen Beispiel die einfache, d.h. summarische Divisionskalkulation angewandt, so würden auch die gesamten Vertriebskosten der hergestellten Produktmenge zugerechnet $\left(k_s = \frac{330000}{20000} = 16{,}5 \text{ DM} \right)$; die Selbstkosten pro Einheit würden zu niedrig ausgewiesen.

Die mehrfache Divisionskalkulation bietet zusätzlich den Vorteil, daß die Wertansätze für die auf Lager gehenden Produkte bestimmbar sind, denn im Wertansatz für die Lagerbestände dürfen keine Vertriebskosten enthalten sein. Lagerbestände sind zu Herstellkosten, d.h. $k_H = \frac{210000}{20000} = 10{,}5$ DM, oder zu Herstellungskosten (= Herstellkosten + anteilige Verwaltungskosten), d.h. $\frac{K_H + K_{VwP}}{x_p}$ = 12 DM, zu bewerten.

3.3.1.2.2.2 Mehrstufige Fertigung

Eine mehrstufige Divisionskalkulation, auch **Stufendivisionskalkulation** genannt, muß zur Bestimmung der Selbstkosten pro Leistungseinheit im Falle der homogenen Produktion verwendet werden, wenn mehrere vertikale Produktionsstufen bestehen und die Produktionsstufen fertigungstechnisch nicht so aufeinander abgestimmt sind, daß Schwankungen in den Bestandsmengen der Zwischenläger vermieden werden.

Bedingt durch **Lagerbestandsveränderungen** können die Kosten einer Produktionsstufe nicht unbesehen auf die Kostenträger verrechnet werden, sondern die unterschiedlichen Leistungsmengen der einzelnen Produktionsstufen sind bei der Kalkulation zu berücksichtigen. Dies kann in Form der Durchwälz- oder der Veredelungsmethode erfolgen.

3.3.1.2.2.2.1 Die Durchwälzmethode

Bei der Durchwälzmethode werden, beginnend in der ersten Produktionsstufe, nacheinander die insgesamt angefallenen Kosten je Leistungseinheit jeder Produktionsstufe bestimmt.

Die gesamten Kosten der ersten Produktionsstufe werden durch die Leistungsmengen dieser Produktionsstufe dividiert. Man erhält die Selbstkosten je Stufenprodukteinheit dieser 1. Stufe. In der nächsten Produktionsstufe werden diese Zwischenprodukte wiedereingesetzt. Die eingesetzten Leistungsmengen werden mit anteiligen Stufenkosten der 1. Stufe bewertet. Diese auf die zweite Stufe weiterverrechneten Kosten der wiedereingesetzten Zwischenprodukte und die zusätzlich in der zweiten Produktionsstufe entstandenen Kosten werden durch die Ausbringungsmengen der zweiten Stufe dividiert. Diese Weiterverrechnung wird fortgesetzt bis die Selbstkosten des Endproduktes ermittelt sind.

Ausgehend von den folgenden Daten bei homogener mehrstufiger Produktion, wobei Zwischenläger auf- bzw. abgebaut werden können, seien die Selbstkosten pro Einheit des Endproduktes bestimmt. Dabei entsprechen die Kosten der auf Lager liegenden Zwischenprodukte den jetzt anfallenden Kosten.

1. Stufe:	Rohstoffeinsatz	1600000	DM
	Bearbeitungskosten	1260000	DM
	Erzeugnismenge	260000	t
2. Stufe:	Vorprodukteinsatz aus Stufe 1	300000	t
	Bearbeitungskosten	1800000	DM
	Erzeugnismenge	200000	t

3. Stufe:	Vorprodukteinsatz aus Stufe 2	160000 t
	zusätzliche Materialkosten	600000 DM
	Bearbeitungskosten	1200000 DM
	Erzeugnismenge	180000 t

Man erhält folgende Kosten je Leistungseinheit in jeder Produktionsstufe:

1. Stufe:	Rohstoffeinsatz	1600000 DM
	Bearbeitungskosten	1260000 DM
	Stufenkosten	2860000 DM
	Erzeugnismenge	260000 t
	Kosten je t der 1. Stufe	11 DM/t
2. Stufe:	Vorprodukteinsatz	
	300000 t à 11 DM	3300000 DM
	Bearbeitungskosten	1800000 DM
	Stufenkosten	5100000 DM
	Erzeugnismenge	200000 t
	Kosten je t der Stufen 1 u. 2	25,50 DM/t
3. Stufe:	Vorprodukteinsatz	
	160000 t à 25,50 DM	4080000 DM
	Materialkosten	600000 DM
	Bearbeitungskosten	1200000 DM
	Stufenkosten	5880000 DM
	Erzeugnismenge	180000 t
	Kosten je t des Endproduktes	32,67 DM/t

Bei der Durchwälzmethode werden für jede Produktionsstufe alle bis dahin für die Produktion angefallenen Kosten je Erzeugniseinheit bestimmt. Jede nachgelagerte Stufe muß also auf die Kalkulation der Vorstufe warten. Dies kann zu Verzögerungen führen. Die Durchwälzmethode hat den weiteren Nachteil, daß Unwirtschaftlichkeiten einer Produktionsstufe bis auf das Endprodukt verrechnet werden.

3.3.1.2.2.2.2 Die Veredelungsmethode

Bei der **Veredelungsmethode** werden **für jede Produktionsstufe** die hier erstmals entstandenen Kosten je Einheit des Zwischenproduktes ermittelt. Diese Kosten je Einheit des jeweiligen Zwischenproduktes werden mit Hilfe von **Produktionskoeffizienten** auf die Endprodukteinheit umgerechnet. Die Kosten, die für die Produktion einer Endprodukteinheit in jeder Produktionsstufe anfallen, werden aufsummiert. Dies ergibt die Selbstkosten je Einheit des Endproduktes.

Erforderlich für diese Form der mehrstufigen Divisionskalkulation ist die Kenntnis der – auch Umrechnungsfaktoren genannten – Produktionskoeffizienten. Werden z.B. vom Zwischenprodukt der Produktionsstufe 1 vier Einheiten benötigt, um eine Einheit des Zwischenproduktes der Produktionsstufe 2 zu erstellen, so ist der Produktionskoeffizient der 2. Produktionsstufe vier.

Die Veredelungsmethode sei an den bereits bei der Durchwälzmethode verwendeten Daten dargestellt. Die Kosten je Zwischenprodukteinheit der einzelnen Produktionsstufen betragen:

Bearbeitungskosten und Materialkosten je t der **ersten Stufe:**

$$\frac{2\,860\,000\ \text{DM}}{260\,000\ \text{t}} = 11\ \frac{\text{DM}}{\text{t}}$$

Bearbeitungskosten je t der **zweiten Stufe:**

$$\frac{1\,800\,000\ \text{DM}}{200\,000\ \text{t}} = 9\ \frac{\text{DM}}{\text{t}}$$

Bearbeitungskosten und Materialkosten je t der **dritten Stufe:**

$$\frac{1\,800\,000\ \text{DM}}{180\,000\ \text{t}} = 10\ \frac{\text{DM}}{\text{t}}$$

Die **Produktionskoeffizienten** der einzelnen Produktionsstufen werden ermittelt, indem man die Einsatzmenge aus der Vorstufe auf die Erzeugnismenge der betrachteten Produktionsstufe bezieht. Für die einzelnen Produktionsstufen ergeben sich folgende Produktionskoeffizienten:

Produktions-stufe	Einsatz-menge in t	Erzeugnis-menge in t	Produktions-koeffizient
1	—	260000	—
2	300000	200000	1,5
3	160000	180000	$\frac{8}{9}$

Für die Ermittlung des Gesamtbedarfs einer Produktionsstufe zur Produktion einer Einheit des Endproduktes müssen Gesamtbedarfskoeffizienten ermittelt werden.

Den **Gesamtbedarfskoeffizienten** der ersten Stufe erhält man dadurch, daß man feststellt, wieviel Einheiten des Zwischenproduktes der ersten Stufe in eine Einheit der zweiten Stufe eingehen, und dann feststellt, wieviel Einheiten der zweiten Stufe in eine Einheit der Endstufe eingehen.

Die Multiplikation der Produktionskoeffizienten der Stufen zwei und drei, d.h. $\frac{3}{2} \cdot \frac{8}{9} = \frac{4}{3}$, ergibt den Gesamtbedarfskoeffizienten der ersten Stufe. Entsprechend ist der Gesamtbedarfskoeffizient der zweiten Stufe $\frac{8}{9}$. Der Gesamtbedarfskoeffizient der dritten Stufe ist natürlich 1.

Produktionsstufe	Produktionskoeffizient	Gesamtbedarfskoeffizient
1	—	$\frac{3}{2} \cdot \frac{8}{9} = \frac{4}{3}$
2	$\frac{3}{2}$	$\frac{8}{9}$
3	$\frac{8}{9}$	1

Zur Berechnung der Kosten pro Einheit des Endproduktes summiert man die mit dem Gesamtbedarfskoeffizienten multiplizierten Kosten je Zwischenprodukteinheit. Damit ergibt sich folgende Kalkulation bei Anwendung der Veredelungsmethode:

1. Stufe: $11\,\text{DM} \cdot \frac{4}{3} = 14^2/_3\,\text{DM}$ 3. Stufe: $10\,\text{DM} \cdot 1 = 10\,\text{DM}$

2. Stufe: $9\,\text{DM} \cdot \frac{8}{9} = 8\,\text{DM}$ $= 32^2/_3$ DM Kosten je t des Endproduktes

Kennt man die Produktionskoeffizienten, so führt die Veredelungsmethode natürlich zum gleichen Ergebnis wie die Durchwälzmethode. Die Veredelungsmethode weist hingegen nicht den Nachteil der Verzögerung der Rechnung auf. Werden **Plan-Produktionskoeffizienten** verwendet, dann besteht auch nicht die Gefahr der Überwälzung von Unwirtschaftlichkeiten einer Stufe auf das Endprodukt.

3.3.1.2.3 Die Kalkulation bei heterogener Fertigung

3.3.1.2.3.1 Die Kalkulation bei Sortenfertigung

Erzeugt ein Unternehmen mehrere Produktarten, die produktionstechnisch verwandt und in ihrer Kostenstruktur ähnlich sind, dann lassen sich die Kosten pro Produkteinheit mit Hilfe der **Äquivalenzziffernrechnung**, einer speziellen Form der Divisionskalkulation, ermitteln. Diese Kalkulationsform wird für Produkte verwandt, die in Sortenfertigung erstellt werden.

Die unterschiedlichen Produkte werden über Gewichtungsfaktoren (= **Äquivalenzziffern**) vergleichbar gemacht. Das Problem der Äquivalenzziffernrechnung besteht darin, sinnvolle Bezugsgrößen für die zu verteilenden Kosten zu finden. Denn die Äquivalenzziffer gibt an, in welchem Verhältnis die Kosten einer speziellen Produktart zu den Kosten des rechnerischen Einheitsproduktes stehen. Die Äquivalenzziffer ist somit eine Schlüsselgröße. Kennt man die Äquivalenzziffer, dann ist das Problem der Kostenschlüsselung, d.h. der Verteilung der gemeinsam anfallenden Kosten auf die Kostenträger, gelöst.

Die Selbstkosten je Einheit werden wie folgt errechnet:

(1) Es wird je Erzeugnisart (Sorte) die Äquivalenzziffer bestimmt.
(2) Die in der Periode erstellte Produktionsmenge pro Sorte wird durch Multiplikation mit der Äquivalenzziffer in Mengeneinheiten des fiktiven Einheitsproduktes (= Rechnungseinheiten) umgerechnet.
(3) Die Rechnungseinheiten aller Produktarten werden aufsummiert. Anschließend werden die gesamten Periodenkosten durch die Summe der Rechnungseinheiten dividiert. Damit sind die Kosten je Rechnungseinheit ermittelt.
(4) Die Kosten je Rechnungseinheit werden multipliziert mit den Rechnungseinheiten der jeweiligen Sorte. Dies ergibt die Gesamtkosten pro Sorte.
(5) Die Gesamtkosten pro Sorte werden dividiert durch die Erzeugnismengen je Sorte. Das Ergebnis stellt die Selbstkosten je Produkteinheit der Sorte dar.

Im folgenden Beispiel, in dem unterstellt ist, daß drei Blechsorten unterschiedlicher Blechstärke produziert werden, soll die Blechstärke das Kostenverhältnis der einzelnen Sorten wiedergeben. Es wird davon ausgegangen, daß dünner gewalzten Blechen eine höhere Äquivalenzziffer (ÄZ) zugeordnet ist als dickeren.

Das Beispiel beschränkt sich auf die Verteilung der gesamten Gemeinkosten in Höhe von 1176000 DM, da die Kostenträgereinzelkosten den einzelnen Kostenträgern direkt zurechenbar sind.

Sorte	Blechstärke in mm	ÄZ	Menge in t	Rechnungseinheiten = Menge × ÄZ	Gesamtkosten	Kosten/t
A	2	0,6	1200	720	432000	360
B	1,5	1,0	600	600	360000	600
C	1	1,6	400	640	384000	960
				1960	1176000	

Die Kosten je Rechnungseinheit betragen:

$$k_{RE} = \frac{1176000}{1960} = 600.$$

Dieses Beispiel bezog sich auf eine einstufige Divisionskalkulation bei mehreren Produkten. Ist jedoch die Produktion mehrstufig und treten in den Zwischenlägern Bestandsveränderungen auf, so ist die **mehrstufige Äquivalenzziffernrechnung** anzuwenden. Treten zusätzliche Veränderungen in den Endlagerbeständen auf, weicht also die produzierte Menge von der abgesetzten Menge ab, so ist für diese Produktionsstufe eine **mehrfache Äquivalenzziffernrechnung** angezeigt. Dabei sind diese Arten der Äquivalenzziffernrechnung denen der Divisionskalkulation bei homogener Produktion ähnlich.

3.3.1.2.3.2 Die Kalkulation bei Einzel- und Serienfertigung

Produziert ein Unternehmen in Serien- oder Einzelfertigung, dann lassen sich bei einem so heterogenen Fertigungsprogramm, das eine unterschiedliche Kostenstruktur aufweist, die einzelnen Produktarten i.d.R. nicht mehr auf ein fiktives Einheitsprodukt umrechnen. Da eine Ermittlung der Selbstkosten pro Stück mit der Divisionskalkulation nicht mehr möglich ist, verwendet man deshalb bei diesen Produktionsformen die **Zuschlagskalkulation**.

Die Zuschlagskalkulation basiert auf der Trennung in Kostenträgereinzelkosten und Kostenträgergemeinkosten. Kostenträgereinzelkosten lassen sich bei den einzelnen Kostenträgern direkt erfassen. Probleme der Kostenzurechnung entstehen bei den Kostenträgergemeinkosten. Sie werden über Schlüsselgrößen den Produkten zugerechnet.

Für diese Zurechnung benötigt man **Zuschlagssätze.** Als Zuschlagsgrundlage, d.h. als **Schlüsselgröße**, kommen dabei die Kostenträgereinzelkosten, evtl. einzelne Einzelkostenarten, aber auch Fertigungsstunden und dgl. in Betracht.

Die Zuschlagskalkulation kann summarisch – es wird nur mit einem Gemeinkostenzuschlagssatz gearbeitet – oder differenziert sein. Bei der differenzierten Zuschlagskalkulation rechnet man mit mehreren Zuschlagssätzen, die auf verschiedene Zuschlagsbasen (z.B. Lohneinzelkosten, Materialeinzelkosten) bezogen sind. Darüber hinaus ist eine Gliederung nach Kostenstellen möglich.

3.3.1.2.3.2.1 Die summarische Zuschlagskalkulation

Bei der summarischen Zuschlagskalkulation werden die insgesamt in der Abrechnungsperiode angefallenen Kostenträgergemeinkosten erfaßt und mit einer einzigen Schlüsselgröße (Zuschlagssatz) auf die Kostenträger verrechnet. Zuschlagsgrundlage für die Kostenträgergemeinkosten sind dabei i.d.R. die Kostenträgereinzelkosten, und zwar entweder die gesamten Einzelkosten oder einzelne Einzelkostenarten (Materialeinzelkosten oder Fertigungseinzelkosten).

Bei einer solchen Verrechnung der Gemeinkosten mit Gesamtzuschlägen ist eine Kostenstellenrechnung nicht erforderlich. Die Kostenarten werden direkt auf den Kostenträger verrechnet.

In einer Abrechnungsperiode sind beispielsweise an Kosten angefallen:

Einzelkosten:	
Fertigungsmaterial	310000 DM
Fertigungslohn	270000 DM
Sondereinzelkosten der Fertigung	20000 DM
Gemeinkosten:	900000 DM

Für die einzelnen Zuschlagsgrundlagen erhält man als Zuschlagssatz:

– Materialeinzelkosten:

$$\frac{\text{Gemeinkosten} \cdot 100\%}{\text{Materialeinzelkosten}} = \frac{900000 \cdot 100\%}{310000} = 290{,}32\%$$

– Fertigungseinzelkosten:

$$\frac{\text{Gemeinkosten} \cdot 100\%}{\text{Fertigungslöhne}} = \frac{900000 \cdot 100\%}{270000} = 333{,}33\%$$

– gesamte Einzelkosten:

$$\frac{\text{Gemeinkosten} \cdot 100\%}{\text{gesamte Einzelkosten}} = \frac{900\,000 \cdot 100\%}{600\,000} = 150\%$$

Fallen jetzt für eine Produkteinheit 400 DM Materialeinzelkosten (MEK), 350 DM Fertigungslohn (FL) und 20 DM Sondereinzelkosten der Fertigung (SoEKdF) an, so ergeben sich bei den einzelnen Zuschlagssätzen folgende Selbstkosten pro Produkteinheit:

(1) MEK/ME	400,— DM	(2) MEK/ME	400,— DM	(3) MEK/ME	400,— DM
FEK/ME	350,— DM	FEK/ME	350,— DM	FEK/ME	350,— DM
SoEKdF/ME	20,— DM	SoEKdF/ME	20,— DM	SoEKdF/ME	20,— DM
GK (290,32%) der MEK)	1 161,28 DM	GK (333,33% der FEK)	1 166,66 DM	GK (150% der Einzelk.)	1 155,— DM
Selbstkosten/ ME	1 931,28 DM	Selbstkosten/ ME	1 936,66 DM	Selbstkosten/ ME	1 925,— DM

Die Höhe der Selbstkosten pro Einheit differiert mit dem jeweiligen Zuschlagssatz. Das Beispiel zeigt, daß bei Anwendung nur einer Bezugsgröße nur eine grobe Kalkulation möglich ist.

3.3.1.2.3.2.2 Die elektive Zuschlagskalkulation

Bei der elektiven Zuschlagskalkulation, die auch als differenzierende Zuschlagskalkulation bezeichnet wird, werden die Gemeinkosten in Kostengruppen aufgeteilt. Die Verrechnung der Gemeinkosten erfolgt nicht mehr summarisch, sondern es werden für jeden Bereich jeweils Gemeinkostenzuschlagssätze bestimmt.

Die Materialgemeinkosten, dies sind vorwiegend die Zins- und Lagerkosten, werden als Zuschlagssatz in Prozenten der Materialeinzelkosten, die Fertigungsgemeinkosten (z.B. die Gehälter der Werkmeister und die Abschreibungen) in Prozenten der Fertigungseinzelkosten wiedergegeben. Die Verwaltungsgemeinkosten sowie die Vertriebsgemeinkosten werden auf die Herstellkosten bezogen. Man könnte die Vertriebsgemeinkosten auch auf die Herstellungskosten beziehen.

Das allgemeine Kalkulationsschema, in dem zusätzlich Sondereinzelkosten der Fertigung und Sondereinzelkosten des Vertriebes berücksichtigt sind, hat folgende Gestalt:

<table>
<tr><td>Materialeinzelkosten</td><td rowspan="2">Material-
kosten</td><td rowspan="5">Herstell-
kosten</td><td rowspan="6">Herstel-
lungs-
kosten</td><td rowspan="8">Selbst-
kosten</td></tr>
<tr><td>Materialgemeinkosten
(in % der MEK)</td></tr>
<tr><td>Lohneinzelkosten
(= Fertigungseinzelkosten)</td><td rowspan="3">Fertigungs-
kosten</td></tr>
<tr><td>Fertigungsgemeinkosten
(in % der FEK)</td></tr>
<tr><td>Sondereinzelkosten der
Fertigung</td></tr>
<tr><td colspan="3">Verwaltungsgemeinkosten
(in % der Herstellkosten)</td></tr>
<tr><td colspan="4">Vertriebsgemeinkosten
(in % der Herstellkosten)</td></tr>
<tr><td colspan="4">Sondereinzelkosten des Vertriebes</td></tr>
</table>

Nachfolgend ein **Beispiel zur elektiven Zuschlagskalkulation**.

Fertigungsmaterial:	120 DM	
Materialgemeinkostenzuschlagssatz:		15% auf das Fertigungsmaterial
Fertigungslohn der Fertigungsstufe I:	100 DM	
Fertigungsgemeinkostenzuschlag der Fertigungsstufe I:		130% auf den Fertigungslohn der Stufe I
Fertigungslohn der Fertigungsstufe II:	140 DM	
Fertigungsgemeinkostenzuschlag der Fertigungsstufe II:		180% auf den Fertigungslohn der Stufe II
Sondereinzelkosten der Fertigung:	20 DM	
Verwaltungsgemeinkosten:	10% der Herstellkosten	
Vertriebsgemeinkosten:	10% der Herstellungskosten	

Es ergeben sich folgende Selbstkosten:

Fertigungsmaterial	120 DM		
Materialgemeinkosten	18 DM	Materialkosten	138,– DM
Fertigungslohn I	100 DM		
Fertigungsgemeinkosten I	130 DM		
Fertigungslohn II	140 DM		
Fertigungsgemeinkosten II	252 DM		
Sondereinzelkosten der Fertigung	20 DM	+ Fertigungskosten	642,– DM
		= Herstellkosten	780,– DM
Verwaltungsgemeinkosten		+	78,– DM
		= Herstellungskosten	858,– DM
Vertriebsgemeinkosten		+	85,80 DM
		= Selbstkosten	943,80 DM

Gegen den Ansatz von Einzelkosten als Bezugsgröße lassen sich einige Einwände erheben. Diese richten sich einmal gegen die Annahme der Gültigkeit der Proportionalität zwischen der Gemeinkostenhöhe und der Höhe der Einzelkosten bei jeder möglichen Auslastung der Kapazität der Fertigungsstufen. Zum anderen gilt speziell bei den Fertigungsgemeinkosten, daß ständige Lohnänderungen stets neue Zuschlagssätze zur Folge haben. Darüber hinaus sinkt, bedingt durch eine ständige Automation, die Bedeutung der Lohneinzelkosten gegenüber den Fertigungsgemeinkosten.

Als Zuschlagsbasis für die Fertigungsgemeinkosten verwendet man deshalb Zeit- oder Mengengrößen (z.B. Fertigungszeiten, **Maschinenlaufzeiten**, Gewichte etc.). Diese Form der Zuschlagskalkulation wird als **„Bezugsgrößenkalkulation"** bezeichnet. Sie gestattet eine differenziertere Verrechnung der Fertigungsgemeinkosten.

3.3.1.2.3.2.3 Die Kostenstellenzuschlagskalkulation

Bei der elektiven Zuschlagskalkulation sind die Gemeinkosten nur in Material-, Fertigungs-, Verwaltungs- und Vertriebsgemeinkosten gegliedert. Eine Verrechnung der Gemeinkosten auf der Grundlage der elektiven Zuschlagskalkulation würde bei Produktarten, die die einzelnen Kostenstellen mit unterschiedlichen Intensitäten in Anspruch nehmen und sich somit sehr stark in der Kostenstruktur unterscheiden, zu einer sehr ungenauen Ermittlung der Selbstkosten pro Kostenträger führen.

Um die Heterogenität der Produktion bei der Kalkulation besser berücksichtigen zu können, sind deshalb **Zuschlagssätze in jeder einzelnen Kostenstelle** zu bilden. Dabei kann für eine möglichst genaue Kostenträgerrechnung eine **Unterteilung der Kostenstellen** bis zum **Kostenplatz** sinnvoll sein.

Für jede Kostenstelle ist jeweils zu prüfen, welcher Schlüssel sinnvollerweise zu wählen ist, welcher Zuschlagssatz also verwendet werden soll. Zuschlagsgrundlage für eine solche Bezugsgrößenkalkulation können dabei nicht nur Einzelkostenarten sein, sondern auch Zeit- und Mengengrößen.

So bildet man z.B. auf der Grundlage von Maschinenstundenlaufzeiten einen sog. **Maschinenstundensatz**. Sämtliche maschinenabhängigen Gemeinkosten einer Kostenstelle (Abschreibungen, Zinsen, Instandhaltungskosten, Stromkosten, Raumkosten etc.) werden auf eine Maschinenlaufstunde bezogen. Es ergibt sich dann ein Kostensatz pro Maschinenlaufstunde. Um die maschinenabhängigen Fertigungsgemeinkosten dieser Kostenstelle pro Kostenträger zu erhalten, ist dieser Kostensatz pro Maschinenlaufstunde mit der Bearbeitungszeit des Produktes zu multiplizieren.

Um darüber hinaus in der Kostenstelle die Restfertigungsgemeinkosten, dies sind die Gesamtgemeinkosten der Kostenstelle abzüglich der maschinenabhängigen Gemeinkosten, verrechnen zu können, werden Zuschlagssätze auf die Fertigungslöhne gebildet. Restfertigungsgemeinkosten sind insbesondere Hilfslöhne, Gehälter und Sozialkosten.

Die Ermittlung der Selbstkosten pro Kostenträger erfolgt nach einem **Kalkulationsschema,** das dem der elektiven Methode ähnelt. Es ist nur **nach Maßgabe der Kostenstellen weiter untergliedert** und liefert somit differenziertere Zuschlagssätze. Dies erfordert zwar eine zusätzliche Arbeitsbelastung, führt jedoch zu besseren Ergebnissen bei der Ermittlung der Selbstkosten pro Kostenträger.

3.3.1.2.4 Die Kalkulation von Kuppelprodukten

Bei der Kuppelproduktion entstehen in einem Produktionsprozeß aus natürlichen oder technischen Gründen zwangsläufig mehrere Produkte. Beispiele für Kuppelprodukte sind Koks, Gas und Teer in der Kokerei; Roheisen, Hochofenschlacke und Leuchtgas bei der Roheisenherstellung; Mehl und Kleie in der Mühlenindustrie.

Die **Produktionskosten fallen** bei Kuppelproduktion für alle Produkte **gemeinsam an**. Dies hat zur Konsequenz, daß eine produktindividuelle Kostenzurechnung der Gesamtkosten oder auch nur der variablen Kosten nicht möglich ist. Wenn die Produkte in konstantem Mengenverhältnis produziert werden, dann kostet die Ausbringungsmenge eines Produktes ebensoviel wie die Gesamtproduktion aller Produkte bei dieser Ausbringungsmenge. Aber auch bei variablem Ausbringungsmengenverhältnis ist eine eindeutige Aufteilung der variablen Kosten unmöglich.

Zur Kalkulation werden deshalb Hilfskonstruktionen herangezogen, die eine näherungsweise Verteilung der Kosten ermöglichen sollen. Es werden in der Praxis vor allem die **Restwertrechnung** (Subtraktionsmethode) und die **Verteilungsrechnung** mit Äquivalenzziffern benutzt.

3.3.1.2.4.1 Die Restwertrechnung

Lassen sich die Kuppelprodukte eindeutig in **ein Hauptprodukt** und ein oder mehrere Nebenprodukte unterscheiden, dann läßt sich zur Kalkulation des Hauptproduktes die **Restwertrechnung** verwenden. Zur Ermittlung der Kosten des Hauptproduktes subtrahiert man von den gesamten Herstellkosten die Erlöse der Nebenprodukte, wobei Aufarbeitungs- und Vernichtungskosten für diese Nebenprodukte berücksichtigt werden. Der durch diese Subtraktion ermittelte Restwert wird ganz dem Hauptprodukt zugerechnet. Er stellt die Herstellkosten des Hauptproduktes dar. Diese Herstellkosten werden durch die produzierte Menge des Hauptproduktes dividiert.

Die Selbstkosten pro Hauptprodukteinheit ermittelt man, indem im Wege der Zuschlagskalkulation die anteiligen Verwaltungs- und Vertriebskosten diesem Produkt zusätzlich zugerechnet werden.

3.3.1.2.4.2 Die Verteilungsrechnung

Werden **mehrere Hauptprodukte** und ein oder mehrere Nebenprodukte erzeugt, dann läßt sich die **Verteilungsrechnung in der Form der Äquivalenzziffernrechnung** anwenden. Die gesamten Kosten der Produktion werden mit Hilfe von Schlüsselgrößen (Äquivalenzziffern) verteilt, dabei dienen als Äquivalenzziffern Mengenanteile, Marktpreise oder technisch-physikalische Eigenschaften. So lassen sich z.B. im Gaswerk die Kosten auf die Produkte Leuchtgas, Koks und Benzol nach Maßgabe der Heizwerte zuordnen. Oder man kann, wie im folgenden Beispiel der Bettfedernproduktion, die Gesamtkosten mit Hilfe von Nettoverkaufspreisen den Produktarten zurechnen:

Produktsorte	Nettopreise je kg	Herstellmenge in kg	Anzahl der Schl.-Einh.	Ges. Kosten d. versch. Sorten	Kosten je Sorteneinheit
1	2	3	4=2·3	5=4·0,8*	6=5:3
I. Volldaunen	48,— DM	4000	192000	153600 DM	38,40 DM
II. ¾ Daunen	36,— DM	6000	216000	172800 DM	28,80 DM
III. ½ Daunen	30,— DM	10000	300000	240000 DM	24,— DM
IV. Schleißfed.	8,— DM	9000	72000	57600 DM	6,40 DM
			780000 Gesamte Nettoverkaufserlöse	624000 DM Gesamte Herst.-Kost.	

Schlüsseleinheit: 1,— DM Nettoverkaufserlös
* 624000 : 780000 = 0,8 DM Herst.-Kost. je 1,— DM Nettoverkaufserlös

Eine **ökonomische Begründung** für die Verteilung der Kosten mit Hilfe der Restwertmethode und der Äquivalenzziffernmethode **ist nicht möglich**. Verwendet man z.B. die Restwertrechnung, so führt eine Erhöhung der Marktpreise der Nebenprodukte ceteris paribus zu einem Sinken der Herstellkosten des Hauptproduktes und vice versa. Außerbetriebliche Einflußgrößen, die auf die Nebenprodukte wirken, bestimmen damit die Kostenhöhe des Hauptproduktes. Auch bei der Verteilungsrechnung lassen sich die Schlüsselgrößen nur willkürlich finden, denn diese Schlüsselgrößen lassen sich weder mit Hilfe des Kostenverursachungsprinzips noch des Leistungsentsprechungsprinzips ableiten.

Versucht man dennoch, die Verfahren zu beurteilen, so ist von den Aufgaben, die eine Kostenrechnung zu erfüllen hat, auszugehen.

Für eine **Kostenstellenkontrolle** ist eine Zuteilung der Kosten der Kuppelproduktion auf die einzelnen Produktarten nicht notwendig, denn man kann den Betrieb so in Kostenstellen unterteilen, daß in den Fertigungsstellen nur die Herstellkosten der Kuppelproduktion entstehen. Es läßt sich dann der Produktionsprozeß insgesamt kontrollieren. Dies gilt allerdings nur bei starrer Kopplung.

Für preispolitische Zwecke sind die Kalkulationsmethoden bei Kuppelproduktion nur sehr bedingt verwendbar. Es sei deshalb unterschieden zwischen der Frage der Ermittlung der **Preisuntergrenze** und der des **Angebotspreises.**

Bei nur **einem Hauptprodukt** stellt der ermittelte Restwert die Preisuntergrenze dieses Hauptproduktes dar. Liegen **mehrere Hauptprodukte** vor, dann läßt sich nur für alle Produkte gemeinsam eine Preisuntergrenze bestimmen. Alle Produkte zusammen müssen mit ihren Erlösen die Gesamtkosten decken.

Ist der **Angebotspreis** zu ermitteln, dann verwendet man bei **einem Haupt-** und einem Nebenprodukt die Restwertrechnung. Der Erlös des Nebenproduktes wird als die Kosten deckend angesehen. Man kann dann den Preis für das Hauptprodukt kalkulieren.

Bei mehreren **Hauptprodukten** ist eine Kalkulation zum Zwecke der Preisermittlung nicht möglich.

Bei der Ermittlung der Wertansätze für die **Bestandsbewertung** treten die größten Schwierigkeiten auf. Denn eine Kostenzuteilung auf die einzelnen Produkte ist nur dann nicht erforderlich, wenn bei einer Veränderung der Lagerbestände die Relation der Produkte beim Lagerzu- oder -abgang gleich der Relation der Produktionsmengen ist. In allen anderen Fällen ist eine Kostenverrechnung mit Hilfe der Hilfskonstruktion unvermeidlich.

3.3.1.3 Überblick: Fertigungsverfahren und Kalkulationsmethode

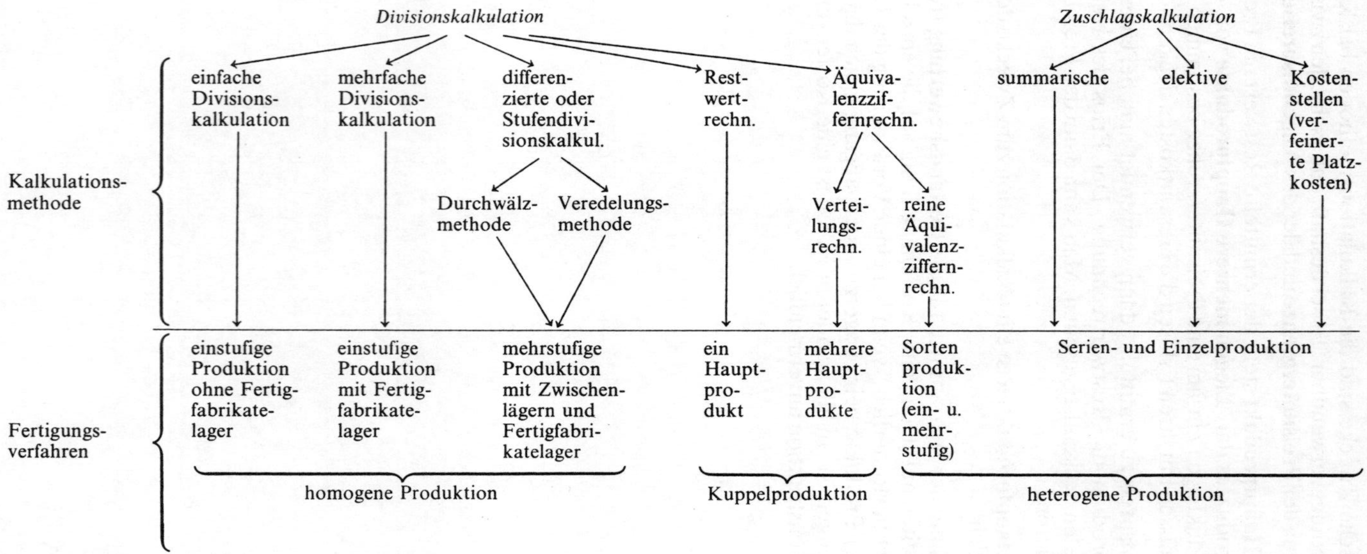

3.3.2 Die Kostenträgerzeitrechnung

In der Kostenträgerstückrechnung oder Kalkulation werden die Selbstkosten je Erzeugniseinheit ermittelt. Die **Kostenträgerzeitrechnung** stellt hingegen eine **periodenbezogene Rechnung** dar, es wird auf die Kosten der gesamten Mengen einer Produktart abgestellt. Um den Erfolg einer einzelnen Produktart ermitteln zu können, werden die gesamten Kosten dieser Produktart den Leistungen gegenübergestellt.

Bei dieser nach Kostenträgern getrennten Gegenüberstellung von Kosten und zugehöriger Leistung handelt es sich somit um eine Betriebsergebnisrechnung für einzelne Produktarten.

Literaturübersicht zum Kapitel 3.3
Die Kostenträgerrechnung

Brink, Hans-Josef, Kostenträger und Leistungsträger, in: Handwörterbuch des Rechnungswesens, 2. Aufl., Stuttgart 1981, Sp. 1097-1105.

Coenenberg, Adolf Gerhard, Kostenrechnung und Kostenanalyse, 4. Aufl., Landsberg/Lech 1999, S. 91-113.

Ebert, Günter, Kosten- und Leistungsrechnung, 8. Aufl., Wiesbaden 1997, S. 86-114.

Freidank, Carl-Christian, Kostenrechnung, 6. Aufl., München 1997, S. 143-163.

Haberstock, Lothar, Kostenrechnung I, 8. Aufl., Hamburg 1987, S. 162-192.

Heinen, Edmund, Reformbedürftige Zuschlagskalkulation, in: ZfhF, NF., 10. Jg., 1958, S. 1-22.

Huch, Burkhard, Einführung in die Kostenrechnung, 8. Aufl., Heidelberg 1986, S. 108-137.

Hummel, Siegfried/Männel, Wolfgang, Kostenrechnung 1, Grundlagen, Aufbau und Anwendung, 4. Aufl., Wiesbaden 1986, S. 255-316.

Kalveram, Wilhelm, Industrielles Rechnungswesen, 6. Aufl., Wiesbaden 1968, S. 335-427.

Kilger, Wolfgang, Betriebliches Rechnungswesen, in: Jacob, Herbert, (Hrsg.), Allgemeine Betriebswirtschaftslehre, 5. Aufl., Wiesbaden 1988, S. 921-1044, hier S. 983-1010.

Kloock, Josef/Sieben, Günter/Schildbach, Thomas, Kosten- und Leistungsrechnung, 8. Aufl., Düsseldorf 1999, S. 125-147.

Kosiol, Erich, Kostenrechnung und Kalkulation, 2. Aufl., Berlin 1972, S. 175-226.

Lehmann, M.-R., Industriekalkulation, 5. Aufl., Essen 1964, S. 282-303.

Mellerowicz, Konrad, Kosten und Kostenrechnung II: Verfahren, I. Teil: Allgemeine Fragen der Kostenrechnung und Betriebsabrechnung, 5. Aufl., Berlin 1974, S. 409-413.

Mellerowicz, Konrad, Kosten und Kostenrechnung II: Verfahren, II. Teil: Kalkulation und Auswertung der Kostenrechnung und Betriebsabrechnung, 5. Aufl., Berlin 1980, S. 80-163.

Oltmanns, Christoph, Grundlagen der Kostenrechnung in programmierter Form, 2. Aufl., Wiesbaden 1976, S. 114-145.

Reichmann, Thomas, Kalkulation, in: Handwörterbuch des Rechnungswesens, 2. Aufl., Stuttgart 1981, Sp. 1854-1870.

Rieper, B./Waldmann, J., Programmierte Einführung in das betriebliche Rechnungswesen, München 1972, S. 133-145.

Schönfeld, Hanns-Martin, /Möller, Hans-Peter, Kostenrechnung, 8. Aufl., Stuttgart 1995, S. 103-116.

Schweitzer, Marcell/Küpper, Hans-Ulrich, Systeme der Kostenrechnung, 7. Aufl., München 1998, S. 209-237.

Vormbaum, Herbert, Kalkulationsarten und Kalkulationsverfahren, 4. Aufl., Stuttgart 1977.

Weber, Jürgen, Einführung in das Rechnungswesen II: Kostenrechnung, 5. Aufl., Stuttgart 1997, S. 69-70, 75-102.

Wilkens, Klaus, Kosten- und Leistungsrechnung, 8. Aufl., München 1996, S. 62-64, 190-216.

Zwehl, Wolfgang v., Kalkulation und Preisgestaltung, in: Handwörterbuch des Rechnungswesens, 2. Aufl., Stuttgart 1981, Sp. 875-884.

3.4 Die Ermittlung des Betriebsergebnisses

3.4.1 Die Aufgaben der Betriebsergebnisrechnung

Gegenstand der Betriebsergebnisrechnung (BER), auch kurzfristige Erfolgsrechnung (KER) genannt, ist die exakte Ermittlung des betrieblichen Erfolges für kurze Zeiträume (in der Regel Monate). Die Betriebsergebnisrechnung hat nicht allein die Aufgabe, als eine Art Geschichtsschreibung den Erfolg einer Abrechnungsperiode festzustellen und für betriebliche Zwecke zu dokumentieren. Vielmehr soll der **Erfolg** der vergangenen Abrechnungsperiode **analysiert** werden können. Für eine solche **Analyse und damit Kontrolle des Betrieberfolges** ist eine differenzierte Ermittlung der Erfolgsgröße notwendig. Die Kenntnis der Erfolgsquellen ist gleichzeitig Voraussetzung für zukünftige Entscheidungen im Beschaffungs-, Produktions- und Absatzbereich.

Um diese Ziele zu erreichen, ist die Betriebsergebnisrechnung kurzfristiger als die Gewinn- und Verlustrechnung zu erstellen. Sie gibt rechtzeitiger und differenzierter als die G. u. V.-Rechnung Aufschluß über die betriebliche Entwicklung. Darüber hinaus bezieht sie sich auf das Betriebsergebnis, nicht auf den Gesamterfolg der Unternehmung. Der neutrale Erfolg ist also bei der Erfolgsermittlung und -analyse ausgeschlossen.

Zur möglichst häufigen und nach Erfolgskomponenten differenzierten Erfolgsermittlung und -analyse wird das **Gesamtkostenverfahren** (GKV) oder das **Umsatzkostenverfahren** (UKV) verwendet. Die Betriebsergebnisrechnung kann bei beiden Verfahren auf Voll- oder Teilkostenbasis durchgeführt werden. Hier sei erst die Betriebsergebnisrechnung auf Vollkostenbasis dargestellt. Die Eignung der Betriebsergebnisrechnung auf Vollkostenbasis zur Erfüllung der Aufgaben der Kostenrechnung sei anschließend im Rahmen der Teilkostenrechnung untersucht.

3.4.2 Die Verfahren der Betriebsergebnisrechnung

3.4.2.1 Das Gesamtkostenverfahren

Beim **Gesamtkostenverfahren** wird zur Ermittlung des Betriebsergebnisses die Differenz zwischen den Leistungen der Periode und den gesamten Kosten der Periode gebildet. Da auf dem Betriebsergebniskonto die gesamten Kosten nach Kostenarten differenziert erscheinen, wird das Gesamtkostenverfahren auch als **kostenartenorientierte Betriebsergebnisrechnung** bezeichnet.

Das Gesamtkostenverfahren entspricht in seinem formalen Aufbau der Gewinn- und Verlustrechnung der Finanzbuchhaltung. Es unterscheidet sich materiell von der G. u. V.-Rechnung dadurch, daß statt der Gesamterträge die Gesamtleistungen und statt der Aufwendungen die Gesamtkosten in der Erfolgsrechnung erfaßt werden. Die Leistungen setzen sich hierbei aus den Umsatzerlösen und den bewerteten Lagerbestandsveränderungen an Halb- und Fertigfabrikaten zusammen.

Das Gesamtkostenverfahren sei jeweils dargestellt für den Fall der Lagerbestandserhöhung und -verminderung.

1. Erhöhung der Lagerbestände

Der Wert der Bestandsvermehrung an Halb- und Fertigfabrikaten stellt die zweite Komponente der Leistungen des Betriebes dar; dabei wird diese Zunahme der Lagerbestände mit den Herstellkosten bewertet.

Den gesamten Leistungen werden die gesamten, nach Kostenarten gegliederten Kosten der Periode gegenübergestellt. Das Betriebsergebniskonto hat dann folgende Gestalt:

Betriebsergebniskonto (GKV)

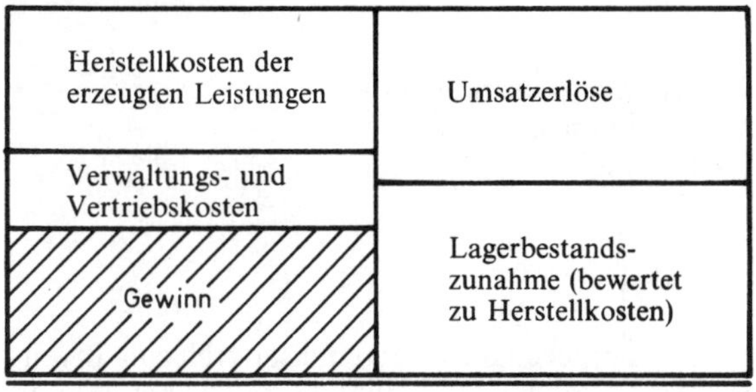

2. Verminderung der Lagerbestände

Werden in der Abrechnungsperiode auch Produkte verkauft, die in der (den) Vorperiode(n) ganz oder teilweise erstellt wurden, so verringert sich der Lagerbestand an Fertigfabrikaten bzw. an Halbfabrikaten. Die Umsatzerlöse enthalten dann Leistungen früherer Perioden. Diese Umsatzerlöse sind um die aus dem Lager entnommenen, bewerteten Fertig- und Halbfabrikate zu reduzieren. Der Wert dieser Bestandsminderungen (Menge × Herstellkosten je Einheit) stellt zusammen mit den Gesamtkosten der in dieser Periode produzierten Erzeugnisarten die negative Komponente des Betriebsergebnisses dar.

Betriebsergebniskonto (GKV)

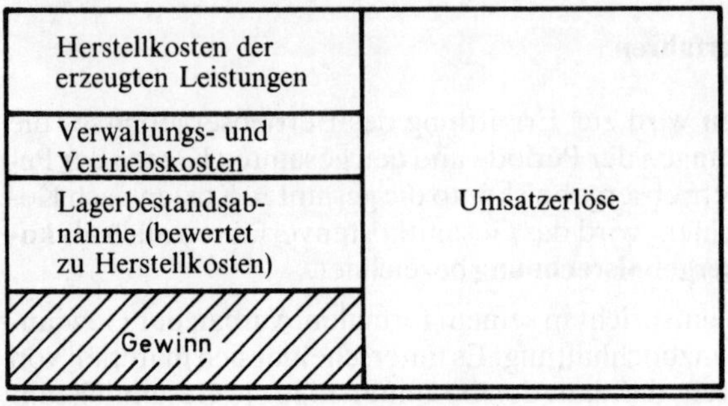

Bei der Bewertung zu Vollkosten tritt bei Bestandsverminderungen ein Bewertungsproblem auf – und dies gilt auch bei der Ermittlung der Kosten der abgesetzten Leistungen beim Umsatzkostenverfahren –, wenn die Herstellkosten pro Produkteinheit unterschiedlich hoch sind. In den Herstellkosten pro Produkteinheit sind anteilige Fixkosten enthalten. Dieser Bestandteil schwankt, wenn in den einzelnen Perioden unterschiedliche Produktmengen erzeugt werden. Es ist deshalb, wenn nicht feste Verrechnungspreise oder rollende Durchschnittswerte unterstellt sind, eine Annahme über die Reihenfolge der Lagerabgänge zu bilden.

Der Betriebserfolg nach dem Gesamtkostenverfahren läßt sich allgemein wie folgt darstellen:

$$G = \sum_{i=1}^{n} x_{Ai} p_i + \sum_{i=1}^{n} (x_{pi} - x_{Ai}) k_{Hi} - \sum_{l=1}^{m} K_l$$

Es bedeuten:

G = Betriebserfolg
p = Absatzpreis
x_A = abgesetzte Menge der Abrechnungsperiode
x_p = produzierte Menge der Abrechnungsperiode
k_H = Herstellkosten pro Produkteinheit
K = Kosten
i = $1, 2, \ldots, n$ = Produktindex
l = $1, 2, \ldots, m$ = Kostenartenindex

Die Ermittlung der Lagerbestandsveränderungen erfolgt meist durch eine Inventur. Sie läßt sich aber auch aus entsprechenden Halb- und Fertigfabrikatekonten entnehmen.

3.4.2.2 Das Umsatzkostenverfahren

Das **Umsatzkostenverfahren** (UKV) verzichtet auf die Erfassung der Bestandsveränderungen an Halb- und Fertigfabrikaten. Als Leistungen werden nur noch die Erlöse erfaßt. An die Stelle der Gesamtkosten der produzierten Einheiten der betrachteten Periode treten dann die Kosten der abgesetzten Erzeugnisse. Dabei sind, anders als beim Gesamtkostenverfahren, bei dem die Kosten kostenartenmäßig gegliedert sind, beim Umsatzkostenverfahren die Kosten der abgesetzten Leistungseinheiten nach Produktarten (Kostenträgern) unterteilt. Deshalb nennt man das Umsatzkostenverfahren auch **kostenträgerorientiertes Erfolgsrechnungsverfahren**.

Zur Ermittlung der Kosten der abgesetzten Erzeugniseinheiten wird beim Umsatzkostenverfahren auf die Kostenträgerstückrechnung zurückgegriffen. Die Selbstkosten pro Produkteinheit werden mit der Anzahl der abgesetzten Produkte multipliziert.

Die Betriebsergebnisrechnung mit Hilfe des Umsatzkostenverfahrens sei in Kontenform dargestellt:

Betriebsergebniskonto (UKV)

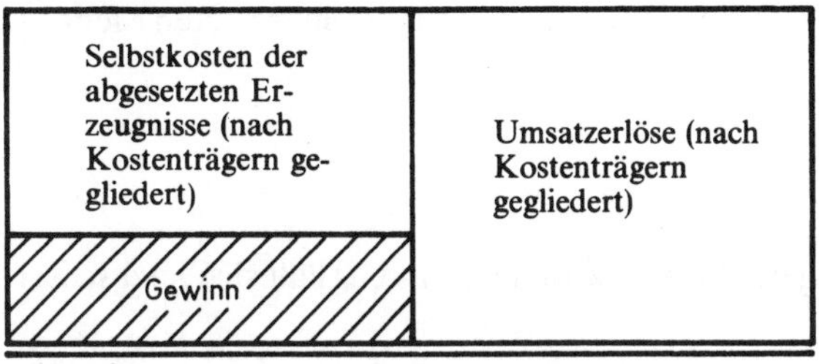

Das Umsatzkostenverfahren baut auf folgender Gewinngleichung auf:

$$G = \sum_{i=1}^{n} U_i - \sum_{i=1}^{n} K_{si}$$

$$= \sum_{i=1}^{n} (p_i - k_{si})\, x_{Ai}$$

Hierbei bedeuten:

U_i = Umsatzerlöse der Produktart i
K_{si} = gesamte Selbstkosten der verkauften Produktart i
p_i = Absatzpreis der Produktart i
k_{si} = Stückselbstkosten der Produktart i
x_{Ai} = abgesetzte Menge der Produktart i

Beim Umsatzkostenverfahren und beim Gesamtkostenverfahren handelt es sich nicht um unterschiedliche Erfolgsdefinitionen. Das Gesamtkostenverfahren stellt eine Bruttorechnung dar. Das Umsatzkostenverfahren basiert auf dem Nettoprinzip, denn das Betriebsergebniskonto beim Umsatzkostenverfahren ist nur um den Wert der Bestandsveränderungen verkürzt worden. **Beide Verfahren führen**, wenn die Bestandsveränderungen zu Herstellkosten bewertet sind, **zum selben Ergebnis**, denn sie lassen sich ineinander überführen. Dies sei bei nur einer Produktart dargestellt:

Der Gewinn bei Verwendung des Gesamtkostenverfahrens wird durch die folgende Gleichung wiedergegeben:

$$G_{GKV} = px_A + (x_p - x_A)\, k_H - \sum_{l=1}^{m} K_l.$$

Die Summe aller Kostenarten ist identisch mit den gesamten Herstellkosten der erstellten Leistungseinheiten und den Verwaltungs- und Vertriebskosten K_{vv}:

$$\sum_{l=1}^{m} K_l = k_H \cdot x_p + K_{vv}.$$

Bezieht man die Verwaltungs- und Vertriebskosten auf die abgesetzten Mengen, so erhält man:

$$k_{vv} = \frac{K_{vv}}{x_A}.$$

Der Gewinn bei Verwendung des Gesamtkostenverfahrens läßt sich jetzt schreiben:

$$\begin{aligned} G_{GKV} &= p \cdot x_A + (x_p - x_A)\, k_H - k_H \cdot x_p - k_{vv} x_A \\ &= p \cdot x_A - x_A \cdot k_H - k_{vv} \cdot x_A \\ &= p \cdot x_A - (k_H + k_{vv})\, x_A. \end{aligned}$$

Die Herstellkosten pro Erzeugniseinheit und die Verwaltungs- und Vertriebskosten pro Einheit der abgesetzten Menge sind gleich den Selbstkosten pro Einheit der abgesetzten Menge:

$$k_H + k_{vv} = k_s.$$

Es ergibt sich die Formel für die Gewinngleichung bei Verwendung des Umsatzkostenverfahrens:

$$G_{UKV} = G_{GKV} = (p - k_s)\, x_A.$$

3.4.3 Die Beurteilung des Gesamt- und des Umsatzkostenverfahrens

Die wesentlichen **Vorteile des Gesamtkostenverfahrens** bestehen in der relativ einfachen Handhabung bei der Erstellung der Erfolgsrechnung und, da die Betriebsergebnisrechnung formal der Gewinn- und Verlustrechnung entspricht, in der Möglichkeit, durch eine Berücksichtigung der Abgrenzungskonten die G.u.V.-Rechnung mit geringem Arbeitsaufwand aus der Betriebsergebnisrechnung zu erstellen.

In Unternehmen ohne Kostenstellen- und Kostenträgerrechnung führt die stets erforderliche Inventur zur Bestimmung der Bestandsveränderung dazu, daß die Betriebsergebnisrechnung nicht laufend durchgeführt werden kann. Hat man jedoch eine ausgebaute Kostenstellen- und Kostenträgerrechnung, dann lassen sich die Bestandsveränderungen aus den Halb- und Fertigfabrikatekonten entnehmen.

Der entscheidende **Nachteil des Gesamtkostenverfahrens** ist darin zu sehen, daß die lediglich nach Kostenarten gegliederte Betriebsergebnisrechnung **nicht erkennen** läßt, **welche Produktart das Ergebnis wie beeinflußt hat**. Lediglich der Gesamterfolg läßt sich ermitteln. Erkenntnisse für die Sortimentsplanung und die Absatzsteuerung können nicht gewonnen werden. Es eignet sich deshalb nur für Einproduktbetriebe.

Da beim **Umsatzkostenverfahren** die Kosten nach Kostenträgern gegliedert sind, bietet diese Form der Betriebsergebnisrechnung gute Möglichkeiten zur Analyse der betrieblichen Verhältnisse. Es läßt sich, da die Kosten und die Erlöse auf die Produktart bezogen sind, erkennen, welches Produkt das Betriebsergebnis wie beeinflußt hat. Das Verfahren ist somit prinzipiell geeignet, **Unterlagen für Absatz- und Sortimentsentscheidungen** zu liefern. Auch läßt sich das Betriebsergebnis wegen des ausgebauten Rechnungssystems ohne Inventur ermitteln. Das bedeutet, daß der Erfolg für kürzeste Zeiträume feststellbar ist. Das **Umsatzkostenverfahren ist** deshalb **für Mehrproduktbetriebe geeignet**. Die Genauigkeit der Rechnung bedeutet jedoch, daß dieses Verfahren viel aufwendiger als das Gesamtkostenverfahren ist.

Literaturübersicht zum Kapitel 3.4
Die Ermittlung des Betriebsergebnisses

Ebert, Günter, Kosten- und Leistungsrechnung, 8. Aufl., Wiesbaden 1997, S. 115-125.

Fischer, Johannes/Heß, Otto/Seebauer, Georg, Buchführung und Kostenrechnung, 2. Aufl., Leipzig 1940, S. 148-178.

Freidank, Carl-Christian, Kostenrechnung, 6. Aufl., München 1997, S. 163-176.

Haberstock, Lothar, Grundzüge der Kosten- und Erfolgsrechnung, 3. Aufl., München 1982, S. 138-159.

Huch, Burkhard, Einführung in die Kostenrechnung, 8. Aufl., Heidelberg 1986, S. 137-143.

Hummel, Siegfried/Männel, Wolfgang, Kostenrechnung 1, Grundlagen, Aufbau und Anwendung, 4. Aufl., Wiesbaden 1986, S. 317-323.

Kilger, Wolfgang, Kurzfristige Erfolgsrechnung , Wiesbaden 1962, S. 23-48.

Kilger, Wolfgang, Erfolgsrechnung, kurzfristige, in: Handwörterbuch des Rechnungswesens, 2. Aufl., Stuttgart 1981, Sp. 480-488.

Kloock, Josef/Sieben, Günter/Schildbach, Thomas, Kosten- und Leistungsrechnung, 8. Aufl., Düsseldorf 1999, S. 170-182.

Kosiol, Erich, Kostenrechnung und Kalkulation, 2. Aufl., Berlin 1972, S. 81-91, 156-174.

Loos, Günter, Betriebsabrechnung und Kalkulation, 2. Aufl., Herne/Berlin 1981, S. 64-66.

Meffert, Heribert, Kostenrechnung und Kostenrechnungssysteme, in: Albers, W., (Hrsg.) u.a., Handwörterbuch der Wirtschaftswissenschaft (HdWW), Bd. 4, Stuttgart 1978, S. 573-596.

Schönfeld, Hanns-Martin/Möller, Hans-Peter, Kostenrechnung, 8. Aufl., Stuttgart 1995, S. 113-114.

Schweitzer, Marcell/Küpper, Hans-Ulrich, Systeme der Kostenrechnung, 7. Aufl., München 1998, S. 209-216.

Wilkens, Klaus, Kosten- und Leistungsrechnung, 8. Aufl., München 1996, S. 184-190.

4. Die Kosten- und Leistungsrechnung auf der Grundlage von Teilkosten

4.1 Grundprobleme der Teilkostenrechnung

4.1.1 Die Unzulänglichkeiten der Vollkostenrechnung

Die herkömmliche Art der Kostenrechnung ist eine Kostenrechnung auf der Basis von Ist-Vollkosten. Die vergangenheitsorientierte Kostenrechnung strebt die Umlage aller entstandenen Kosten über die Kostenstellen auf die Kostenträger an.

In der Vollkostenrechnung werden die Gemeinkosten, die ja zum größten Teil zugleich Fixkosten sind, geschlüsselt. Die mehrfache Zurechnung der Gemeinkosten in der Kostenstellenrechnung und in der Kostenträgerrechnung mit Hilfe von Schlüsselgrößen verschleiert jedoch die Kostenstruktur. Die traditionelle Form der Kostenrechnung ist deshalb nur bedingt geeignet, Erkenntnisse über die Kosten- und Leistungsstruktur des Betriebes und damit über die Ursachen des Erfolges zu liefern.

Speziell für **Planungsprobleme** ist ein Kostenrechnungssystem nur dann verwendbar, wenn es Informationen zur Lösung von Entscheidungen, d.h. Informationen für zukünftige Handlungsalternativen, liefert. Dies bedeutet, daß für Planungsprobleme nur die **entscheidungsrelevanten Kosten** von Bedeutung sind. Dies zeigt sich besonders bei der Angebotspreiskalkulation auf der Basis von Vollkosten. Bei rückläufiger Beschäftigung wird stets der Block der beschäftigungsfixen Kosten auf die verbleibende Produktionsmenge verteilt. Dies führt dazu, daß die Selbstkosten pro Produkteinheit steigen und damit auch der hieran bemessene Angebotspreis. Ein ständig steigender Angebotspreis hat wiederum zur Konsequenz, daß das Unternehmen weniger Erzeugniseinheiten absetzt, die Fixkosten jetzt auf noch geringere Leistungsmengen verteilt werden und sich das Unternehmen somit letztlich ganz aus dem Markt kalkuliert.

Um richtige Entscheidungen zu treffen, sind die Erkenntnisse der betriebswirtschaftlichen Kostentheorie in der Kostenrechnung zu verwirklichen. Die Kosten- und auch die Absatztheorie liefern die Erkenntnis, daß es für die überwiegende Mehrheit betriebswirtschaftlicher Entscheidungsprobleme notwendig ist, **nur Teile der Gesamtkosten zu kalkulieren** (z.B. Cournot'sches Theorem).

Für eine Preispolitik bei vorhandenen Kapazitäten bedeutet dies, daß Fixkosten nicht entscheidungsrelevant sind. Dies gilt z.B. auch bei der Bestimmung des Produktionsprogramms im Falle ausreichender Kapazitäten. Nach der Vollkostenrechnung werden diejenigen Produkte in das Produktions- und Absatzprogramm aufgenommen, die einen positiven Gewinn pro Erzeugniseinheit aufweisen. Leistet jedoch der Absatz eines Produktes noch einen Beitrag zur Deckung der Fixkosten, dann ist die Entscheidung über die Herausnahme eines Produktes mit negativem Stückerfolg aus dem Sortiment falsch, denn die Fixkostenhöhe ist unabhängig von dieser Entscheidung.

Darüber hinaus führt die Verrechnung von Fixkosten auf die Erzeugniseinheit bei einem begrenzenden Engpaß – wie noch zu zeigen sein wird – zu einer anderen mengenmäßigen Zusammensetzung des Sortiments und damit zu einem niedrigeren Betriebsergebnis als eine Planung auf der Grundlage von Teilkosten. Nach der Teilkostenrechnung werden in diesem Fall die Produkte in das Sortiment nach der Rangfolge ihrer auf die Engpaßeinheit bezogenen positiven Dekkungsspannen (= Preis ⁒ variable Kosten) aufgenommen.

4.1.2 Aufgaben und Grundsysteme der Teilkostenrechnung

Die Teilkostenrechnungssysteme versuchen, den Anforderungen der Kostentheorie zu entsprechen. Grundlegend ist die Trennung der Gesamtkosten in einzelne Kostenbestandteile. Es werden zwar in den Teilkostenrechnungssystemen sämtliche Kosten in der Kostenartenrechnung erfaßt, jedoch geht in die Kostenstellen- und Kostenträgerrechnung nur ein Teil der Gesamtkosten ein. Der andere Kostenblock wird nicht weiterverrechnet, sondern sofort auf dem Betriebsergebniskonto erfaßt.

Eine **Trennung** (Auflösung) der Gesamtkosten kann einmal erfolgen **nach der Möglichkeit der Erfassung** der Kosten. Man differenziert dann z.B. nach Kostenträgereinzelkosten und Kostenträgergemeinkosten. Die Gemeinkosten werden nicht weiter aufgeteilt, sie werden bei dieser **Einzel- oder Direktkostenrechnung** en bloc auf dem Betriebsergebniskonto verbucht.

Die **Kostentheorie als Theorie der Kostenrechnung** indes fordert die **Ermittlung von Grenzkosten oder variablen Kosten**. Grenzkosten und Einzelkosten fallen nicht unbedingt zusammen. Denn im ersten Fall wird abgestellt auf die Veränderlichkeit **(= Variabilität)** der Kosten, im zweiten Fall auf die **direkte Erfaßbarkeit**.

Unter einer Teilkostenrechnung versteht man in der Regel eine Grenzkostenrechnung. Diese Teilkostenrechnung dient folgenden Aufgaben:

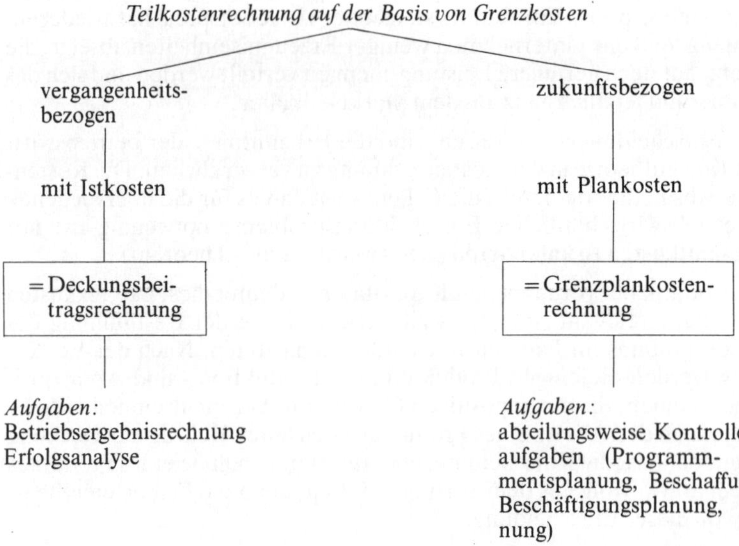

Aufgaben:
Betriebsergebnisrechnung
Erfolgsanalyse

Aufgaben:
abteilungsweise Kontrolle, Planungsaufgaben (Programm- und Sortimentsplanung, Beschaffungsplanung, Beschäftigungsplanung, Ablaufplanung)

Neben den Bezeichnungen Deckungsbeitragsrechnung und Grenzplankostenrechnung findet man für Teilkostenrechnungssysteme auf der Basis von Grenzkosten oder variablen Kosten noch die Begriffe direct costing (Amerika) oder marginal costing (England). Diese Begriffe werden jedoch nicht einheitlich verwandt, denn man gebraucht sie sowohl für eine Ist-Teilkostenrechnung als auch für eine Grenzplankostenrechnung.

4.1.3 Die Verfahren der Kostenauflösung

Für eine Teilkostenrechnung, die Unterlagen für unternehmerische Entscheidungen liefern soll, ist die Kenntnis der Grenzkosten notwendig. Unter Grenzkosten versteht man die Veränderung der Gesamtkostenhöhe bei Variation einer Kosteneinflußgröße (z.B. Beschäftigung, Betriebsgröße, Produktionsprogramm, Faktorqualität, Faktorpreise). Hier sei von den Grenzkosten in bezug auf eine Änderung der Produktionsmenge (= Beschäftigung) ausgegangen.

Um diese Grenzkosten zu ermitteln, müssen die gesamten Kosten in fixe und variable Bestandteile in bezug auf die Kosteneinflußgröße Beschäftigung getrennt werden. Die Trennung bezeichnet man als **Kostenauflösung** (Kostenzerlegung, Kostenspaltung). Den einzelnen Produkten rechnet man nur die Grenzkosten zu, diese sind bei linearem Kostenverlauf identisch mit den variablen Kosten pro Produkteinheit. Eine Kostenauflösung kann man, wenn das Unternehmen mehrere Produktarten erzeugt, nicht unmittelbar für den Gesamtbetrieb durchführen. Da die Produkte die Kostenstellen in unterschiedlichem Ausmaß beanspruchen und damit kein einheitlicher Beschäftigungsmaßstab zugrundegelegt werden kann, und da die einzelnen Kostenarten bei Variation der Beschäftigung einen unterschiedlichen Variabilitätsgrad in den einzelnen Kostenstellen aufweisen, ist eine Kostenzerlegung kostenarten- und kostenstellenweise durchzuführen.

An Verfahren zur Trennung der Kosten sind das mathematische, das buchtechnische, das statistische und das planmäßige Verfahren bekannt. Die ersten drei Verfahren der Kostenauflösung gehen von tatsächlich entstandenen Kosten aus, das planmäßige Verfahren basiert auf einem vorausgeplanten Mengengerüst und einer Bewertung dieser Faktoreinsatzmengen.

4.1.3.1 Die mathematische Kostenauflösung

Beim **mathematischen Kostenauflösungsverfahren** Schmalenbachs werden für zwei Beschäftigungsgrade die jeweils angefallenen Gesamtkosten ermittelt. Die Kostendifferenz wird durch die Differenz der Beschäftigung dividiert. Man erhält die variablen Kosten je Produkteinheit, den sogenannten proportionalen Satz.

$$\text{Proportionaler Satz} = \frac{\text{Kostenzuwachs}}{\text{Produktmengenzuwachs}}$$

$$k_v = \frac{K_2 - K_1}{x_2 - x_1}$$

k_v = variable Kosten pro Produkteinheit
K = insgesamt angefallene Kosten
1,2 = Index für die alternativen Produktionsmengen bzw. Kostenhöhen
x = Produktionsmenge

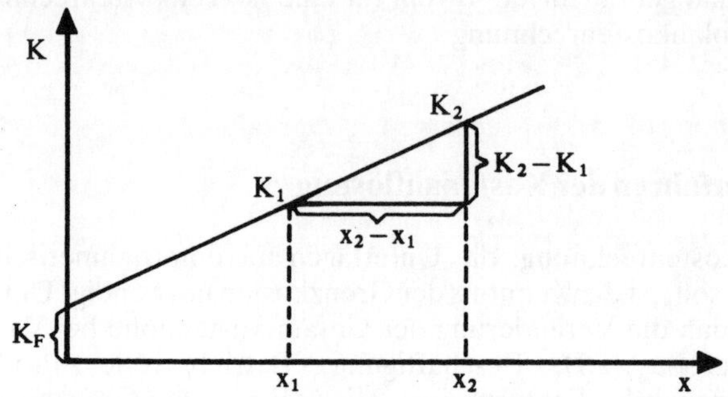

Schmalenbach unterstellt bei diesem Kostenauflösungsverfahren einen **linearen Kostenverlauf**. Deshalb kann man mit Hilfe der beiden empirisch ermittelten Kostenpunkte die Kostenkurve für alle Beschäftigungsniveaus zeichnen, indem man die Kostengerade bis zur Ordinate verlängert. Der Abschnitt auf der Ordinate stellt die fixen Kosten K_F dar.

Die Fixkosten seien mit Hilfe der mathematischen Kostenauflösung für die folgenden vier Beispiele ermittelt:

Hierbei bedeuten:

K_F = Fixkosten
$K_v(x_2)$ = gesamte variable Kosten bei der Produktionsmenge x_2
K' = Grenzkosten
k_v = variable Kosten pro Produkteinheit
K = Gesamtkosten

$$K' = k_v = \frac{K_2 - K_1}{x_2 - x_1}$$

1. Fall (degressiver Stückkostenverlauf)

$x_1 = 200 \quad x_2 = 210$
$K_1 = 2000 \quad K_2 = 2050$

$K' = 5$
$K_v(x_2) = 5 \cdot 210 = 1050$
$K_F = 2050 - 1050 = 1000$

2. Fall (proportionaler Stückkostenverlauf)

$x_1 = 200 \quad x_2 = 210$
$K_1 = 2000 \quad K_2 = 2100$

$K' = 10$
$K_v(x_2) = 10 \cdot 210 = 2100$
$K_F = 2100 - 2100 = 0$

3. Fall (progressiver Stückkostenverlauf)

$x_1 = 200 \quad x_2 = 210$
$K_1 = 2000 \quad K_2 = 2200$

$K' = 20$
$K_v(x_2) = 20 \cdot 210 = 4200$
$K_F = 2200 - 4200 = -2000$

4. Fall (Ermittlung der Fixkosten aus zwei Intervallen)

$x_1 = 200 \quad x_2 = 210 \quad x_3 = 220$
$K_1 = 2000 \quad K_2 = 2050 \quad K_3 = 2130$

Errechnete Kosten aus dem 1. Intervall:
$K' = 5$
$K_v(x_2) = 1050$
$K_F = 1000$

Errechnete Kosten aus dem 2. Intervall:

$$K' = \frac{2130 - 2050}{220 - 210} = 8$$

$K_v(x_3) = 8 \cdot 220 = 1760$
$K_F = 2130 - 1760 = 370$

Der 4. Fall zeigt, daß die „Fixkosten" nicht fix sind.

Das mathematische Verfahren der Kostenauflösung kann also zu Widersprüchen führen („negative" fixe Kosten z.B. im Fall 3 und „variable" fixe Kosten im Fall 4); sie beruhen darauf, daß bei diesem Verfahren stets ein linearer Kostenverlauf unterstellt wird.

Dieses Verfahren hat darüber hinaus den Nachteil, daß auf ex-post-Größen zurückgegriffen wird. Vergangenheitsgrößen sind aber nur bedingt als Information für zukünftige Entscheidungen geeignet. Zusätzlich schlagen sich in diesen empirisch ermittelten Vergangenheitsgrößen alle Kosteneinflußgrößen nieder.

4.1.3.2 Die buchtechnische Kostenauflösung

Bei der **buchtechnischen Kostenauflösung** untersucht man die einzelnen Kostenarten jeder Kostenstelle und analysiert sie gedanklich in bezug auf die Abhängigkeit von der Beschäftigung. Man geht so vor, daß man die Kosten erfahrungsgemäß aufteilt in variable Kosten, fixe Kosten und semivariable Kosten.

Einige Autoren sind der Ansicht, daß die buchtechnische Kostenauflösung das einzig richtige Verfahren ist. Die praktische Handhabung läßt jedoch viele Wünsche offen. Die Problematik dieses Verfahrens liegt darin, daß es viel zu grob ist. Zusätzlich ist es unangebracht, eine Kostenart ein für alle mal in einen fixen und einen variablen Teil aufzuspalten. Man muß berücksichtigen, daß sich bestimmte Kostenarten nur unter bestimmten Bedingungen ergeben (z.B. Stromkosten bei Nachtschicht, zusätzl. Arbeiter bei Intensitätserhöhungen).

Es wird deshalb versucht, die buchtechnische Kostenauflösung zu verfeinern, indem man von Erfahrungszahlen ausgeht und diese statistisch auswertet. Dieses Vorgehen nähert sich einer statistischen Kostenanalyse.

4.1.3.3 Die statistische Kostenauflösung

Bei der **statistischen Kostenauflösung** wird über einen längeren Zeitraum die bei jeder eingetretenen Beschäftigung festgestellte Kostenhöhe statistisch erfaßt. Diese Ziffern der Kostenstatistik werden in ein Diagramm übertragen. Durch dieses Streupunktdiagramm wird eine Regressionsgerade gelegt, die den Verlauf der Kostenfunktion angibt.

Die statistische Kostenauflösung hat den Nachteil, daß von Istkosten ausgegangen wird. Diese Istkosten beziehen sich auf Vergangenheitswerte; sie enthalten natürlich Unwirtschaftlichkeiten. Darüber hinaus gehen alle Kosteneinflußgrößen in die Kostenfunktion ein. Die Kostenfunktion sollte jedoch die Abhängigkeit der Kosten von nur einer Kosteneinflußgröße, und zwar der Beschäftigung, wiedergeben. Da sich die anderen Kosteneinflußgrößen nicht eliminieren lassen, ist diese so ermittelte Kostenfunktion nur begrenzt verwendbar.

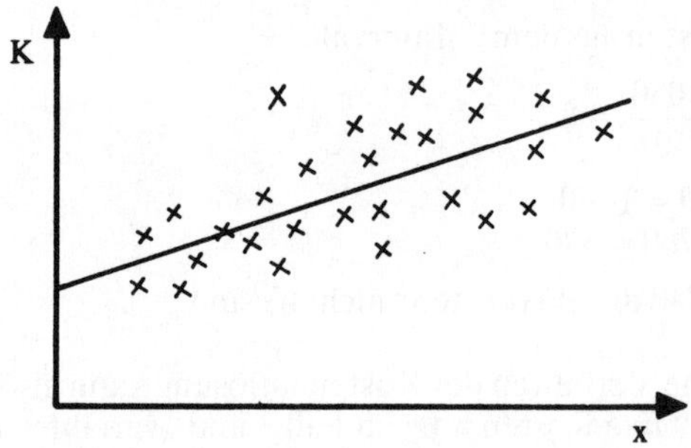

4.1.3.4 Die planmäßige Kostenauflösung

Bei der **planmäßigen Kostenauflösung**, die auch analytische Kostenplanung oder „engineering approach" genannt wird, werden das Mengengerüst der Kosten und der Wertansatz geplant.

Erforderlich ist die Kenntnis der technischen Abhängigkeit zwischen Faktoreinsatzmenge und Ausbringungsmenge. Diese Analyse ist Gegenstand der Produktionstheorie. Es gilt, die Produktionsfunktion in jeder Abteilung (Kostenstelle) des Betriebes zu ermitteln. Bei Kenntnis der Produktionsfunktion läßt sich ermitteln, wieviel Faktoreinsatzmengen einer Kostenart bei einer vorgegebenen Ausbringungsmenge benötigt werden. Die Faktoreinsatzmengen werden dann mit Planpreisen multipliziert. Das Ergebnis sind die Kosten einer Kostenart bei einer bestimmten Ausbringungsmenge.

Ausgehend von der Analyse der einzelnen Kostenarten bei einem vorgegebenen Beschäftigungsgrad, z.B. der Planbeschäftigung, läßt sich die Kostenhöhe bei jeder Beschäftigung bestimmen. Man untersucht die einzelnen Kostenarten daraufhin, inwieweit sie reagibel sind gegenüber Änderungen der Beschäftigung. Die Reagibilität einer Kostenart wird ausgedrückt durch den sog. **Variator**. Dieser Variator gibt an, um wieviel Prozent sich die Kosten in bezug auf die Planbeschäftigung verändern, wenn die Beschäftigung um 10% der Planbeschäftigung variiert wird.

Da man von der Annahme ausgeht, daß die Gesamtkostenfunktion linear verläuft, kann der Variator maximal die Zahl 10 annehmen, in diesem Fall wären alle Kosten variabel. Wäre der Variator größer als 10, dann würden sich negative fixe Kosten ergeben.

Bei einem Variator von 0 sind alle Kosten fix. Hat der Variator den Wert x, dann verändern sich die Gesamtkosten um x%, wenn die Beschäftigung um 10% der Planbeschäftigung variiert wird.

Auf diese Weise kann man für die einzelnen Kostenarten je Kostenstelle über den gesamten Beschäftigungsbereich hinweg eine lineare Kostenkurve ermitteln. Die Kostenkurve für die gesamte Kostenstelle erhält man durch Addition dieser einzelnen Kostenkurven.

Sind jedoch die Kostenarten bei einzelnen Beschäftigungsgraden unterschiedlich reagibel, dann dürfen die Variatoren nur für einen bestimmten Beschäftigungsbereich bestimmt werden. Für jeden Beschäftigungsbereich gilt dann ein anderer Variator. Dadurch ergibt sich eine nichtlineare Gesamtkostenkurve. Diese läßt sich jedoch abschnittsweise linear approximieren.

Das Verfahren der planmäßigen Kostenauflösung stellt die genaueste Methode der Trennung der Kosten in fixe und variable Bestandteile dar. Jedoch ist zu beachten, daß man nicht für jede Faktoreinsatzmenge eine Verbrauchsfunktion ermitteln kann. Demzufolge ist auch der inverse Ausdruck der Gesamtheit der Verbrauchsfunktionen, die Produktionsfunktion, nicht bestimmbar. Dies bedeutet, daß eine Trennung der Kosten in fixe und variable Bestandteile ein theoretisch z.T. noch ungelöstes Problem darstellt. Es ergeben sich deshalb auf Grund dieser Schwierigkeiten z.T. ungenaue variable und fixe Kostenziffern. Dennoch sind auch solche Kosteninformationen für die auf der Grundlage der Teilkostenrechnung zu lösenden Entscheidungsprobleme bedeutungsvoll.

Literaturübersicht zum Kapitel 4.1 Grundprobleme der Teilkostenrechnung

Coenenberg, Adolf Gerhard, Kostenrechnung und Kostenanalyse, 4. Aufl., Landsberg/Lech 1999, S. 245-328.

Ebert, Günter, Kosten- und Leistungsrechnung, 8. Aufl., Wiesbaden 1997, S. 159-168

Ewert, Ralf/Wagenhofer, Alfred, Interne Unternehmensrechnung, 3. Aufl., Berlin, Heidelberg, New York, Tokyo 1997, S. 15-65.

Freidank, Carl-Christian, Kostenrechnung, 6. Aufl., München 1997, S. 243-253.

Heine, Peter, Direct Costing – eine anglo-amerikanische Teilkostenrechnung, in: ZfhF, NF., 11. Jg., 1959, S. 515-534.

Huch, Burkhard, Einführung in die Kostenrechnung, 8. Aufl., Heidelberg 1986, S. 147-153.

Hummel, Siegfried/Männel, Wolfgang, Kostenrechnung 2 – Moderne Verfahren und Systeme, 3. Aufl., Wiesbaden 1983, S. 19-37.

Kilger, Wolfgang, Flexible Plankostenrechnung und Deckungsbeitragsrechnung, 9. Aufl., Wiesbaden 1988, S. 69-78, 737-784.

Layer, Manfred, Möglichkeiten und Grenzen der Anwendbarkeit der Deckungsbeitragsrechnung im Rechnungswesen der Unternehmung, Berlin 1967, S. 21-37.

Männel, Wolfgang, Entwicklungstendenzen entscheidungsorientierter Kostenrechnungskonzepte, in: Das Wirtschaftsstudium (WISU), 17. Jg., 1988, S. 139-145.

Schönfeld, Hanns-Martin, /Möller, Hans-Peter, Kostenrechnung, 8. Aufl., Stuttgart 1995, S. 60-73.

Weber, Helmut Kurt, Betriebswirtschaftliches Rechnungswesen, Band 2: Kosten- und Leistungsrechnung, 3. Aufl., München 1991, S. 141-152.

Weber, Jürgen, Einführung in das Rechnungswesen II: Kostenrechnung, Stuttgart 1990, S. 227-233.

Wilkens, Klaus, Kosten- und Leistungsrechnung, 8. Aufl., München 1996, S. 64-84.

4.2 Die Kostenstellenrechnung auf der Grundlage von Teilkosten

Die Kostenstellenrechnung dient zur Kostenkontrolle und zur Vorbereitung der Kostenträgerrechnung. Sie hat zusätzlich für Planungsaufgaben relevante Kosten zu liefern.

In einer Kostenrechnung auf der Basis von Vollkosten ist durch mehrfache Schlüsselung der Kostenträgergemeinkosten in der Kostenstellenrechnung – und zwar bei der Verteilung der Kostenarten auf die Kostenstellen, der Verteilung der Kosten der allgemeinen Kostenstellen auf die Haupt- und Hilfskostenstellen und der Verteilung der Kosten der Hilfskostenstellen auf die Hauptkostenstellen – und durch die Verteilung der Kosten der Hauptkostenstellen auf die Endprodukte nicht erkennbar, wie hoch der Anteil der fixen und der variablen Kosten an den gesamten Kosten ist.

Die Teilkostenrechnung erfordert die Kenntnis der variablen Kosten. Um die variablen Kosten in bezug auf die Produktionsmenge zu erhalten, müssen die Kostenträgereinzelkosten, die variable Kosten darstellen, ermittelt werden und es müssen aus den durch die Kostenstellenrechnung gehenden Kostenträgergemeinkosten die variablen Bestandteile bestimmt werden. Es muß daher in jeder Kostenstelle geprüft werden, welche Kosten beschäftigungsabhängig und welche beschäftigungsunabhängig sind.

Die Kostenträgergemeinkosten werden den Kostenstellen als primäre Kostenstelleneinzelkosten oder als primäre Kostenstellengemeinkosten angelastet. Die Kostenstellengemeinkosten können dabei nur durch Schlüsselgrößen den Kostenstellen zugeordnet werden. Kostenstellengemeinkosten führen i.d.R. nicht zu variablen Kosten in bezug auf den Kostenträger.

Die primären Kostenstelleneinzelkosten sind in fixe und variable Kostenbestandteile in bezug auf die Beschäftigung der Kostenstelle aufzuspalten. Ist nun bei einer Leistungsbeziehung zwischen den Kostenstellen eine Verrechnung dieser innerbetrieblichen Leistungen mit Hilfe von Schlüsselgrößen notwendig, dann werden die Stelleneinzelkosten der leistenden Kostenstelle zu Stellengemeinkosten der empfangenden Kostenstelle. Nur wenn eine Leistungsverrechnung zwischen den Kostenstellen und von dort auf die Kostenträger ohne Schlüsselung möglich ist, dann führen die variablen Kosten in bezug auf die Beschäftigung der Kostenstelle zu variablen Kosten in bezug auf die Endprodukteinheiten.

	Allgemeine Kostenstellen				Hauptkostenstellen						Hilfskostenstellen			
	1 f	1 v	2 f	2 v	3 f	3 v	4 f	4 v	5 f	5 v	6 f	6 v	7 f	7 v
primäre Stellenkosten														
Summe der primären Stellenkosten	PSK_{1f}	PSK_{1v}	PSK_{2f}	PSK_{2v}	PSK_{3f}	PSK_{3v}	PSK_{4f}	PSK_{4v}	PSK_{5f}	PSK_{5v}	PSK_{6f}	PSK_{6v}	PSK_{7f}	PSK_{7v}
Verrechnung der Sekundärkosten	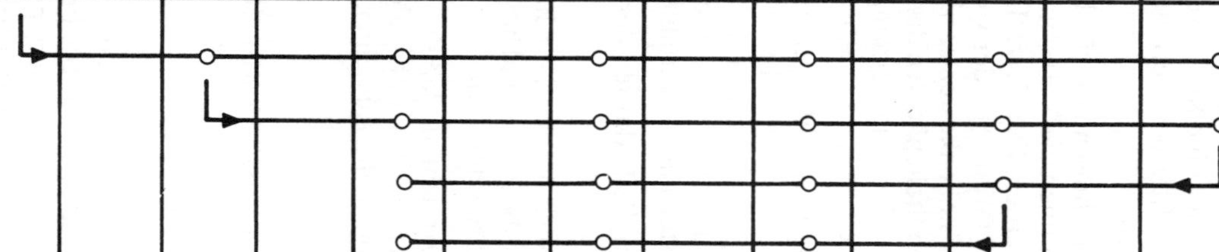													
Summe der gesamten Stellenkosten	PSK_{1f}	–	PSK_{2f}	–	PSK_{3f}	GSK_{3v}	PSK_{4f}	GSK_{4v}	PSK_{5f}	GSK_{5v}	PSK_{6f}	–	PSK_{7f}	–

PSK_{iv} = variable primäre Stellenkosten der Kostenstelle i
PSK_{if} = fixe primäre Stellenkosten der Kostenstelle i
GSK_{iv} = gesamte variable Stellenkosten der Kostenstelle i

Unterstellt man aus Vereinfachungsgründen, daß die variablen Kosten in bezug auf die Leistungseinheiten einer Kostenstelle zu variablen Kosten der nächsten Kostenstelle führen, dann läßt sich eine Kostenstellenrechnung auf der Grundlage von variablen Kosten mit Hilfe der Verfahren der innerbetrieblichen Leistungsverrechnung durchführen.

Lassen sich aus abrechnungstechnischen Gründen nur einseitige Leistungsverflechtungen erfassen, dann können die Verrechnungssätze mit Hilfe des Stufenumlageverfahrens ermittelt werden. Der Verrechnungssatz für die Leistungen jeder Kostenstelle wird auf der Grundlage der variablen primären Stellenkosten und der variablen sekundären Stellenkosten ermittelt. Er ergibt sich aus der Division dieser gesamten variablen Stellenkosten durch die an nachfolgende Kostenstellen gelieferten Leistungen, denn die Leistungen an vorgelagerte Kostenstellen und der Eigenverbrauch bleiben ja in der Abrechnung unberücksichtigt.

Werden gegenseitige Leistungsverflechtungen erfaßt, dann hat eine exakte Leistungsverrechnung simultan zu erfolgen. Es ist eine Auflösung eines linearen Gleichungssystems notwendig. Die Struktur der Gleichungen entspricht der bei Vollkostenrechnung. Bestimmend für die Verrechnungssätze sind jedoch nur die variablen primären Stellenkosten und die variablen sekundären Stellenkosten.

Bei beiden Verfahren werden die Fixkosten der Kostenstellen dem Betriebsergebnis en bloc zugerechnet.

Verwendet man zur Verdeutlichung der Durchführung der Kostenstellenrechnung den Betriebsabrechnungsbogen, so sind bei den einzelnen Kostenstellen die fixen und die variablen Kosten auszuweisen.

Unter der einschränkenden Annahme, daß die variablen Kosten einer Kostenstelle nur zu variablen Kosten in den nachfolgenden Kostenstellen führen, hat der BAB das auf der Seite 133 dargestellte Aussehen.

4.3 Die Kostenträgerrechnung auf der Grundlage von Teilkosten

Im Rahmen der Teilkostenrechnung sind in der Kostenträgerstückrechnung die variablen Kosten pro Leistungseinheit für jede Produktart zu bestimmen. Hierzu lassen sich die bereits dargestellten Kalkulationsverfahren heranziehen. Da jedoch nur die variablen Kosten pro Kostenträgereinheit zu ermitteln sind, entfällt die Verrechnung der fixen Kosten.

Man erhält bei einstufiger **Divisionskalkulation** die variablen Kosten pro Leistungseinheit, indem man die gesamten variablen Kosten durch die Anzahl der gefertigten Leistungseinheiten dividiert.

Treten bei homogener Produktion und einstufiger Fertigung **Lagerbestandsveränderungen** auf, so sind die insgesamt angefallenen Kosten nicht nur in die für die Produktion benötigten Herstellkosten und Verwaltungskosten und in die für den Absatz erforderlichen Vertriebs- und Verwaltungskosten zu trennen, sondern es ist zusätzlich jeweils zu unterscheiden, inwieweit diese Kosten beschäftigungsabhängig oder beschäftigungsunabhängig sind. Bezieht man die variablen Herstell- und Verwaltungskosten auf die Produktionsmenge und die variablen Vertriebskosten einschließlich der hier anfallenden Verwaltungskosten auf die Absatzmenge, dann erhält man die variablen Kosten pro Kostenträgereinheit durch Addition dieser beiden Teilbeträge.

Bei **mehrstufiger, homogener Fertigung** sind in jeder Produktionsstufe die fixen und variablen Kosten zu bestimmen. Ausgehend vom in der Vollkostenrechnung verwendeten Beispiel (S. 104ff.), sei die folgende Aufspaltung der Kosten unterstellt:

1. Stufe:	Rohstoffkosten	
	fixe Kosten	140000 DM
	variable Kosten	1460000 DM
	Bearbeitungskosten	
	fixe Kosten	640000 DM
	variable Kosten	620000 DM
	Erzeugnismenge	260000 t
2. Stufe:	Bearbeitungskosten	
	fixe Kosten	600000 DM
	variable Kosten	1200000 DM
	Vorprodukteinsatz aus Produktionsstufe 1	300000 t
	Erzeugnismenge	200000 t
3. Stufe:	zusätzliche Materialkosten	
	fixe Kosten	30000 DM
	variable Kosten	570000 DM
	Bearbeitungskosten	
	fixe Kosten	510000 DM
	variable Kosten	690000 DM
	Vorprodukteinsatz aus Produktionsstufe 2	160000 t
	Erzeugnismenge	180000 t

Verwendet man zur Kalkulation die **Veredelungsmethode**, dann ergeben sich folgende variable Kosten je Zwischenprodukteinheit in den einzelnen Produktionsstufen:

variable Bearbeitungs- und Materialkosten je t der 1. Stufe:

$$\frac{2080000\,\text{DM}}{260000\,\text{t}} = 8\ \frac{\text{DM}}{\text{t}}$$

variable Bearbeitungskosten je t der 2. Stufe:

$$\frac{1200000\,\text{DM}}{200000\,\text{t}} = 6\ \frac{\text{DM}}{\text{t}}$$

variable Bearbeitungs- und Materialkosten je t der 3. Stufe:

$$\frac{1260000\,\text{DM}}{180000\,\text{t}} = 7\ \frac{\text{DM}}{\text{t}}$$

Summiert man die mit dem Gesamtbedarfskoeffizienten (s. S. 106) der einzelnen Produktionsstufen multiplizierten variablen Kosten je Zwischenprodukteinheit, dann erhält man die variablen Kosten pro Einheit des Endproduktes.

Mit Hilfe der Veredelungsmethode ergibt sich somit folgende Berechnung:

1. Stufe:	$8\,\text{DM} \times \frac{4}{3} = 10^2/_3$	DM
2. Stufe:	$6\,\text{DM} \times \frac{8}{9} = 5^1/_3$	DM
3. Stufe:	$7\,\text{DM} \times 1 = 7$	DM
variable Kosten pro Einheit des Endproduktes	= 23,–	DM

Bei **Sortenfertigung ist zur Errechnung der variablen Kosten je Leistungseinheit einer jeden Produktart die Äquivalenzziffernrechnung** anzuwenden. Dabei sind von den gesamten variablen Kosten, d.h. den variablen Einzelkosten und den variablen Gemeinkosten, nur noch die variablen Gemeinkosten mit Hilfe der Äquivalenzziffernrechnung auf die Leistungseinheiten zu verteilen, denn die variablen Einzelkosten sind den Kostenträgern direkt zurechenbar.

Ausgehend von dem in der Vollkostenrechnung verwendeten Beispiel (s. S. 107f.) sei zusätzlich unterstellt, daß von den gesamten Gemeinkosten in Höhe von 1176000 DM der Anteil der variablen Gemeinkosten 294000 DM beträgt. Es ergeben sich die folgenden, aus den Gemeinkosten ermittelten, variablen Kosten je t:

Sorte	Blechstärke in mm	Äquivalenzziffer (ÄZ)	Menge in t	Rechnungseinheiten = Menge × ÄZ	variable Gesamtgemeinkosten	aus den Gemeinkosten ermittelte »variable Kosten«
A	2	0,6	1200	720	108000	90
B	1,5	1,0	600	600	90000	150
C	1	1,6	400	640	96000	240
Summe der Rechnungseinheiten:				1960	294000	

Kosten je Rechnungseinheit: $\frac{294000}{1960} = 150$

Die bei Einzel- und Serienfertigung verwendete **Zuschlagskalkulation** geht zur Bestimmung der variablen Kosten pro Kostenträger von folgendem Kalkulationsschema aus:

	1. Kosten des Fertigungsmaterials (Materialeinzelkosten)
	2. variable Materialgemeinkosten (Hilfs- und Betriebsstoffe)
1 + 2 =	3. variable Materialkosten
	4. leistungsabhängiger Fertigungslohn (Lohneinzelkosten)
	5. variable Fertigungsgemeinkosten
	6. variable Sondereinzelkosten der Fertigung
4 + 5 + 6 =	7. variable Fertigungskosten
3 + 7 =	8. variable Herstellkosten
	9. variable Verwaltungskosten
	10. variable Vertriebskosten
	11. variable Sondereinzelkosten des Vertriebs
8 + 9 + 10 + 11 =	12. variable Kosten des Erzeugnisses (= variable Selbstkosten)

4.4 Erfolgsermittlung und Erfolgsanalyse

4.4.1 Die Erfolgsanalyse für eine Einproduktunternehmung

4.4.1.1 Zur Erfolgsdefinition der Deckungsbeitragsrechnung

Die Deckungsbeitragsrechnung ist eine Grenzkostenrechnung. Da die insgesamt angefallenen Kosten in fixe und variable Kosten in bezug auf die Kosteneinflußgröße Beschäftigung getrennt werden, lassen sich die bei der Leistungserstellung und Leistungsverwertung zusätzlich angefallenen Kosten pro Leistungseinheit (= Grenzkosten) dem durch diese Produkteinheit zusätzlich angefallenen Erlös (= Grenzerlös) gegenüberstellen und mit diesem zu einer einzigen Größe zusammenfassen. Kosten- und Erlösgrößen werden nicht isoliert betrachtet, sondern es wird, da die Grenzerlöse und Grenzkosten in einer gemeinsamen Verbindung zur Leistungseinheit stehen, unmittelbar auf die Differenz zwischen Grenzerlös und Grenzkosten, auf die sogenannte **Deckungsspanne** d, Bezug genommen.

Sind die Absatzpreise pro Produkteinheit (p) und die variablen Kosten pro Produkteinheit (k_v) konstant, unterstellt man also auf der Absatzseite die Marktform der atomistischen Konkurrenz, dann beträgt die Deckungsspanne:

$$d = p - k_v.$$

Der Gesamtüberschuß des Erlöses über die variablen Kosten wird als **Deckungsbeitrag** D bezeichnet.

Es ist:

Deckungsspanne	×	abgesetzte Menge	=	Deckungsbeitrag
d	$\cdot$	x_A	=	D

bzw.

Erlöse	−	gesamte variable Kosten der abgesetzten Menge	=	Deckungsbeitrag
E	−	K_v	=	D
$p \cdot x_A$	−	$k_v \cdot x_A$	=	D

$$\boxed{(p-k_v) \cdot x_A = D}$$

Der Gewinn der Abrechnungsperiode bei Anwendung der Deckungsbeitragsrechnung ist definiert als die Differenz von Deckungsbeitrag und gesamten fixen Kosten:

$$G_D = D - K_F$$

$$\boxed{G_D = (p - k_v)\, x_A - K_F}$$

Diese **Grundgleichung** zeigt, daß der Erfolg gleich der Differenz zwischen den Erlösen der abgesetzten Leistungseinheiten und den für die verkauften Leistungseinheiten entstandenen variablen Kosten sowie den entstandenen fixen Kosten dieser Periode ist. Der Deckungsbeitrag D verdeutlicht, in welcher Höhe der Erlös die variablen Kosten der abgesetzten Leistungseinheiten übersteigt. Es ist der Betrag, der dazu beiträgt, die in der Periode angefallenen fixen Kosten abzudecken.

Treten in einer Periode **Lagerbestandsveränderungen** auf, so werden diese Lagerbestandsveränderungen (Bestandserhöhungen bzw. -abnahmen) nur zu den variablen Kosten pro Leistungseinheit bewertet. Die insgesamt angefallenen fixen Kosten werden unabhängig von den produzierten und abgesetzten Mengen der Abrechnungsperiode zugeordnet, in der sie entstanden sind.

Bei Verwendung der **Vollkostenrechnung** ergibt sich eine andere Erfolgsdefinition. Der Erfolg läßt sich wie folgt ermitteln:

Stückgewinn	=	Preis	−	Selbstkosten pro Stück
g	=	p	−	k_s

Es ist:

k_s	=	k_v	+	$\frac{K_F}{x_p}$
Selbstkosten pro Stück	=	Variable Stückkosten	+	Fixkosten pro produziertem Stück

Somit ergibt sich als Stückgewinn:

$$g = p - k_v - \frac{K_F}{x_p} .$$

Die Höhe des Stückgewinns ist abhängig von der produzierten Menge x_p. Mit zunehmender (abnehmender) Produktionsmenge x_p sinken (steigen) die Fixkosten pro produzierter Leistungseinheit, und es steigt (sinkt) dadurch der Stückgewinn.

Stückgewinn mal abgesetzte Erzeugnismengen ergibt den Periodengewinn bei Vollkostenrechnung (G_v):

$$G_v = g \cdot x_A$$

$$\boxed{G_v = (p - k_v)\, x_A - \frac{K_F}{x_p} \cdot x_A}$$

Der **Gewinn bei Vollkostenrechnung** ist definiert als Erlös abzüglich der Gesamtkosten der Periode, korrigiert um bewertete Lagerbestandsveränderungen. Diese **Bestandsveränderungen** werden zu den Kosten bewertet, die bei der Leistungserstellung angefallen sind. Sie enthalten neben den **variablen Kosten auch anteilige Fixkosten**, denn die Vertreter der **Vollkostenrechnung** sind der Auffassung, daß nicht nur variable Kosten für die Produktion erforderlich sind, sondern daß für die Produktion auch fixe Kosten unumgänglich sind. Dies bedeutet, daß die notwendigen Fixkosten auf alle produzierten Einheiten zu verteilen sind und somit die Werte der Lagerbestandsveränderungen auch anteilige Fixkosten enthalten. Der Erfolg einer Periode ist damit u.a. auch abhängig von der Höhe der Lagerbestandsveränderung.

Die Vertreter der **Deckungsbeitragsrechnung** hingegen sind der Ansicht, daß Fixkosten Periodenkosten darstellen, Kosten also, die unabhängig von der ausgebrachten Leistungsmenge anfallen. Sie dürfen deshalb nicht auf die Leistungseinheiten verrechnet und demzufolge auch nicht in den Lagerbestandsveränderungen aktiviert werden. Den Leistungseinheiten können nur **entscheidungsrelevante Kosten** zugerechnet werden. Entscheidungsrelevant sind lediglich die variablen Kosten, denn durch eine, die Absatzmenge übersteigende, Produktion in der jetzigen Abrechnungsperiode ergibt sich eine Ersparnis an variablen Kosten in zukünftigen Perioden.

Eine Bewertung der Bestandsveränderungen zu variablen Kosten ist „erfolgsneutral". Im Falle einer Bestandszunahme ist diese zusätzliche betriebliche Leistung gleich den zusätzlichen Kosten für die Produktion dieser Einheiten. Bei einer Bestandsminderung – es sei hier unterstellt, daß die variablen Kosten pro Produkteinheit in allen Perioden gleich hoch sind – werden zu den variablen Kosten der produzierten Einheiten die variablen Kosten der vom Lager entnommenen Einheiten addiert und diese den Verkaufserlösen gegenübergestellt. Bei Bestandserhöhungen und -minderungen ist die **Gewinnhöhe bei Anwendung der Deckungsbeitragsrechnung nur von den abgesetzten Mengen abhängig**.

Die Höhe des Periodenerfolges ist bei Lagerbestandsveränderungen somit davon abhängig, ob von der Erfolgsdefinition der Vollkostenrechnung oder von der der Teilkostenrechnung ausgegangen wird. Es ist deshalb zu fragen, ob die eine Erfolgsdefinition zweckmäßiger ist als die andere. Um dies zu verdeutlichen, seien die Auswirkungen der beiden Erfolgsdefinitionen auf die Erfolgsermittlung und Erfolgsanalyse untersucht. Dabei sei ein Betriebsergebniskonto bei Anwendung des Gesamtkostenverfahrens betrachtet.

Es sei davon ausgegangen, daß in der Periode t die Produktionsmenge x_p^t erstellt wird und die Absatzmenge x_A^t abgesetzt wird. Das Lager zu Beginn der Periode t möge einen Bestand von Null aufweisen. In der Periode t wird mehr produziert als abgesetzt. Der Erfolg einer Periode bei **Vollkostenrechnung** ist dann gleich dem Erlös der Periode abzüglich den Gesamtkosten der Periode, korrigiert um die Bestandsänderungen der Periode.

Es ergibt sich folgendes Betriebsergebniskonto:

Betriebsergebniskonto (VKR, Periode t)

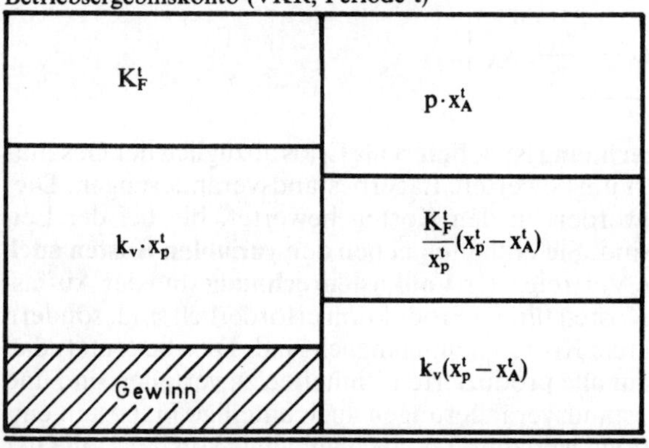

Aus diesem Konto ergibt sich als Gewinngleichung:

$$G_V^t = p \cdot x_A^t + \frac{K_F^t}{x_p^t} \cdot x_p^t - \frac{K_F^t}{x_p^t} \cdot x_A^t + k_v x_p^t - k_v x_A^t - K_F^t - k_v x_p^t$$

$$G_V^t = (p - k_v)\, x_A - K_F^t \cdot \frac{x_A^t}{x_p^t}$$

In der folgenden Periode t + 1 möge die abgesetzte Menge x_A^{t+1} größer sein als die produzierte Menge x_p^{t+1}. Zusätzlich sei die Annahme gemacht, daß die in zwei Abrechnungsperioden produzierte Menge auch in diesen zwei Abrechnungsperioden abgesetzt wird.

Es gilt also: $x_p^t + x_p^{t+1} = x_A^t + x_A^{t+1}$ bzw. $x_p^t - x_A^t = x_A^{t+1} - x_p^{t+1}$

Die Lagerbestandserhöhung in der 1. Periode ist gleich der Lagerbestandsabnahme in der Folgeperiode. Es ergibt sich folgendes Betriebsergebnis in der Periode t + 1:

Betriebsergebniskonto (VKR, Periode t+1)

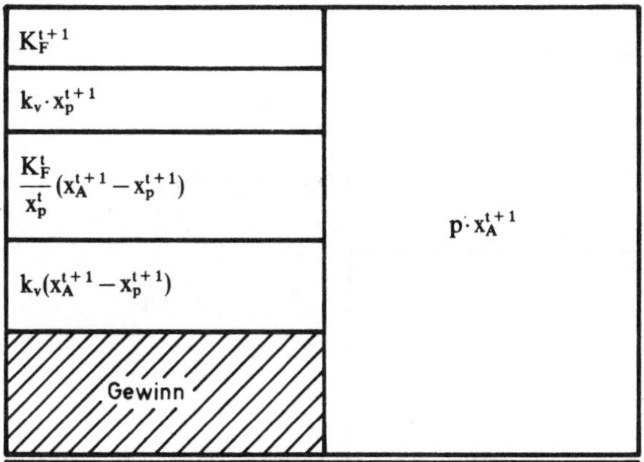

Hieraus ergibt sich folgende Gewinngleichung:

$$G_V^{t+1} = (p - k_v)\, x_A^{t+1} - K_F^{t+1} - \frac{K_F^t}{x_p^t}\,(x_A^{t+1} - x_p^{t+1})$$

Da die Lagerbestandsabnahme in der Periode t + 1 gleich der Lagerbestandserhöhung in der Periode t ist, kann man auch schreiben:

$$G_V^{t+1} = (p - k_v)\, x_A^{t+1} - K_F^{t+1} - \frac{K_F^t}{x_p^t}\,(x_p^t - x_A^t)$$

Bei der **Teilkostenrechnung** werden zwar alle Erlöse und die Gesamtkosten einer Periode erfaßt. Im Betriebsergebnis tritt bei Lagerbestandsveränderungen nur deshalb ein Unterschied zur Vollkostenrechnung auf, weil bei der Teilkostenrechnung nicht sämtliche Kosten in die Stellen- und in die Trägerrechnung eingehen. Dieser Unterschied in den Kostensätzen wirkt sich nur im Wertansatz der Bestandsänderungen aus.

Es ergibt sich somit folgendes Betriebsergebniskonto:

Betriebsergebniskonto (TKR, Periode t)

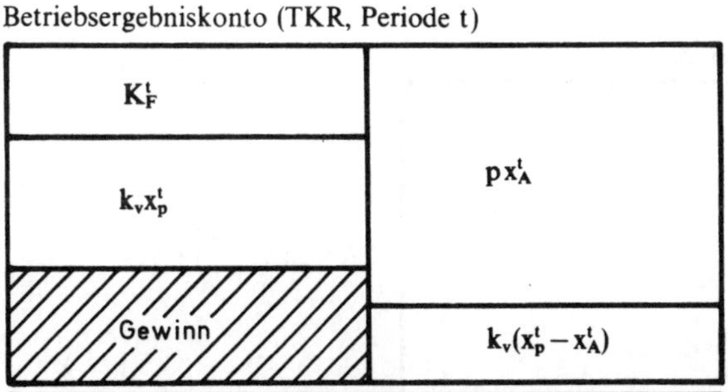

Aus diesem Konto ergibt sich folgende Gewinngleichung:

$$G_D^t = p \cdot x_A^t + k_v x_p^t - k_v x_A^t - K_F^t - k_v x_p^t$$

$$G_D^t = (p - k_v)\, x_A^t - K_F^t$$

In verkürzter Form erhält man das folgende Betriebsergebniskonto:

Betriebsergebniskonto (TKR, Periode t)

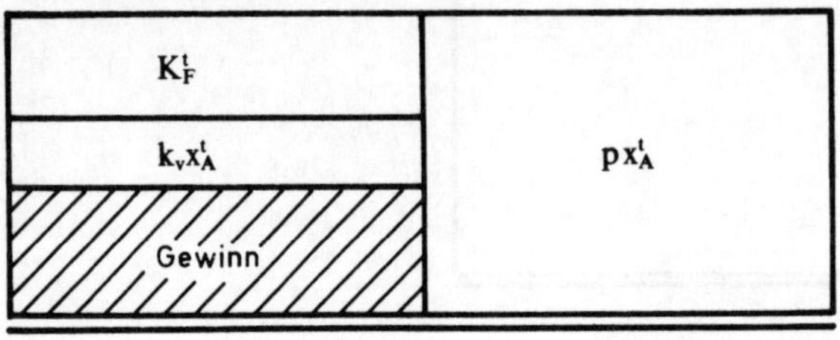

Für die Periode t + 1 ergibt sich folgendes Betriebsergebniskonto:

Betriebsergebniskonto (TKR, Periode t + 1)

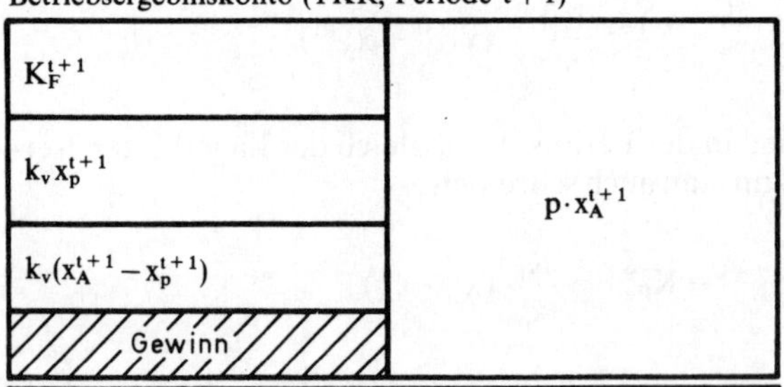

Es ergibt sich folgende Gewinngleichung:

$$G_D^{t+1} = p \cdot x_A^{t+1} - K_F^{t+1} - k_v x_p^{t+1} - k_v x_A^{t+1} + k_v x_p^{t+1}$$

$$G_D^{t+1} = (p - k_v)\, x_A^{t+1} - K_F^{t+1}$$

Verwendet man letztere Gewinngleichung, dann hat das Betriebsergebniskonto die folgende Gestalt:

Betriebsergebniskonto (TKR, Periode t + 1)

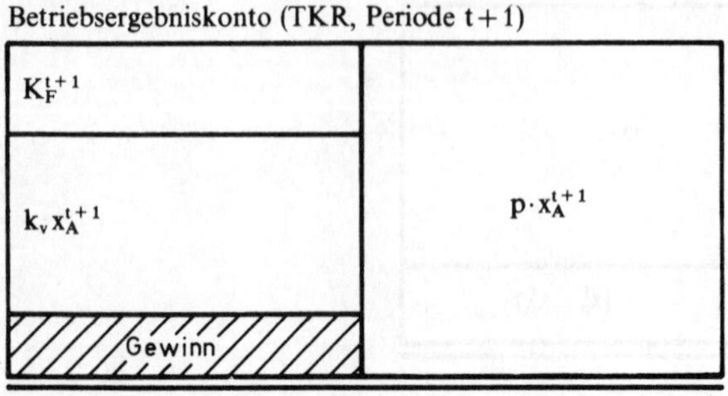

Die **Gewinndifferenz zwischen der Voll- und der Teilkostenrechnung** sei an einem **Zahlenbeispiel** verdeutlicht. Für zwei Abrechnungsperioden liegen folgende Daten vor:

	Periode I	Periode II
Absatzpreis	20,–	20,–
variable Kosten pro Stück	10,–	10,–
fixe Kosten	21000,–	21000,–
Absatzmenge	5000	8000
Produktionsmenge	7000	6000

Der **Gewinn bei Vollkostenrechnung** bestimmt sich wie folgt:

	Periode I	Periode II
Erlöse der abgesetzten Menge	100000	160000
./. Gesamtkosten für die hergestellte Menge		
a) K_F	21000	21000
b) $k_v x_p$	70000	60000
+ Selbstkosten für die Lagerbestandserhöhung		
a) $\frac{K_F^1}{x_p^1}(x_p^1 - x_A^1)$	6000	
b) $k_v(x_p^1 - x_A^1)$	20000	
./. Selbstkosten für die Lagerbestandsminderung		
a) $\frac{K_F^1}{x_p^1}(x_A^2 - x_p^2)$		6000
b) $k_v(x_A^2 - x_p^2)$		20000
Gewinn (VKR)	35000	53000

Bei der **Deckungsbeitragsrechnung** ergibt sich:

	Periode I	Periode II
Erlöse für die abgesetzte Menge	100000	160000
./. variable Kosten für die abgesetzte Menge ($k_v x_A$)	50000	80000
Deckungsbeitrag	50000	80000
./. fixe Kosten (K_F)	21000	21000
Gewinn (TKR)	29000	59000

Die **Differenz** zwischen den Ergebnissen pro Abrechnungsperiode beträgt 6000 DM und entspricht dem Betrag der Fixkosten, der in dem Wert der Lagerbestandserhöhung bzw. -minderung enthalten ist.

In der **Teilkostenrechnung** werden die fixen Kosten der Periode ihres Anfalls zugerechnet. Sie führen zu einer entsprechenden Verringerung des Betriebsergebnisses. In der **Vollkostenrechnung** werden die gesamten fixen Kosten auf die produzierten Einheiten geschlüsselt. Dies bedeutet, daß eine Aktivierung von variablen Kosten und anteiligen Fixkosten bei einer Lagerbestandszunahme dazu führt, daß das Betriebsergebnis um denjenigen Anteil der gesamten Fixkosten entlastet wird, der auf die Lagerbestandszunahme entfällt. Es wird also gegenüber der Betriebsergebnisrechnung auf Teilkostenbasis ein zusätzlicher Gewinn in Höhe dieser anteiligen Fixkosten ausgewiesen. Ist hingegen die Absatzmenge größer als die Produktionsmenge, so verringert sich der Gewinn gegenüber der Betriebsergebnisrechnung auf Teilkostenbasis um die anteiligen Fixkosten dieser Bestandsminderung.

Das ermittelte Betriebsergebnis soll zur Erfolgsanalyse dienen. Die Zweckmäßigkeit der beiden Erfolgsdefinitionen ist deshalb danach zu beurteilen, ob die Verlagerung von Teilen der fixen Kosten die Aussagefähigkeit der Betriebsergebnisrechnung beeinträchtigt.

Die Vertreter der Teilkostenrechnung sind der Ansicht, daß die Einbeziehung von Fixkostenanteilen in die zu bewertenden Lagerbestandsveränderungen zu Gewinnverlagerungen führt. Jedoch läßt sich keineswegs sagen, daß eine Gewinnverlagerung bei Anwendung der Vollkostenrechnung vorliegt. Hierzu müßte generell definiert sein, was unter Gewinn zu verstehen ist.

Welche der konkurrierenden Erfolgsdefinitionen zu wählen ist, hängt deshalb vom jeweiligen Zweck der Kostenrechnung ab. Für die Erfolgsanalyse und die dabei zu gewinnenden Unterlagen für dispositive Aufgaben kurzfristiger Art scheint die Definition des Betriebsergebnisses auf der Basis von Teilkosten sinnvoller zu sein.

4.4.1.2 Das Erfolgsniveau und seine Einflußfaktoren bei der Teil- und bei der Vollkostenrechnung

4.4.1.2.1 Der Einfluß von Änderungen der Produktions- und Absatzmenge auf den Periodenerfolg

4.4.1.2.1.1 Der Periodenerfolg bei übereinstimmender Produktions- und Absatzmenge

Ist die Absatzmenge identisch mit der Produktionsmenge ($x_A = x_p$), dann ergibt sich kein Unterschied zwischen der Erfolgshöhe auf der Grundlage der Dekkungsbeitragsrechnung und der Vollkostenrechnung. Dies folgt aus:

$$G_v = (p - k_v)\, x_A - K_F \cdot \frac{x_A}{x_p}$$

und

$$G_D = (p - k_v)\, x_A - K_F$$

für $x_A = x_p$.

Als stückbezogene Erfolgsziffer interessiert bei der Deckungsbeitragsrechnung allein die Deckungsspanne d, bei der Vollkostenrechnung der Stückgewinn g. Die Deckungsspanne d ist bei jeder Ausbringungsmenge konstant:

$$d = p - k_v.$$

Der Stückgewinn ist von der Höhe der erstellten Leistungsmengen abhängig, er enthält Fixkosten pro Erzeugniseinheit:

$$g = (p - k_v) - \frac{K_F}{x_p}$$

$$g = d - \frac{K_F}{x_p}$$

Dieser Zusammenhang sei an einem Zahlenbeispiel verdeutlicht. Es mögen folgende Daten gegeben sein:

$$\begin{aligned} p &= 13, \\ k_v &= 7, \\ d &= p - k_v = 6, \\ K_F &= 18\,000. \end{aligned}$$

Mit zunehmender Produktionsmenge steigt der Stückerfolg. Er ist für $x_p < 3000$ negativ und für $x_p > 3000$ positiv. Der Verlauf der Stückerfolgskurve ist in der folgenden Abbildung wiedergegeben:

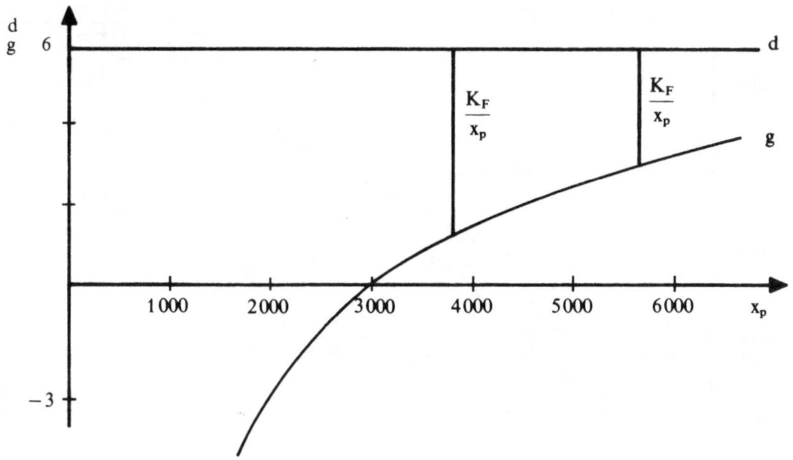

In dieser Abbildung stellt die Differenz zwischen der Deckungsspanne und dem Stückgewinn die fixen Kosten pro Erzeugniseinheit dar. Bei einer Absatzmenge von $x_A = 3000$ decken die Umsatzerlöse die gesamten Kosten. Es gilt daher:

$$G_v = G_D = (p - k_v)\, x_A - K_F = 0$$

Hieraus folgt:

$$x_A^{krit} = \frac{K_F}{p - k_v}$$

$$x_A^{krit} = \frac{18000}{6} = 3000$$

Der Punkt des Eintritts in die Gewinnzone wird als **Gewinnschwelle** oder Break-Even-Point bezeichnet. Bei diesem **Break-Even-Point** x_A^{krit} werden die fixen Kosten gerade durch den Deckungsbeitrag gedeckt. Für $x_A < x_A^{krit}$ entsteht ein Verlust, für $x_A > x_A^{krit}$ ein Gewinn.

Die Entwicklung des Erfolges kann bei der Änderung der Absatz- und Produktionsmengen mit Hilfe des sog. **Gewinnschwellendiagramms** dargestellt werden. Ausgehend vom obigen Beispiel ergeben sich folgende Verläufe der Erlös-, Kosten-, Gewinn- und Deckungsbeitragskurven:

$$
\begin{aligned}
E &= 13x \\
K &= 18000 + 7x \\
K_v &= 7x \\
D &= (p - k_v)\,x = 6x \\
G &= D - K_F = 6x - 18000
\end{aligned}
$$

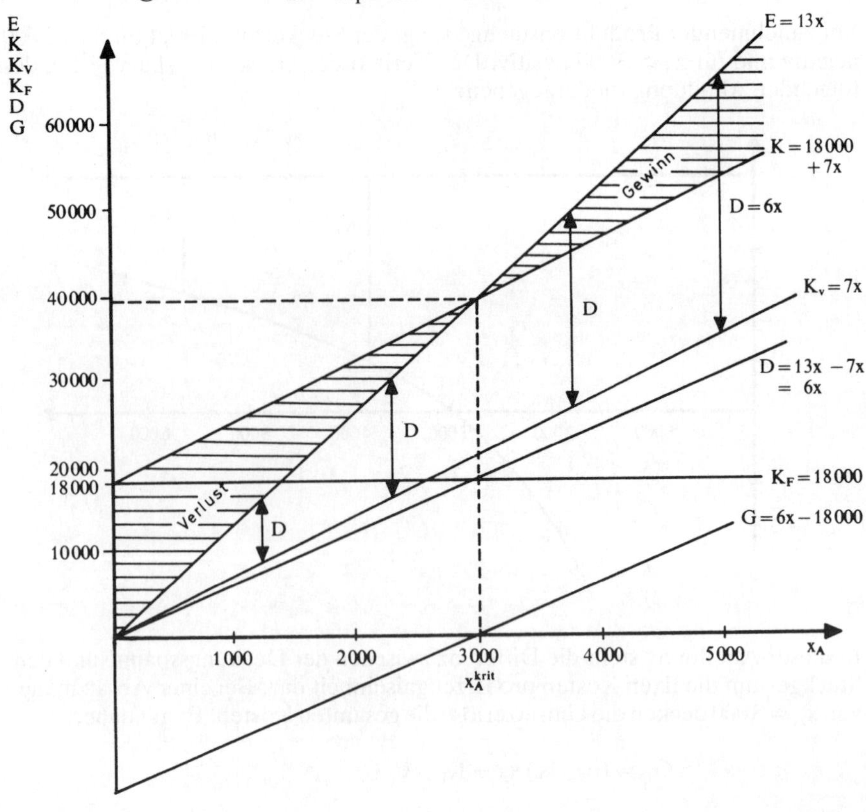

Durch die Einfachheit der Darstellung wird bei der Deckungsbeitragsrechnung die Erfolgsveränderung unmittelbar verdeutlicht, denn die Deckungsspanne gibt den Betrag an, um den sich der Erfolg bei Änderung der Absatzmenge um eine Einheit ändert.

4.4.1.2.1.2 Der Periodenerfolg bei konstanter Produktionsmenge und variierender Absatzmenge

Es sei die Produktionsmenge größer als die Absatzmenge. Ferner sei unterstellt, daß keine fixen Kosten des Absatzbereiches anfallen und daß – um eine Einperiodenbetrachtung zu ermöglichen – zu Beginn der Periode keine Lagerbestände vorliegen. Die **Gewinnentwicklung bei Anwendung der Deckungsbeitragsrechnung** ist nur von der abgesetzten Menge abhängig:

$$G_D = p \cdot x_A - k_v \cdot x_A - K_F$$

$$G_D = d \cdot x_A - K_F$$

Eine Erhöhung der Absatzmenge um eine Einheit führt zur Gewinnerhöhung um die Deckungsspanne d. Ist hingegen x_A konstant und steigt oder sinkt x_p, dann bleibt der Gewinn bei der Deckungsbeitragsrechnung unverändert, denn in die Gewinngleichung geht die folgende Kostenfunktion ein:

$$K_D = k_v \cdot x_A + K_F$$

Für die Untersuchung der **Gewinnentwicklung bei Anwendung der Vollkostenrechnung** ist von folgendem Kostenverlauf auszugehen:

$$K^V = k_v \cdot x_A + \frac{K_F}{x_p} \cdot x_A = \left(k_v + \frac{K_F}{x_p} \right) x_A.$$

K^V stellt den auf die Absatzmengen verrechneten Gesamtkostenbetrag dar. Dieser Gesamtkostenbetrag folgt aus der Gewinndefinition.

Bei vorgegebener Produktionsmenge (x_p = const.) und variabler Absatzmenge erfolgt eine Proportionalisierung der fixen Kosten. Bei jeder Änderung der Absatzmenge um eine Einheit wird ein konstanter Betrag an fixen Kosten verrech-

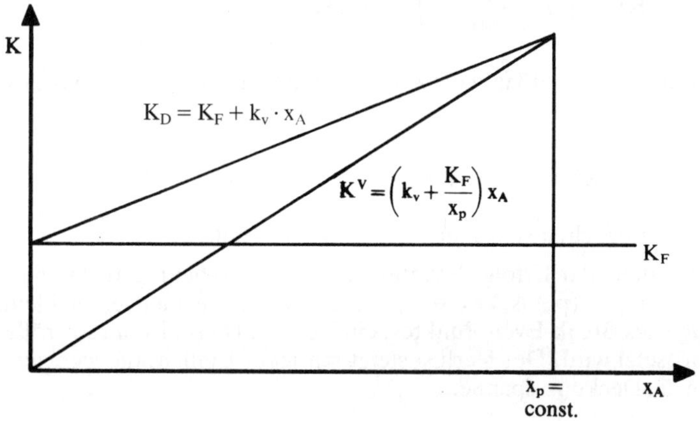

net. Die **Kurve der verrechneten Gesamtkosten** hat den in der folgenden Abbildung dargestellten Verlauf:

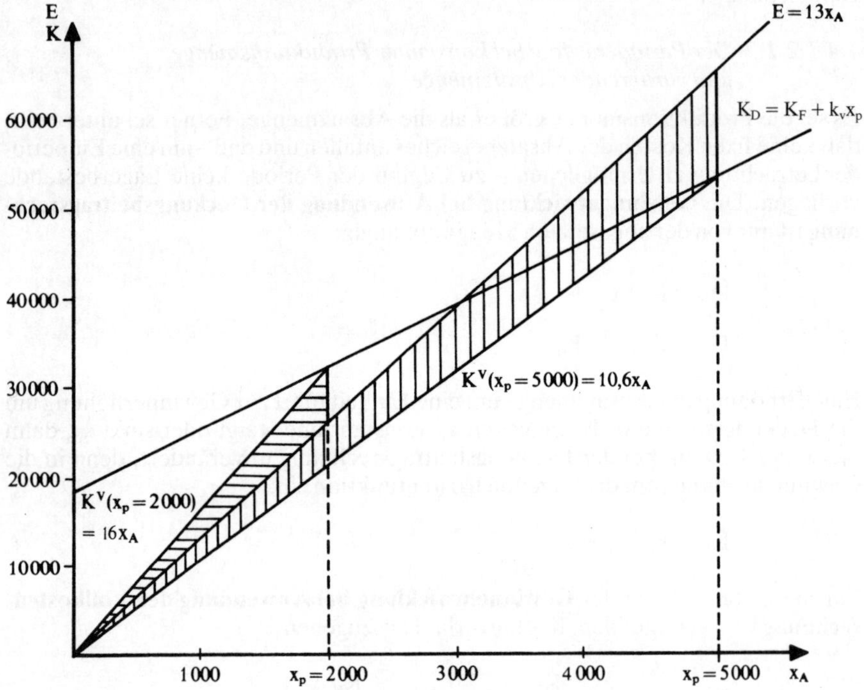

Bei der Produktionsmenge $x_p = 3000$, variablen Stückkosten von $k_v = 7$ und gesamten Fixkosten von $K_F = 18000$ ergibt sich als verrechnete Gesamtkostenkurve:

$$K^V = \left(7 + \frac{18000}{3000} \right) x_A = 13x_A$$

Beim Absatzpreis $p = 13$ fällt die Kostenkurve K^V mit der Erlöskurve zusammen. Der Gewinn

$$E - K^V = 13x_A - 13x_A$$

ist bei jeder möglichen Absatzmenge stets gleich Null.

Bei Anwendung der Erfolgsdefinition der Deckungsbeitragsrechnung hingegen entsteht, da $G_D = (p - k_v)\, x_A - K_F$ ist, für jede Absatzmenge, die kleiner ist als die Menge des Break-Even-Punktes, ein Verlust. Dieser ist um so größer, je weniger abgesetzt wird. Der Verlust steigt mit jeder Einheit, die weniger verkauft wird, um die Deckungsspanne.

Fällt die Produktionsmenge nicht zufällig mit der Menge des Break-Even-Punktes zusammen, dann ergeben sich z.B. folgende verrechnete Kostenkurven:

$$K^V (x_p = 2000) = \left(7 + \frac{18000}{2000} \right) x_A = 16x_A$$

$$K^V (x_p = 5000) = \left(7 + \frac{18000}{5000} \right) x_A = 10{,}6x_A$$

Die Höhe des Betriebsergebnisses für die Produktionsmengen $x_p = 2000$ und $x_p = 5000$ läßt sich nun für die alternativen Absatzmengen aus der vorhergehenden Abbildung ablesen.

Bei einer Produktionsmenge von $x_p = 2000$ ist die Kurve der verrechneten Gesamtkosten $K^V = 16x_A$ steiler als die Erlösgerade $E = 13x_A$. Pro abgesetzte Einheit entsteht ein Verlust von 3 Geldeinheiten. Der Gesamtverlust steigt bis zur Absatzmenge $x_A = x_p = 2000$ auf 6000 Geldeinheiten.

Bei einer Produktionsmenge von $x_p = 5000$ lautet die Kurve der verrechneten Gesamtkosten $K^V = 10{,}6x_A$. Pro zusätzlich abgesetzter Einheit steigt der Gewinn um 2,4 Geldeinheiten. Der auf dem Betriebsergebniskonto bei Anwendung der Vollkostenrechnung ausgewiesene Gewinn ist somit:

$$G_V (x_p = 5000) = E - K^V (x_p = 5000)$$

$$G_V (x_p = 5000) = p \cdot x_A - \left(k_v + \frac{K_F}{x_p} \right) x_A$$

$$G_V (x_p = 5000) = 13x_A - \left(7 + \frac{18000}{5000} \right) x_A$$

$$G_V (x_p = 5000) = 2{,}4x_A$$

Da die Kurve der verrechneten Kosten eine Gerade durch den Ursprung darstellt, verläuft die Gewinnfunktion linear. Es gibt **bei Anwendung der Vollkostenrechnung keine Gewinnschwelle**. Bei jeder Absatzmenge ist bei vorgegebener Produktionsmenge der Gewinn bzw. Verlust pro Einheit konstant.

Die Höhe des Gewinns bei Anwendung der Vollkostenrechnung ist abhängig von den Lagerbestandsänderungen. Ist die Produktionsmenge kleiner als der in der Deckungsbeitragsrechnung ermittelte Break-Even-Point, dann führt eine Erhöhung des Lagerbestandes zu einer linearen Abnahme des Verlustes. Ist die Produktionsmenge größer als diese kritische Menge, dann sinkt der Gewinn mit abnehmender Absatzmenge.

Verwendet man hingegen die **Deckungsbeitragsrechnung,** so ist der Gewinn allein von der Absatzmenge abhängig. Es entsteht bis zum Break-Even-Point x_A^{krit} ein Verlust. Dieser Verlust nimmt bis zur Absatzmenge x_A^{krit} mit jeder zusätzlich abgesetzten Einheit um die Deckungsspanne $d = 6$ ab. Bei einer Absatzmenge $x_A > x_A^{krit}$ tritt ein Gewinn ein. Dieser erhöht sich mit jeder zusätzlich abgesetzten Einheit um die Deckungsspanne.

4.4.1.2.1.3 Der Periodenerfolg bei konstanter Absatzmenge und variierender Produktionsmenge

Für den zu untersuchenden Fall, daß die Absatzmenge konstant ist und nur die Produktionsmenge variiert wird, sei – um das Problem der Bewertung von auf Lager befindlichen Produkten auszuschließen – auch hier unterstellt, daß der Lagerbestand zu Beginn der Periode Null ist. Ebenso sei davon ausgegangen, daß die fixen Kosten sich nur auf den Produktionsbereich beziehen.

Bei Anwendung der Deckungsbeitragsrechnung ist der Gewinn unabhängig von der produzierten Menge:

$$G_D = \left[(p - k_v) - \frac{K_F}{x_A} \right] x_A.$$

Ermittelt man jedoch den Gewinn auf Vollkostenbasis, so ist seine Höhe bei konstanter Absatzmenge abhängig von der Lagerbestandszunahme.

Aus der verkürzten Gewinnfunktion

$$G_V = \left[(p - k_v) - \frac{K_F}{x_p} \right] x_A$$

bzw. aus der ausführlichen Formulierung

$$G_V = px_A + k_v (x_p - x_A) + \frac{K_F}{x_p} (x_p - x_A) - K_F - k_v x_p$$

ist erkennbar, daß ein zusätzlicher Gewinnausweis dadurch entsteht, daß bei der Lagerbestandszunahme anteilige Fixkosten aktiviert werden.

Je mehr bei gegebener Absatzmenge produziert wird, desto größer ist der ausgewiesene Gewinn. Durch eine sehr große Produktionsmenge lassen sich im Grenzfall alle fixen Kosten den Lagerbestandszunahmen zurechnen. Die Höhe der verrechneten Gesamtkosten der Periode $K^V = k_v x_A + \frac{K_F}{x_p} x_A$ nähert sich dann, da die Fixkosten mit dem Quotienten aus abgesetzter und produzierter Menge multipliziert werden, den gesamten variablen Kosten der abgesetzten Mengeneinheiten.

Die Gewinnhöhe in Abhängigkeit von der steigenden Produktionsmenge sei – ausgehend vom obigen Beispiel für $x_A = 2000$ – in der folgenden Abbildung verdeutlicht.

Bei Anwendung der Deckungsbeitragsrechnung ergibt sich bei der Absatzmenge $x_A = 2000$ ein Verlust von 6000 Geldeinheiten. Bei Anwendung der Vollkostenrechnung steigt der Gewinn G_V mit jeder zusätzlich auf Lager genommenen Einheit. Die Gewinnfunktion ist nichtlinear, die Gewinnhöhe nähert sich asymptotisch dem Deckungsbeitrag.

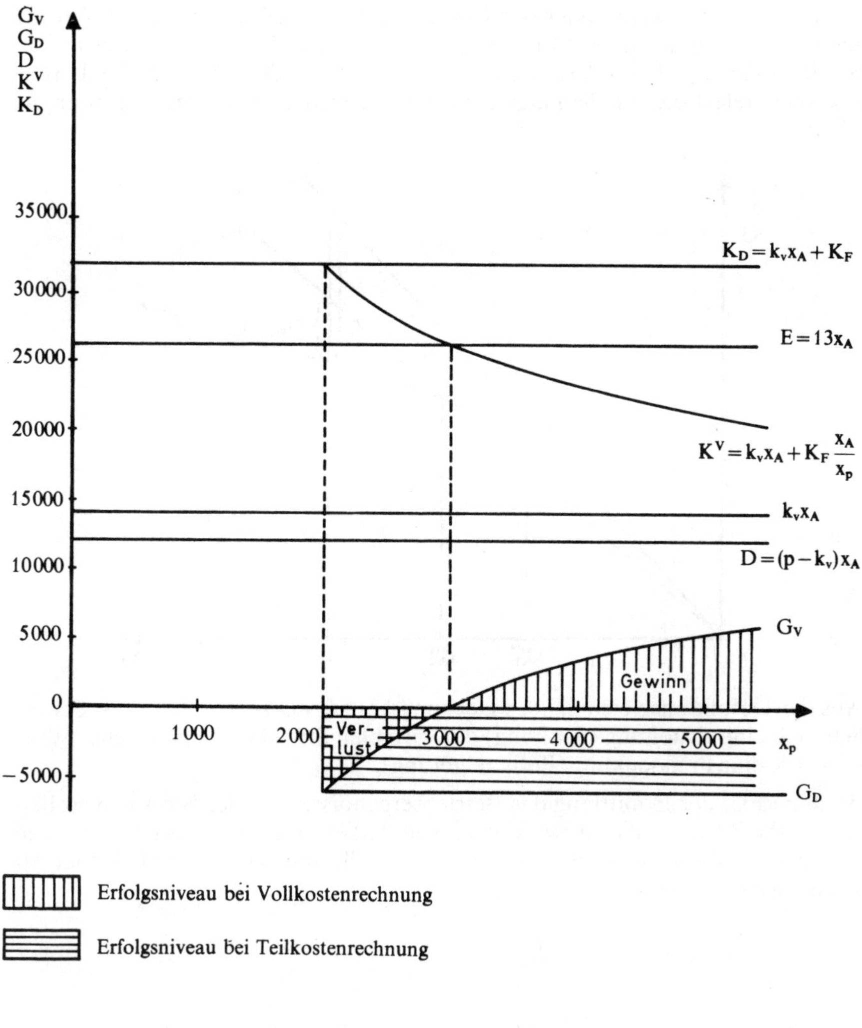

4.4.1.2.2 Der Einfluß von Änderungen des Absatzpreises und der variablen Kosten auf den Periodenerfolg

Eine Preisänderung führt zu einem anderen Verlauf der Erlösgeraden. Bei einer Preissenkung wird der Anstieg der Erlösgeraden flacher. Um die Gesamtkosten zu decken, ist eine höhere Absatzmenge erforderlich, die Break-Even-Menge steigt. Entsprechend sinkt sie, wenn der Absatzpreis steigt. Die sich nach einer Preisänderung ergebende Break-Even-Menge läßt sich aus der Gleichung

$$x_A^{krit} = \frac{K_F}{p - k_v}$$

ermitteln.

Mit Hilfe einer Graphik oder der Erfolgsdefinition der Deckungsbeitragsrechnung lassen sich die Auswirkungen der Änderungen des Absatzpreises auf die Gewinnhöhe (G_{D1} beim Preis p_1, G_{D2} beim Preis p_2) erkennen. Die Teilkostenrechnung liefert die für Planungsrechnungen erforderlichen Unterlagen unmittelbar.

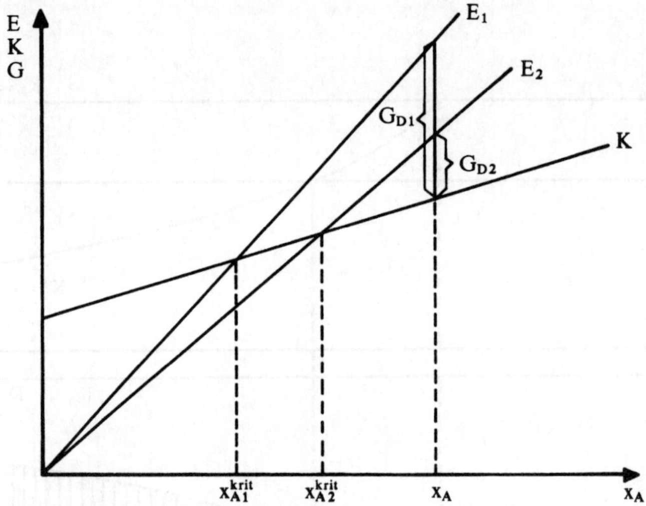

Aus der Definitionsgleichung des Deckungsbeitrags $D = (p - k_v)\,x_A$ ist ersichtlich, daß eine Erhöhung (Senkung) der variablen Stückkosten in gleicher Weise wirkt wie eine Preissenkung (Preissteigerung).

Auch im Fall der Ermittlung des Betriebsergebnisses auf der Basis von Vollkosten ist die Analyse der Auswirkungen von Änderungen des Absatzpreises und/oder der variablen Kosten auf die Gewinnschwelle und den Gewinn bei jeder Absatzmenge sehr einfach. Aus

$$G_V = (p - k_v)\,x_A - K_F\,\frac{x_A}{x_p}$$

folgt, daß eine Änderung des Absatzpreises und/oder der variablen Kosten sich nur auf den Deckungsbeitrag auswirkt.

4.4.1.2.3 Der Einfluß von Änderungen der fixen Kosten auf den Periodenerfolg

Aus der Gewinngleichung bei Anwendung der Teilkostenrechnung $G_D = (p - k_v)\,x_A - K_F$ erkennt man die Wirkung von Änderungen der fixen Kosten. Eine Erhöhung (Senkung) der fixen Kosten erfordert bei gleicher Deckungsspanne eine höhere (geringere) Break-Even-Menge, um die Fixkosten abzudecken.

Bei Anwendung der Vollkostenrechnung ist eine neue Aufschlüsselung der fixen Kosten auf die erstellten Leistungseinheiten erforderlich, um den Einfluß auf den Verlauf der Gewinnkurve zu erkennen.

4.4.2 Die Erfolgsanalyse in der Mehrproduktunternehmung

Stellt eine Unternehmung mehrere Produktarten her, so ist, um feststellen zu können, welche Produktart in welcher Höhe zum Betriebserfolg beigetragen hat, die Erfolgsermittlung kostenträgerorientiert durchzuführen.

Da bei Verwendung der Vollkostenrechnung den Lagerbestandsveränderungen anteilige Fixkosten zugerechnet werden, führt die Erfolgsermittlung auf der Basis von Vollkosten zu einem anderen Betriebsergebnis als diejenige auf der Basis von Teilkosten. Das jeweilige Betriebsergebnis sei im folgenden an einem Zahlenbeispiel ermittelt und auf seine Aussagefähigkeit für unternehmerische Entscheidungen untersucht.

Es seien folgende Daten gegeben:

Produktart	1	2	3	4
Absatzpreis pro Stück	14	18	25	38
volle Selbstkosten pro Stück	16	15	19	34
Produktionsmenge	25	40	30	30
Absatzmenge	25	20	10	30
Lagerzugang	—	20	20	—

Nach dem **Umsatzkostenverfahren auf Vollkostenbasis** sind den Umsatzerlösen die gesamten Kosten der abgesetzten Leistungseinheiten gegenüberzustellen. Es ergibt sich dann – in tabellarischer Form – das folgende Betriebsergebnis auf Vollkostenbasis:

Betriebsergebnis (VKR, UKV)

Produktart	1	2	3	4
Umsatzerlöse	350	360	250	1 140
./. volle Selbstkosten d. abgesetzten Leistungseinh.	400	300	190	1 020
Erfolg pro Produktart	−50	+60	+60	+120
Betriebsergebnis	190			

Produktart 1 erbringt einen Verlust von 50 Geldeinheiten. Der Stückverlust beträgt 2 Geldeinheiten. Nach diesem Ergebnis der Vollkostenrechnung müßte Produktart 1 aus dem Absatzprogramm eliminiert werden. Jedoch ist zu bedenken, daß die Fixkosten unabhängig von der Produktionsmenge anfallen, also auch anfallen, wenn die Produktart 1 nicht mehr produziert wird.

Um die Betriebsergebnisrechnung auf Teilkostenbasis durchführen zu können, sind die Selbstkosten pro Stück der einzelnen Produktarten in fixe und variable Kostenbestandteile in bezug auf die Beschäftigung aufzulösen. Es sei von folgender Aufspaltung ausgegangen:

Produktart	1	2	3	4
volle Selbstkosten fixe Selbstkosten Grenz-Selbstkosten	16 12 4	15 4 11	19 9 10	34 14 20
volle Herstellkosten fixe Herstellkosten Grenz-Herstellkosten	13,5 10 3,5	11 3 8	14 7 7	26 10 16
volle Vertriebskosten fixe Vertriebskosten Grenz-Vertriebskosten	2,5 2 0,5	4 1 3	5 2 3	8 4 4

Die **Grundgleichung** zur Ermittlung des Betriebsergebnisses nach der Deckungsbeitragsrechnung lautet im Falle mehrerer Produkte:

$$G_D = \sum_{i=1}^{n} (p_i - k_{vi})\, x_{Ai} - K_F$$

Die fixen Kosten werden nicht den einzelnen Produktarten zugeordnet. Für die einzelnen Produktarten werden nur Deckungsbeiträge ermittelt. Das Betriebsergebnis wird für den Gesamtbetrieb bestimmt.

Betriebsergebnis (TKR, UKV)

Produktart	1	2	3	4
Umsatzerlöse ⁒ variable Kosten der abgesetzten Mengen	350 100	360 220	250 100	1 140 600
Deckungsbeitrag pro Produktart	250	140	150	540
Gesamtdeckungsbeitrag ./. fixe Produktionskosten der Periode ./. fixe Vertriebskosten der Periode	1080 880 210			
Betriebsergebnis	./. 10			

Die Produktart 1 erzielt einen Deckungsbeitrag von 250 Geldeinheiten. Würde man diese Produktart auf Grund des negativen Stückgewinns aus dem Sortiment nehmen, so würde sich das Betriebsergebnis um diese 250 Geldeinheiten verringern. Dieses Ergebnis zeigt, daß nur die Teilkostenrechnung relevante Unterlagen für dispositive Zwecke liefert.

Ein Vergleich der Erfolgshöhe bei Vollkosten- und bei Teilkostenrechnung zeigt das schon bei der Einproduktunternehmung abgeleitete Ergebnis. Wenn Lagerbestandszunahmen auftreten, dann führt die Betriebsergebnisrechnung auf Vollkostenbasis, da von den Fixkosten nur die in den abgesetzten Mengen verrechneten Fixkosten den Periodenerfolg mindern, zu einem höheren Periodenerfolg als die Betriebsergebnisrechnung auf Teilkostenbasis, bei der die gesamten fixen Periodenkosten den Erfolg schmälern.

4.4.3 Die Erfolgsanalyse bei differenzierter Fixkostenzurechnung

Bei der bisherigen einstufigen Deckungsbeitragsrechnung wird der Summe aller Deckungsbeiträge der gesamte Fixkostenblock gegenübergestellt. Um jedoch zu einer **differenzierten Erfolgsanalyse** zu gelangen, ist der Fixkostenblock aufzuspalten. Der Gesamtblock der fixen Kosten läßt sich so in Teilblöcke zerlegen, daß diese bestimmten Bezugsgrößen (z.B. einer Produktart, einer Produktgruppe, einem bestimmten Betriebsbereich) zugeordnet werden.

Die Aufspaltung der Fixkosten in Teilbereiche gestattet eine Verfeinerung der Erfolgsanalyse. Da die Fixkosten bei der Bezugsgröße verrechnet werden, bei der sie erfaßt werden können, muß eine **Hierarchie von Bezugsgrößen** gebildet werden. Man wählt z.B. folgende Unterteilung:

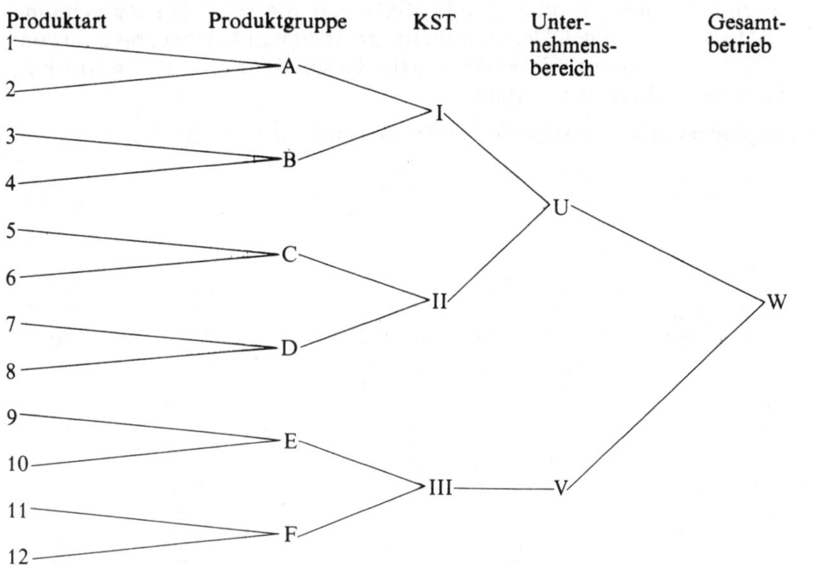

Für diese Hierarchie seien einige Beispiele aufgeführt:

Bezugsgröße	*Beispiele für Kostenarten, die dieser Bezugsgröße zuzuordnen sind*
Produktart	Abschreibung für eine Produktionsanlage, die für diese Produktart gebraucht wird
Produktgruppe	Forschungs- und Entwicklungskosten für diese Produktgruppe
Kostenstelle	Gehalt eines KST-Leiters
Unternehmensbereich	Kapitalkosten
Gesamtbetrieb	Gehalt des Nachtwächters

Bei der **mehrstufigen Deckungsbeitragsrechnung** – auch stufenweise Fixkostendeckungsrechnung genannt – werden von den Erlösen der jeweiligen Produktart zunächst die variablen Kosten subtrahiert. Von dem sich ergebenden Deckungsbeitrag I werden dann die der jeweiligen Produktart zugeordneten Fixkosten subtrahiert. Die sich ergebenden Deckungsbeiträge (DeckungsbeitragII) werden zu Deckungsbeiträgen zusammengehöriger Produktarten zusammengefaßt, und dann werden hiervon die Produktgruppenfixkosten abgesetzt. Die Zurechnung der Fixkosten zum jeweiligen Deckungsbeitrag erfolgt nun so lange, bis man vom Deckungsbeitrag V nur noch die Fixkosten des Gesamtbetriebes abzusetzen hat, um das Betriebsergebnis zu bekommen.

Diese Vorgehensweise sei an dem folgenden Beispiel verdeutlicht:

	Produktarten 1	2	3	4	5	6	7	8
Umsatzerlöse	100	210	160	360	420	260	310	190
./. variable Kosten der abgesetzten Menge	80	140	110	230	310	205	130	80
DB I	20	70	50	130	110	55	180	110
./. Produktarten-fixkosten		30	10	40	20		70	40
DB II	20	40	40	90	90	55	110	70
./. Produktgruppen-fixkosten	50		25			65		
DB III	10		105		90	100		70
./. KST-Fixkosten		35			20		55	
DB IV		80			70		115	
./. Bereichsfixkosten		20				35		
DB V		60				150		
./. Fixkosten des Gesamtbetriebes				130				
Betriebsergebnis				80				

Die Produktart 1 trägt in diesem Beispiel noch 20 Geldeinheiten zur Deckung der Produktgruppenfixkosten von 50 Geldeinheiten (Produktarten 1 und 2) bei. Sie ist jedoch nur bedingt geeignet, zur Deckung der Fixkosten der anderen Produktarten oder der allg. Fixkosten des Gesamtbetriebes beizutragen.

Die **stufenweise Fixkostendeckungsrechnung** zeigt die Erfolgsträchtigkeit bestimmter Produktarten innerhalb des Sortiments differenzierter auf. Als **Unterlage für unternehmerische Entscheidungen** eignet sie sich besonders bei dem Wahlproblem der Aufnahme neuer Produkte und bei der Frage, ob ein Produkt, das nach der einstufigen Deckungsbeitragsrechnung einen positiven Deckungsbeitrag erbringt, nicht langfristig aus dem Sortiment genommen werden soll, weil es seine speziellen Fixkosten nicht deckt.

4.4.4 Deckungsbeitragsrechnung mit relativen Einzelkosten

Nach Riebel sind Leistungen nicht als Ursache der Kosten interpretierbar, sondern der Güterverbrauch und die Leistungen sind Wirkungen des Einsatzes aller Produktionsfaktoren. Die Entscheidung über die Kombination von Einsatzgütern führt zu einem bewerteten Güterverbrauch – den Kosten – und zur Leistungsentstehung. Unternehmerische Entscheidungen sind nach Riebel die Ursachen der Kosten und der Leistungen sowie des Erfolges der Unternehmung.

Nun vertritt Riebel die Ansicht, daß Kosten bestimmten Leistungen nur dann zugerechnet werden können, wenn sie durch dieselbe, **identische Entscheidung** ausgelöst werden. Aus diesem Identitätsprinzip läßt sich die Erfassung und der Ausweis der Kosten ableiten. Da auf die Erfaßbarkeit der Kosten abgestellt wird, werden den Erlösen nicht variable Kosten gegenübergestellt, sondern Kostenträgereinzelkosten. Die gesamten Kostenträgergemeinkosten werden differenziert den einzelnen Bezugsgrößen zugeordnet. Sie werden dort verrechnet, wo sie als Einzelkosten in bezug auf die betreffende Bezugsgröße erfaßt werden können.

Die Kostenarten werden in der Hierarchie der betrieblichen Bezugsgrößen an der Stelle ausgewiesen, an der sie gerade noch als Einzelkosten erfaßt werden können. Die an irgendeiner Stelle der Bezugsgrößenhierarchie ausgegliederten Kosten sind dann für die übergeordnete Bezugsgröße Einzelkosten, für die untergeordnete Bezugsgröße Gemeinkosten. Es erfolgt somit eine **Relativierung von Einzel- und Gemeinkosten**. Diese Differenzierung der Gesamtkosten durch Aufstellung einer betrieblichen Bezugsgrößenhierarchie ist der Grundgedanke der auf Paul Riebel zurückgehenden **Kostenrechnung mit Einzelkosten und relativen Deckungsbeiträgen**.

Da die Vollkostenrechnung und die anderen Systeme der Teilkostenrechnung durch die Schlüsselung die Kostenstruktur verschleiern und somit Fehlentscheidungen möglich sind, wird für die relative Einzelkostenrechnung gefordert, daß auf die Schlüsselung echter Gemeinkosten und die Proportionalisierung von Fixkosten verzichtet wird. Auch die variablen Gemeinkosten werden im Gegensatz zur Teilkostenrechnung auf der Basis von variablen Kosten nicht verteilt. Lediglich bei unechten Gemeinkosten kann eine Schlüsselung auf Bezugsgrößen erfolgen, wobei jedoch diese unechten Gemeinkosten gesondert ausgewiesen werden.

Sämtliche Kosten einer Abrechnungsperiode werden nach zweckabhängigen Merkmalen gegliedert und in einer **Grundrechnung** (im Sinne einer kombinierten

Kostenkategorien						Zurechnungsobjekte / Kostenarten	I Kostenstellen: Hilfsstelle	II Kostenstellen: Fertigungsstellen 1	III Kostenstellen: Fertigungsstellen 2	IV Kostenstellen: Verpackstelle	V Kostenstellen: Vertriebsstelle	VI Kostenträger: Produktarten P_1	VII Kostenträger: Produktarten P_2	Σ
1	Ausgabennahe Kosten	Perioden – Einzelkosten	Leistungskosten [= kurzfristig variable Kosten]	Absatzabhängige Kosten	Umsatz-(Wert-) abhängige Kosten	Verkaufsprovision								
2						Umsatzlizenz								
3						Umsatzsteuer								
4						Zölle								
5					von sonstigen Absatzfaktoren abhängige Kosten	Ausgangsfrachten								
6						Verpackungskosten								
7						Auftragsabwicklungskosten								
8				Erzeugungsabhängige Kosten	von der Zahl der Lose abhängige Kosten	Materialverluste								
9						Umrüstkosten								
10					von der Größe der Lose abhängige Kosten	Rohstoffe								
11						Energie								
12						Lizenzen								
13			Bereitschaftskosten [= kurzfristig nicht variable Kosten]	Monats-Einzelkosten		Fertigungslöhne								
14						Büromaterial								
15				Quartals-Einzelkosten		Miete								
16						Gehälter								
17				Jahres-Einzelkosten		Miete								
18						Vermögensteuer								
19		Perioden – Gemeinkosten		Jahres-Gemeinkosten		Werbekosten								
20	Ausgabenferne K.					Abschreibungen								
21						Rückstellungen								
Σ														

Der Aufbau der Grundrechnung im System der relativen Einzelkostenrechnung

Kostenarten-, Kostenstellen-, Kostenträgerrechnung) erfaßt und ausgewiesen. Eine solche Grundrechnung enthält alle in einer Periode angefallenen bzw. geplanten Kosten. Sie ist in diesem Sinne eine Vollkostenrechnung. Die einzelnen Kostenarten werden jeweils bei denjenigen Kostenstellen, Kostenträgern oder sonstigen Bezugsgrößen ausgewiesen, bei denen sie direkt erfaßt werden können. Insofern handelt es sich um eine Zusammenstellung von Teilkostenrechnungen.

In der Grundrechnung lassen sich die Gesamtkosten gliedern. Einmal wird eine Aufteilung nach Zurechnungsobjekten bzw. Bezugsgrößen (Kostenträger, Kostenstellen, Bereiche etc.) vorgenommen. Zur Erfassung der Kosten muß man eine **Bezugsgrößenhierarchie** aufstellen, denn es gilt ja das Prinzip, die Kosten als Einzelkosten auf möglichst niedriger Ebene zu erfassen. Durch diese hierarchische Anordnung der Bezugsgrößen lassen sich Überschneidungsprobleme vermeiden. Zum anderen werden die Kosten nach relevanten Merkmalen in Kostenarten und Kostenkategorien unterteilt. Die Abbildung auf S. 158 zeigt in Anlehnung an Riebel ein Beispiel für die Gliederung der Kostenarten in Kostenkategorien.

In der Übersicht stellt der Ausgabencharakter der Kosten das erste Einteilungskriterium dar. Anschließend wird unterteilt nach der Zurechenbarkeit auf die Periode und dem Verhalten gegenüber Haupteinflußgrößen.

Die Grundrechnung sammelt möglichst zweckneutral die Kosten, um sie als Grundlage für die spezifischen Auswertungsrechnungen und Entscheidungsprobleme heranziehen zu können. Der Kostensammelbogen auf S. 160 gibt ein vereinfachtes Beispiel für eine Grundrechnung wieder.

Diese Grundrechnung läßt sich für Planungs- und Kontrollprobleme auswerten. Die Kontrollrechnung (Betriebskontrolle) umfaßt dabei nur die beeinflußbaren, d.h. diejenigen Einzelkosten, die von der Entscheidung der jeweiligen Kostenstelle abhängen. Da auf eine Schlüsselung, d.h. Verteilung echter Gemeinkosten, verzichtet wird und eine Zurechnung der Kosten auf die sie verursachenden Bezugsgrößen abgestellt ist, werden nur Kostenstelleneinzelkosten in die Planungsüberlegungen und die Kontrolle der Kostenstelle einbezogen.

Bei der Betriebsergebnisrechnung erfolgt die Erfolgsanalyse durch die Ermittlung verschiedener Deckungsbeiträge. Dabei ähnelt der formale Aufbau dem der stufenweisen Fixkostendeckungsrechnung. So kann entsprechend der Grundrechnung die Produktart, die Produktgruppe, die Kostenstelle, der Bereich und auch die Gesamtunternehmung als Bezugsgröße angesehen werden. Die Übersicht auf S. 161 zeigt entsprechend dem Kostensammelbogen eine mehrfach gestufte Ergebnisrechnung mit Deckungsbeiträgen über die relativen Einzelkosten.

	Unternehmung als Ganzes	Bereich 1		Bereich 2	Kostenträger									
		Fertigungshilfsstelle	Fertigungsstelle 1	Fertigungsstelle 2	Produkt 1	Produkt 2	Produktgruppe A	Produkt 3	Produkt 4	Produktgruppe B	Produkt 5	Produkt 6	Produktgruppe C	Summe
I Leistungskosten														
a) umsatzabhängige Kosten					2000	1000		3000	2500		1600	1500		11600
b) erzeugnisabhängige Kosten		5000	9000	11000	20000	40000	30000	20000	15000	10000	20000	14700	20000	214700
Summe Leistungskosten		5000	9000	11000	22000	41000	30000	23000	17500	10000	21600	16200	20000	226300
II Bereitschaftskosten														
a) mit kurzfristigen Ausgaben verbunden (z.B. Löhne)	38000	2000	4000	5000	2000	4000	10800	1000	2000	6400	3000	2000	8500	88700
Zwischensumme	38000	7000	13000	16000	24000	45000	40800	24000	19500	16400	24600	18200	28500	315000
b) nicht mit kurzfristigen Ausgaben verbunden (z.B. Abschreibungen)	26000		2000	1000										29000
Summe der Einzelkosten	64000	7000	15000	17000	24000	45000	40800	24000	19500	16400	24600	18200	28500	344000

Kostensammelbogen

Bereiche	1				2	
Produktgruppen	A		B		C	
Produkte	1	2	3	4	5	6
Bruttoerlöse	100000	80000	80000	60000	70000	55000
⁒ absatzabhängige variable Produkteinzelkosten	2000	1000	3000	2500	1600	1500
Nettoerlöse	98000	79000	77000	57500	68400	53500
⁒ erzeugnisabhängige variable Produkteinzelkosten	20000	40000	20000	15000	20000	14700
Deckungsbeitrag I (über die variablen Produkteinzelkosten)	78000	39000	57000	42500	48400	38800
⁒ fixe Produktarten-einzelkosten	2000	4000	1000	2000	3000	2000
Deckungsbeitrag II	76000	35000	56000	40500	45400	36800
	111000		96500		82200	
⁒ variable Produkt-gruppeneinzelkosten	30000		10000		20000	
Produktgruppendeckungs-beitrag I (über die variablen Produkt-gruppeneinzelkosten)	81000		86500		62200	
⁒ fixe Produkt-gruppeneinzelkosten	10800		6400		8500	
Produktgruppendeckungs-beitrag II	70200		80100		53700	
	150300					
⁒ variable Bereichseinzelkosten	14000				11000	
Bereichsdeckungsbeitrag I	136300				42700	
⁒ fixe Bereichseinzelkosten	8000				6000	
Bereichsdeckungsbeitrag II	128300				36700	
	165000					
⁒ fixe Unternehmens-einzelkosten	64000					
Nettoerfolg (= Betriebsergebnis)	101000					

Mehrfach gestufte Ergebnisrechnung mit Deckungsbeiträgen über die relativen Einzelkosten

Aus dem Beispiel wird ersichtlich, in welchem Umfang die Bereitschaftskosten und der Erfolg durch verschiedene Erzeugnisse, Erzeugnisgruppen und Unternehmensbereiche zu erwirtschaften sind.

Nun sind die variablen Einzelkosten im Riebel'schen System enger gefaßt als in einer Teilkostenrechnung auf der Basis von variablen Kosten, da einerseits als Maß der Beschäftigung lediglich Art, Menge und Wert der Produkte verwendet wird und zum anderen die Lohnkosten und alle Abschreibungen in der relativen Einzelkosten- und Deckungsbeitragsrechnung nicht als kurzfristig variabel gelten und auch nicht über Schlüsselungen auf einzelne Kostenträger zugerechnet werden. Bei einer Teilkostenrechnung auf der Basis von variablen Kosten hingegen bilden die Fertigungslöhne einen wesentlichen Bestandteil der variablen Kosten. Dies gilt aber auch für Hilfslöhne und lohnabhängige Sozialkosten. Sofern Gebrauchsverschleiß die überwiegende Abschreibungsursache darstellt, werden auch Abschreibungen als variable Kosten angesehen. Dies bedeutet, daß die Deckungsbeiträge auf der Basis variabler Kosten geringer sind als Deckungsbeiträge über kurzfristig variable Einzelkosten.

Nun läßt sich eine Betriebsergebnisrechnung unter verschiedenen Zwecksetzungen analysieren. Stehen z.B. Liquiditätsbetrachtungen im Vordergrund, so lassen sich Deckungsbeiträge über die ausgabennahen Einzelkosten entsprechend dem folgenden Schema ermitteln:

Nettoerlös der Produkte
·/· ausgabennahe Produkteinzelkosten
·/· ausgabennahe Bereichseinzelkosten
·/· ausgabennahe Unternehmenskosten
·/· ausgabenferne Unternehmenskosten

Nettoergebnis

Aus einer solchen Analyse läßt sich erkennen, in welchem Umfang die einzelnen Erzeugnisse, Erzeugnisgruppen, Bereiche etc. zur Deckung der jeweiligen ausgabennahen und ausgabenfernen Kosten beitragen.

Literaturübersicht zum Kapitel 4.4
Erfolgsermittlung und Erfolgsanalyse

Agthe, Klaus, Stufenweise Fixkostendeckung im System des Direct Costing, in: ZfB, 29. Jg., 1959, S. 404-418.

Coenenberg, Adolf Gerhard, Kostenrechnung und Kostenanalyse, 4. Aufl., Landsberg/Lech 1999, S. 245-273.

Ebert, Günter, Kosten- und Leistungsrechnung, 8. Aufl., Wiesbaden 1997, S. 168-212.

Ewert, Ralf/Wagenhofer, Alfred, Interne Unternehmensrechnung, 3. Aufl., Berlin, Heidelberg, New York, Tokyo, 1997, S. 600-612.

Freidank, Carl-Christian, Kostenrechnung, 6. Aufl., München 1997, S. 253-309.

Haberstock, Lothar, Grundzüge der Kosten- und Erfolgsrechnung , 3. Aufl., München 1982, S. 138-169.

Heine, Peter, Direct Costing – eine anglo-amerikanische Teilkostenrechnung, in: ZfhF, 11. Jg., 1959, S. 516-534.

Hummel, Siegfried, Die Auswirkungen von Lagerbestandsveränderungen auf den Periodenerfolg – Ein Vergleich der Erfolgskonzeptionen von Vollkostenrechnung und Direct Costing, in: ZfbF, 21. Jg., 1969, S. 155-180.

Hummel, Siegfried/Männel, Wolfgang, Kostenrechnung 2 – Moderne Verfahren und Systeme, 3. Aufl., Wiesbaden 1983, S. 89-116.

Kilger, Wolfgang, Flexible Plankostenrechnung und Deckungsbeitragsrechnung, 9. Aufl., Wiesbaden 1988, S. 69-113.

Kilger, Wolfgang, Kurzfristige Erfolgsrechnung, Wiesbaden 1962, S. 36-70, 93-102.

Kloock, Josef/Sieben, Günter/Schildbach, Thomas, Kosten- und Leistungsrechnung, 8. Aufl., Düsseldorf 1999, S. 210-263.

Koch, Helmut/Zimmermann, Gebhard, Kostenrechnung, Prüfung der, in: Handwörterbuch der Revision, Stuttgart 1991, 2. Auflage, Sp. 1083-1094.

Layer, Manfred, Möglichkeiten und Grenzen der Anwendbarkeit der Deckungsbeitragsrechnung im Rechnungswesen der Unternehmung, Berlin 1967, S. 37-58.

Männel, Wolfgang, Die Einzelkosten- und Deckungsbeitragsrechnung – ein Konzept zur Abbildung der Realität durch das Rechnungswesen, in: ZfB, 53. Jg., 1983, S. 1187-1196.

Meffert, Heribert, Kostenrechnung und Kostenrechnungssysteme, in: Albers, W., (Hrsg.) u.a., Handwörterbuch der Wirtschaftswissenschaft (HdWW), Bd. 4, Stuttgart 1978, S. 573-596.

Riebel, Paul, Das Rechnen mit Einzelkosten- und Deckungsbeiträgen, in: ZfhF, 11. Jg., 1959, S. 213-238.

Riebel, Paul, Einzelkosten- und Deckungsbeitragsrechnung, 6. Aufl., Wiesbaden 1990.

Rieper, B./Waldmann, J., Programmierte Einführung in das betriebliche Rechnungswesen, München 1972, S. 158-174.

Schönfeld, Hanns-Martin/Möller, Hans-Peter, Kostenrechnung, 8. Aufl., Stuttgart 1995, S. 65-79.

Schweitzer, Marcell/Küpper, Hans-Ulrich, Systeme der Kostenrechnung, 7. Aufl., München 1998, S. 310-419.

Weber, Helmut Kurt, Betriebswirtschaftliches Rechnungswesens, Band 2: Kosten- und Leistungsrechnung, 3. Aufl., München 1991, S. 152-192, 200-231.

Weber, Jürgen, Einführung in das Rechnungswesen II: Kostenrechnung, 5. Aufl., Stuttgart 1997, S. 234-277.

Wilkens, Klaus, Kosten- und Leistungsrechnung, 8. Aufl., München 1996, S. 218-238, 244-283.

5. Die Kosten- und Leistungsrechnung auf der Grundlage von Plankosten

5.1 Begriff und Aufgaben der Plankostenrechnung

Für eine wirksame Kostenkontrolle, eine Vorkalkulation betrieblicher Leistungen und für die Ermittlung relevanter Kosten als Grundlage unternehmerischer Entscheidungen reicht die Kenntnis vergangenheitsorientierter Kosten nicht aus. Nur eine Plankostenrechnung kann diese Aufgabe erfüllen. Dabei versteht man unter Plankosten diejenigen Kosten, bei denen sowohl die Faktorpreise als auch die Verbrauchsmengen für eine geplante Ausbringungsmenge geplant sind.

Die **Plankostenrechnung** kann **nicht als Alternative zur Istkostenrechnung** angesehen werden. Nur in Verbindung mit einer gut ausgebauten Istkostenrechnung erfüllt die Plankostenrechnung ihren Hauptzweck, die **Kostenkontrolle**. Der zu Beginn der Periode aufgestellten, hypothetischen und den Abteilungen vorgegebenen Sollkostenziffer muß eine effektiv angefallene Istkostenziffer am Ende der Periode gegenübergestellt werden. Dadurch lassen sich die Abweichungen zwischen den Plan- und den Istkosten ermitteln und analysieren.

Neben der Kostenkontrolle hat die Plankostenrechnung insbesondere die Aufgabe, **entscheidungsrelevante Unterlagen für dispositive Zwecke bereitzustellen** und die betrieblichen Leistungen zu kalkulieren. Die im Rahmen einer Plankalkulation ermittelten Ergebnisse lassen sich als Unterlagen für unternehmerische Entscheidungen heranziehen.

5.2 Plankostenrechnung und Budgetierung auf Vollkostenbasis

5.2.1 Die starre Plankostenrechnung

5.2.1.1 Die Ermittlung der Plankosten

Die **starre Plankostenrechnung** baut auf der aus der Produktionsplanung entnommenen Planbeschäftigung (Planausbringung) der Kostenstelle auf. Für diesen vorgegebenen Beschäftigungsgrad sind die Plankosten als Summe aus Einzel- und Gemeinkosten zu ermitteln.

Die Ermittlung dieser Plankosten erfolgt in folgenden Schritten:

(1) Für jede Kostenstelle wird ein Beschäftigungsmaßstab, eine Bezugsgröße, festgelegt. Bei homogener Produktion entspricht dieser den auszubringenden Leistungseinheiten. Bei heterogener Produktion sind die Leistungseinheiten unterschiedlicher Produktarten durch Schlüsselgrößen formal zu homogenisieren.

(2) Für die vorgegebene Beschäftigung werden die Faktoreinsatzmengen mit Hilfe von Verbrauchsfunktionen oder durch andere Verbrauchsanalysen, wobei ein sparsamer und bei ordnungsgemäßem Betriebsablauf erreichbarer Faktorverbrauch unterstellt ist, bestimmt.

(3) Die geplanten Faktoreinsatzmengen werden mit Standardpreisen (Planpreisen) bewertet. Man erhält für jede Kostenart den Plankostenbetrag bei vorgegebenem Beschäftigungsgrad. Die Summe der für die einzelnen Kostenarten ermittelten Plankostenbeträge ergibt die Plankosten K_{pl} der Kostenstelle.

(4) Durch die Division der Plankosten K_{pl} durch die Planbezugsgröße x_{pl} erhält man den Plankostenverrechnungssatz (= Plangemeinkostensatz) k_{pl}.

$$k_{pl} = \frac{K_{pl}}{x_{pl}} = \tan \alpha$$

Dieser Plankostenverrechnungssatz wird zur Plankalkulation auf Vollkostenbasis verwendet.

5.2.1.2 Der Soll-Ist-Vergleich

Nach Ablauf der Periode werden die Plankosten mit den Istkosten verglichen. Da in der Regel die Istbeschäftigung nicht der Planbeschäftigung entspricht und auch keine Umrechnung der Plankosten bei Planbeschäftigung auf Plankosten bei Istbeschäftigung erfolgt, lassen sich bei diesem Soll-Ist-Vergleich nur die Istkosten bei Istbeschäftigung K_i mit den Plankosten bei Planbeschäftigung vergleichen.

Im folgenden Schaubild sei die Abweichung zwischen den Plankosten K_{pl} und den Istkosten K_i verdeutlicht:

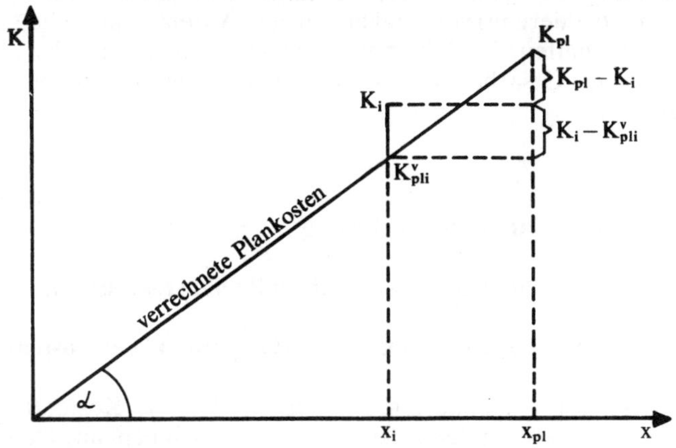

Es bedeutet:

x_{pl} = Planbeschäftigung
x_i = Istbeschäftigung
K_{pl} = Plankosten bei Planbeschäftigung
K_i = Istkosten bei Istbeschäftigung
k_{pl} = Plankostenverrechnungssatz
K^v_{pli} = auf die Istbeschäftigung verrechnete Plankosten

Die Kostendifferenz $K_{pl} - K_i$ stellt nicht unbedingt eine Kosteneinsparung oder eine Kostenüberschreitung dar. Diese Differenz entsteht dadurch, daß Plan- und Istkosten auf unterschiedliche Beschäftigungsgrade bezogen sind. Da sich nicht erkennen läßt, welche Kostenhöhe bei dieser Istbeschäftigung angemessen wäre – dafür wäre eine Bestimmung der Sollkostenhöhe für jeden Beschäftigungsgrad notwendig –, kann man aus dieser Abweichung nicht entnehmen, inwieweit sie auf Abweichungen in den Faktorverbrauchsmengen oder auf die unterschiedliche Beschäftigung (Beschäftigungsabweichung) zurückzuführen ist.

Die Abweichung $K_i - K_{pli}^v$ stellt eine Kostenabweichung zwischen den Kosten der Kostenstellenrechnung, in der die Istkosten in Höhe von K_i angefallen sind, und den Kosten der Kostenträgerrechnung dar. Denn dem Kostenträger werden über die Plankalkulation Kosten in Höhe von $k_{pl} \cdot x_i = K_{pli}^v$ angelastet. Diese Abweichung stellt eine Verrechnungsdifferenz dar.

Eine Analyse läßt nicht erkennen, ob diese Abweichung auf Beschäftigungsgradschwankungen oder auf Unwirtschaftlichkeiten beruht.

5.2.1.3 Die Problematik der starren Plankostenrechnung

Die starre Plankostenrechnung verstößt, da Kosten verschiedener Beschäftigungsgrade verglichen werden, gegen das Grundprinzip jeder Kostenkontrolle, gegen die Einhaltung der ceteris-paribus Bedingung. Da keine Planung der Kosten in Abhängigkeit vom Beschäftigungsgrad erfolgt, die Planung also starr ist, ist eine wirksame Kontrolle der Gemeinkosten nur dann möglich, wenn die Istbeschäftigung mit der Planbeschäftigung übereinstimmt bzw. sich von dieser nur geringfügig unterscheidet.

Man könnte die starre Plankostenrechnung jedoch ausschließlich zur Kostenvorgabe (Kostenbudgetierung) verwenden, um eine Anreizfunktion für den Kostenstellenleiter zu schaffen. Doch kommt einer Anreizfunktion so lange keine Bedeutung zu, wie die Ursachen für das Nichterreichen der Kostenvorgabe nicht zu erkennen sind.

5.2.2 Die flexible Plankostenrechnung

5.2.2.1 Die Grundannahmen bei der flexiblen Plankostenrechnung

5.2.2.1.1 Die Kostenträgergemeinkosten als Gegenstand der Kostenkontrolle

Bereits in der starren Plankostenrechnung werden die Kostenträgergemeinkosten und die Kostenträgereinzelkosten systematisch geplant. Da die Kostenträgergemeinkosten jedoch mit den Kostenträgereinzelkosten gemeinsam betrachtet werden und eine Anpassung an Beschäftigungsänderungen nicht erfolgt, wird der Zweck der Kostenkontrolle durch einen Soll-Ist-Vergleich unzureichend erfüllt.

Bei der **flexiblen Plankostenrechnung** ermittelt man nicht nur für einen Beschäftigungsgrad die Sollkosten, sondern man bestimmt **für jeden Beschäftigungsgrad die Sollkostenhöhe**. Für diese Form der Kostenplanung ist eine Kostenauflösung, d.h. eine Aufspaltung der Plankostenbeträge in fixe und variable Bestandteile, erforderlich. Die Kostenauflösung erfolgt kostenstellenweise, dabei wird nach Kostenarten differenziert. Den Kostenstellen werden Kostenfunktionen vorgegeben, die es gestatten, die Istkosten mit den der jeweiligen Beschäftigung entsprechenden Sollkosten zu vergleichen.

In diese Kostenkurven könnten nun neben den Kostenträgergemeinkosten auch Kostenträgereinzelkosten eingehen. Jedoch erscheint es ratsam, den Soll-Ist-Vergleich für die Kostenträgereinzelkosten kostenträgerweise, d.h. im Rahmen der sog. Standardkostenrechnung, durchzuführen und lediglich die Kostenträgergemeinkosten kostenstellenweise zu kontrollieren.

In Ausnahmefällen jedoch lassen sich bestimmte Kostenträgereinzelkosten in die kostenstellenweise Kontrolle einbeziehen. Dies gilt insbesondere für die Lohneinzelkosten und die Sondereinzelkosten der Fertigung, wenn diese Kostenarten in ihrer Höhe von den Kostenstellenleitern beeinflußt werden können.

5.2.2.1.2 Die Ausschaltung von Preisunterschieden durch Einführung von Standardpreisen

Hauptzweck der flexiblen Plankostenrechnung **ist die Kostenkontrolle**, d.h. die Kontrolle der Wirtschaftlichkeit der Fertigung in einer Kostenstelle. Ein Vergleich der Ist- mit den Sollkosten ist nur dann sinnvoll, wenn der Vergleich auf einheitlichen Voraussetzungen beruht, d.h. wenn die ceteris-paribus Bedingung als Vergleichsvoraussetzung eingehalten wird.

Bezieht man die Kostenkontrolle nur auf einen Vergleich der Verbrauchsmengen der Produktionsfaktoren und will man diese Kontrolle in Geldeinheiten durchführen, dann sind alle Abweichungen zwischen den Soll- und Istkosten, die ihre Ursache in Preisunterschieden haben, zu eliminieren. Diese **Ausschaltung von Preisunterschieden** erfolgt durch den Ansatz von festen Verrechnungspreisen (Standardpreisen). Diese Planverrechnungspreise haben darüber hinaus den Vorteil, daß Zufälligkeiten und Unregelmäßigkeiten, die durch Beschaffungsmarkteinflüsse auftreten können, ausgeschlossen werden. Dadurch wird die Vergleichbarkeit der Rechnung gewährleistet.

Die Differenz zwischen dem Standardpreis und dem effektiv gezahlten Preis wird über ein Preisdifferenzenkonto abgegrenzt.

5.2.2.1.3 Die Ausschaltung von Beschäftigungsunterschieden

Ein Kostenvergleich erfordert, daß Soll- und Istkosten auf dieselbe Beschäftigungshöhe bezogen werden. Um die Wirtschaftlichkeit der Fertigung kontrollieren zu können, sind deshalb Abweichungen, die durch unterschiedliche Beschäftigungsgrade hervorgerufen werden, zu eliminieren.

Eine Sollkostenermittlung erfolgt i.d.R. für ein Jahr im voraus. Dabei wird für diese Sollkostenhöhe eine bestimmte Beschäftigung unterstellt. Da jedoch die Beschäftigung im Zeitablauf schwankt, muß die Sollkostenhöhe „flexibel" gehalten, d.h. unterschiedlichen Beschäftigungsgraden angepaßt werden. Dies geschieht, indem eine **Sollkostenkurve** aufgestellt wird.

5.2.2.2 Die Aufstellung der Sollkostenkurve

Um die Sollkostenkurve für eine Kostenstelle ableiten zu können, ist zuerst die **Basisplanbeschäftigung** zu bestimmen.

Als Basisplanbeschäftigung lassen sich unterschiedliche Beschäftigungsgrade (z.B. maximale Kapazität, normale Kapazität) heranziehen. In der Regel verwendet man die für den Planungszeitraum (Jahr) erwartete durchschnittliche („normale“) Beschäftigung des Abrechnungszeitraumes (Monat), die ermittelt wird unter Berücksichtigung aller möglichen Engpässe in der Planungsperiode.

Treten nun in der Kostenstelle heterogene Produkte auf, so muß für die Leistungen der Kostenstelle ein einheitlicher Beschäftigungsmaßstab gebildet werden. Die Leistungen der Kostenstelle sind durch ein fiktives Generalprodukt auszudrücken, das die heterogenen Leistungen gleichnamig macht. Dabei ist diese Bezugsgröße mit Hilfe der Kriterien der Kostenschlüsselung zu bestimmen.

Auf der Grundlage der Basisplanbeschäftigung erfolgt die Ermittlung der Höhe der Basisplankosten. Diese **Basisplankosten** ergeben sich aus der Summe der pro Kostenart festgelegten Kostenhöhe. Der Plan, in dem man die Basisplankosten der Kostenstelle vorgibt, wird **Grundplan** genannt.

Auf diesen Grundplan aufbauend müssen die Sollkosten für verschiedene Beschäftigungsstufen – in der Regel wird ein Bereich von 60–120% der Planbeschäftigung betrachtet, und zwar in Intervallen von 10% – ermittelt werden.
Hierfür ist die Aufspaltung der Basisplankosten des Grundplanes in fixe und variable Bestandteile erforderlich. Diese Aufspaltung erfolgt für jede Kostenstelle mit Hilfe der Variatormethode (siehe S. 130f.). Mit Hilfe des Variators lassen sich die Sollgemeinkosten für jede Beschäftigungsstufe bestimmen, es wird der sog. **Stufenplan** ermittelt, die Sollkostenkurve. Diese Sollkostenkurve hat, wenn nur ein Variator für das gesamte Beschäftigungsintervall unterstellt wird, einen linearen Verlauf.

5.2.2.3 Die Analyse der Abweichungen

5.2.2.3.1 Die Verbrauchsabweichung

In der monatlichen Plankostenrechnung werden die entstandenen Istkosten den Sollkosten bei Istbeschäftigung gegenübergestellt.

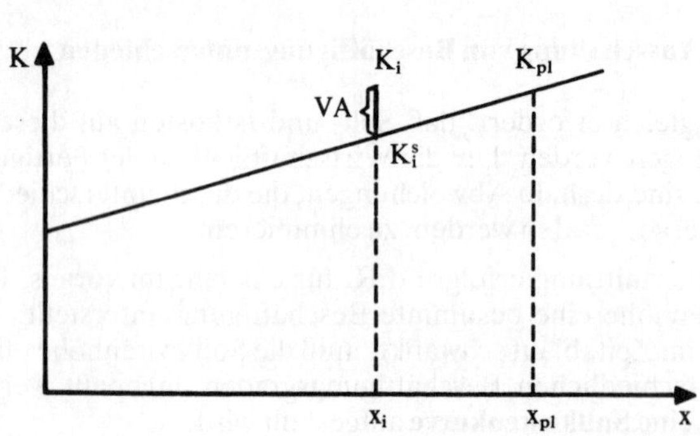

Die Differenz zwischen den Istgemeinkosten (K_i) und den Sollgemeinkosten bei Istbeschäftigung (K_i^s) wird als **Verbrauchsabweichung** (VA) bezeichnet. Diese Verbrauchsabweichung tritt bei den variablen Gemeinkosten auf. Da für die Verbrauchsmengen Standardpreise angesetzt sind, Abweichungen durch Preisschwankungen also ausgeschaltet sind, kennzeichnet die Verbrauchsabweichung den Mehrverbrauch an Produktionsfaktoren gegenüber den Planmengen. Sie ergibt sich aus der Summe der Soll-Ist-Abweichungen bei den einzelnen Gemeinkostenarten.

$$VA = \sum_{l=1}^{n} q_{Stl} (r_l - r_{pl}) = K_i - K_i^s$$

Hierbei bedeuten:

VA = Verbrauchsabweichung
q_{Stl} = Standardpreis der Faktorart l
r_l = Istverbrauchsmenge des Produktionsfaktors der Faktorart l bei Istbeschäftigung
r_{pl} = Planverbrauchsmenge des Produktionsfaktors der Faktorart l bei Istbeschäftigung

Es sind die ins Gewicht fallenden Verbrauchsabweichungen einer jeden Kostenstelle zu überprüfen. Liegt ein überhöhter Verzehr an Produktionsfaktoren vor, so ist diese Abweichung mit dem Abteilungsleiter zu besprechen, um die zukünftigen Istverbrauchsmengen zu reduzieren. Dabei ist zu klären, ob prinzipielle Fehler in der Sollkostenvorgabe (z.B. Rechnen mit falschen Variatoren) vorgelegen haben oder Variationen in sonstigen Kosteneinflußgrößen aufgetreten sind (z.B. Verfahrenswechsel durch Umstellung auf ein neues Produkt). Der Kostenstellenleiter hat alle anderen Ursachen für die Verbrauchsabweichungen zu vertreten.

5.2.2.3.2 Die Beschäftigungsabweichung

5.2.2.3.2.1 Der Sollgemeinkostensatz bei Istbeschäftigung als Verrechnungspreis zwischen den Kostenstellen

In einem vertikal aufgebauten Unternehmen liefern Kostenstellen Leistungen an nachgelagerte Kostenstellen. Die leistende Kostenstelle wird mit den entstandenen Istkosten belastet und erhält für die abgegebenen Leistungen eine Gutschrift. Die nachgelagerten Kostenstellen können ihre Kostenplanung erst durchführen, wenn Verrechnungssätze für die empfangenen Leistungen bekannt sind.

Als **Verrechnungssätze** für die Lieferung von Leistungen einer Kostenstelle an die nachfolgende könnte man den Sollgemeinkostensatz verwenden. Dieser ist definiert als Sollgemeinkosten pro Leistungseinheit der liefernden Kostenstelle:

$$k_{gm}^s = \frac{K_i^s}{x_i}.$$

Für steigende Istbeschäftigungen ergeben sich sinkende Sollgemeinkostensätze. Für die nachgelagerte Kostenstelle erhält man bei unterschiedlicher Beschäfti-

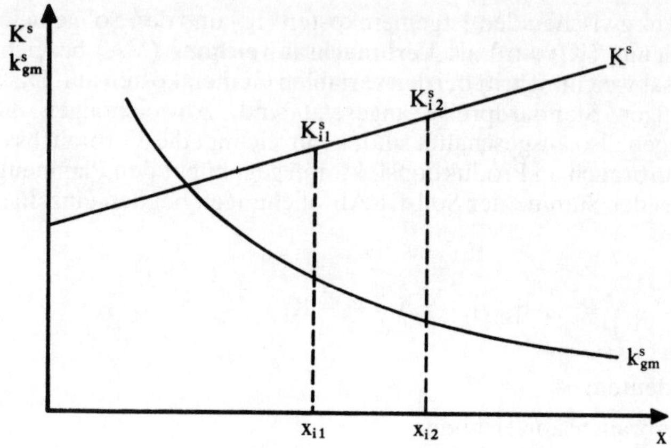

K^s = Sollkosten für alternative Beschäftigungen
k^s_{gm} = Sollgemeinkostensatz

gung der vorgelagerten Kostenstelle dann jeweils unterschiedliche Verrechnungspreise.

Für eine Kostenplanung und sinnvolle Kostenkontrolle muß jedoch ein konstanter Verrechnungspreis verwendet werden, ein Verrechnungspreis, der unabhängig von der Beschäftigung ist.

5.2.2.3.2.2 Der Plangemeinkostensatz als Verrechnungspreis

Um einen von Beschäftigungsvariationen unabhängigen Verrechnungspreis zu erhalten, geht man von der Planbeschäftigung der leistenden Kostenstelle aus und bestimmt die dieser Planbeschäftigung zugehörigen Sollkosten, die auch Basisplankosten K_{pl} oder Bestkosten genannt werden.

Durch Division der Basisplankosten durch die Planbeschäftigung erhält man den **Plangemeinkostensatz**:

$$k_{pl} = \frac{K_{pl}}{x_{pl}}.$$

Die Leistungen einer Kostenstelle werden mit dem Plangemeinkostensatz weiterverrechnet, d.h. der leistenden Kostenstelle werden die verrechneten Plankosten bei Istbeschäftigung K^v_{pli} gutgeschrieben. Es ist:

$$K^v_{pli} = k_{pl} \cdot x_i$$

$$K^v_{pli} = \frac{K_{pl}}{x_{pl}} \cdot x_i$$

$$K^v_{pli} = \frac{x_i}{x_{pl}} K_{pl}.$$

Der Betrag, der der leistenden Kostenstelle gutgeschrieben wird, ist für $x_i \neq x_{pl}$ nicht mit den Sollkosten bei Istbeschäftigung identisch. Es besteht je nach der Beschäftigungshöhe eine mehr oder minder große Abweichung. Die Differenz zwischen den Sollkosten bei Istbeschäftigung (K_i^s) und den verrechneten Plankosten bei Istbeschäftigung (K_{pli}^v) wird als **Beschäftigungsabweichung** BA bezeichnet.

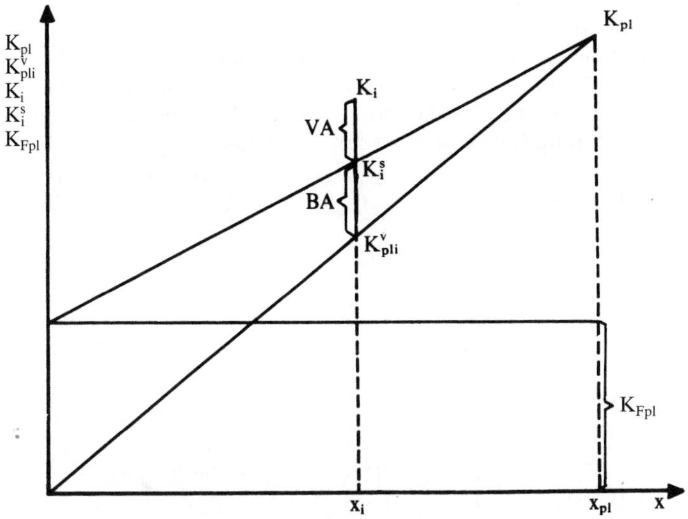

Unterteilt man den Plangemeinkostensatz k_{pl} in fixe (k_{fpl}) und variable (k_{vpl}) Bestandteile, so erhält man

$$k_{pl} = k_{vpl} + k_{fpl}.$$

Die verrechneten Plankosten K_{pli}^v betragen dann:

$$K_{pli}^v = k_{pl} \cdot x_i$$

$$K_{pli}^v = (k_{vpl} + k_{fpl})\, x_i$$

$$K_{pli}^v = x_i \cdot k_{vpl} + x_i \cdot k_{fpl} = x_i \cdot k_{vpl} + \frac{x_i}{x_{pl}} \cdot k_{fpl} \cdot x_{pl}.$$

Es ist $k_{fpl} \cdot x_{pl} = K_{Fpl}$.

Somit ergibt sich für die verrechneten Plankosten:

$$\boxed{K_{pli}^v = k_{vpl} \cdot x_i + K_{Fpl} \cdot \frac{x_i}{x_{pl}}}$$

Die **verrechneten Plankosten** enthalten somit:

(1) sämtliche variable Sollgemeinkosten der Istbeschäftigung ($= k_{vpl} \cdot x_i$);
(2) einen Anteil an den fixen Plankosten. Die fixen Plankosten werden im Verhältnis der Istbeschäftigung zur Planbeschäftigung proportionalisiert. Es

wird nur der Betrag

$$K_{Fpl} \cdot \frac{x_i}{x_{pl}} \text{ verrechnet.}$$

Die **Beschäftigungsabweichung**, d.h. die Differenz zwischen den Sollkosten bei Istbeschäftigung K_i^s und den verrechneten Plankosten bei Istbeschäftigung K_{pli}^v, entsteht dadurch, daß nur die fixen Kosten nach Maßgabe der Inanspruchnahme der Planbeschäftigung verrechnet werden, denn aus

$$BA = K_i^s - K_{pli}^v$$

$$BA = K_{Fpl} + k_{vpl} \cdot x_i - k_{vpl} \cdot x_i - K_{Fpl} \cdot \frac{x_i}{x_{pl}}$$

erhält man

$$BA = K_{Fpl} - K_{Fpl} \frac{x_i}{x_{pl}}$$

$$\boxed{BA = K_{Fpl} \left(1 - \frac{x_i}{x_{pl}} \right)} .$$

Diese Differenz zwischen den Sollkosten und den verrechneten Plankosten mißt für jeden Beschäftigungsmaßstab die Kapazitätsausnutzung. Die **Beschäftigungsabweichung** stellt das Ergebnis einer spezifischen Verrechnungstechnik dar. Sie **verdeutlicht** den **Anteil der jeweils nicht verrechneten fixen Kosten**.

Da der Kostenstellenleiter in der Regel keinen Einfluß auf die Auslastung seiner Kapazitäten hat, kann er für diese auftretende Abweichung nicht verantwortlich gemacht werden.

5.2.2.4 Verfeinerungen der Plankostenrechnung auf Vollkostenbasis

5.2.2.4.1 Die Kritik an der einfach-flexiblen Plankostenrechnung

Bei der bisher behandelten flexiblen Plankostenrechnung stellen die Sollkosten nur eine Funktion einer Kosteneinflußgröße, der Beschäftigung, dar. Man bezeichnet deshalb diese Form der flexiblen Plankostenrechnung als **einfach-flexible** Plankostenrechnung.

Gegen diese einfach-flexible Plankostenrechnung läßt sich einmal einwenden, daß stets nur Sollkostenkurven aufgestellt werden, die stetig und linear sind.

Betrachtet man darüber hinaus die Abweichungen, dann ergeben sich zwar nur wenige Probleme bei den Preis- und Beschäftigungsabweichungen. Dagegen zeigen sich bei der Analyse der Verbrauchsabweichungen wesentliche Interpretationsprobleme. Die **Verbrauchsabweichung** soll den Mengenverbrauch der Kostenstelle kontrollieren. Um sie aber einer Kostenstelle anlasten zu können, muß sichergestellt sein, daß diese Abweichung hätte verhindert werden können. Auch wenn die Verantwortungsbereiche zuvor definiert worden sind, stellt die Verbrauchsabweichung mehr oder weniger einen Restposten, eine Ansammlung von Abweichungsarten, dar, den man anderweitig nicht erfassen kann.

Um die Verbrauchsabweichung differenziert zu betrachten, ist es deshalb erforderlich, Planabweichungen, die durch andere Kosteneinflußgrößen – z.B. durch die Auftragszusammensetzung und durch Verfahrenswechsel – entstehen, zu erkennen und auszuschalten.

5.2.2.4.2 Der nichtlineare Kostenverlauf und seine Berücksichtigung in der flexiblen Plankostenrechnung

5.2.2.4.2.1 Intensitätsvariationen und nichtlinearer Kostenverlauf

Sind in der betrachteten Kostenstelle **intensitätsmäßige Anpassungsprozesse** möglich, so ist bei der Planung der Sollkostenkurve zu berücksichtigen, daß die Sollkosten von einem bestimmten Beschäftigungsgrad an progressiv steigen. Bei optimaler Intensität und zeitlicher Anpassung verläuft die Sollkostenkurve linear bis zur maximalen Einsatzzeit. Eine höhere Ausbringungsmenge läßt sich nach Erreichen der maximalen Einsatzzeit nur durch intensitätsmäßige Anpassung erzielen. Die Sollkostenkurve steigt dann progressiv.

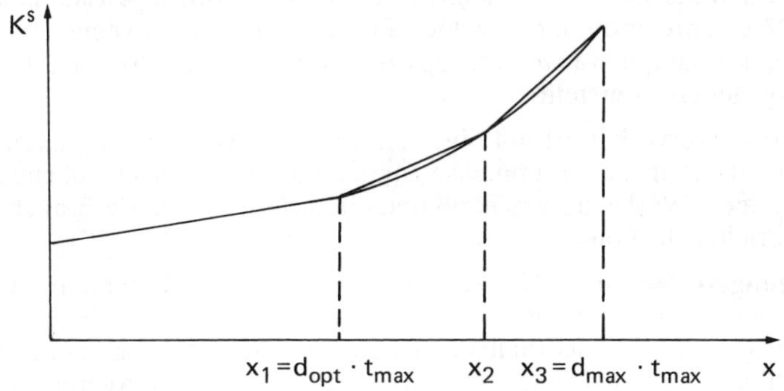

d = Intensität d_{opt} = opt. Intensität
t = Einsatzzeit t_{max} = max. Einsatzzeit
$x = d \cdot t$ d_{max} = max. Intensität

Die progressiv ansteigende Sollkostenkurve ist zu linearisieren. Für jeden linearen Teilbereich wird ein Variator bestimmt.

5.2.2.4.2.2 Sprungfixe Kosten

Bei quantitativer Anpassung, aber auch wenn zwischen Kostenstellen ein Austausch von Arbeitskräften stattfindet und dadurch andere Gehälter gezahlt werden, treten **sprungfixe Kosten** auf.

Um diese Kostensprünge in der flexiblen Plankostenrechnung berücksichtigen zu können, sind für die einzelnen Anpassungsbereiche unterschiedliche Grundpläne zu erstellen. Ist darüber hinaus die Steigung der Sollkostenkurve in den einzelnen Anpassungsbereichen verschieden, so sind für jeden Stufenplan die Variatoren zu bestimmen.

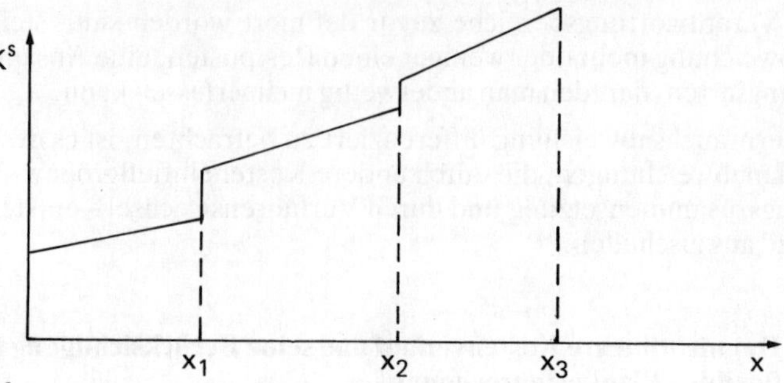

5.2.2.4.3 Der Einfluß der Änderung der Auftragszusammensetzung und des Verfahrenswechsels auf die Sollkostenkurve

5.2.2.4.3.1 Definition der Auftragszusammensetzung und des Fertigungsverfahrens

Bei den nicht von der Kostenstelle zu vertretenden Einflußgrößen ist zunächst die Auftragszusammensetzung zu nennen. Unter der **Auftragszusammensetzung** wird die Mengenrelation der einzelnen Produkte in einer Kostenstelle verstanden. Dabei sei die qualitative Auftragszusammensetzung, also die Art der Produkte, als gegeben unterstellt.

Die Sollkostenkurve basiert auf einer „normalen" Auftragszusammensetzung. Ändert sich die Auftragszusammensetzung, dann sind unterschiedliche Rüstzeiten, ein anderer Werkzeugverschleiß und ein differierender Verbrauch von Betriebsmaterialien die Folge.

Als **Fertigungsverfahren** wird die Art und Weise der Faktorkombination, d.h. die qualitative und quantitative Relation der Produktionsfaktoren, bezeichnet. Die Produktionsmenge, die innerhalb einer Periode erstellt werden kann, hängt von der Anzahl der Aggregate, der Intensität des Einsatzes der Aggregate und der Betriebszeit ab. Der funktionale Zusammenhang zwischen der Produktionsmenge und den Faktoreinsatzmengen wird durch Produktionskoeffizienten gekennzeichnet.

Eine Änderung des Fertigungsverfahrens liegt immer dann vor, wenn ein Produktionsfaktor durch einen anderen ersetzt wird (qualitative Änderung, z.B. Austausch eines Aggregates) oder wenn sich die Einsatzrelationen ändern (quantitative Änderung, i.d.R. Intensitätsänderungen). Ein Verfahrenswechsel führt demzufolge zu einer Änderung der Produktionskoeffizienten.

5.2.2.4.3.2 Der Einfluß der Auftragszusammensetzung auf die Sollkostenkurve

Bei der Planung der Sollkostenkurve geht man von einem geplanten Beschäftigungsgrad aus. Diese Planbeschäftigung wird bei heterogener Produktion durch ein fiktives Generalprodukt, durch das die einzelnen Produktarten homogenisiert worden sind, ausgedrückt. Bei einer vorgegebenen, durch das Generalprodukt ausgedrückten Planbeschäftigung ist es möglich, daß sich die Mengenrelation der Produktarten ändert.

Diese Veränderung der Mengenrelation bei konstanter Planbeschäftigung hat zur Konsequenz, daß sich die Gemeinkostenhöhe nicht eindeutig festlegen läßt. Jede Kombination der Produktarten, d.h. jede mögliche Auftragszusammensetzung, führt zu einer anderen Gemeinkostenhöhe. Denn mit der Änderung der Auftragszusammensetzung verändern sich die Rüstzeiten, die Transportbewegungen, die Hilfskosten, die Energiekosten, die Abschreibungen, soweit sie zu variablen Kosten führen, und dergl.

Für **unterschiedliche Auftragszusammensetzungen** ergeben sich demzufolge jeweils **andere Basisplankosten**. Entsprechend schwankt bei alternativen Beschäftigungsgraden die Sollkostenhöhe innerhalb einer Bandbreite. Diese Bandbreite wird durch die extremen Ausprägungen der Auftragszusammensetzung bestimmt.

Ein Sonderproblem der Auftragszusammensetzung liegt bei der Fertigung neuer Produkte vor: Hier treten **Lerneffekte** auf, d.h. zu Beginn kann billigerweise nicht von der Kostenstelle verlangt werden, daß sie ebenso kostengünstig arbeitet wie später, nachdem dieses Produkt etabliert ist.

5.2.2.4.3.3 Der Einfluß des Verfahrenswechsels auf die Sollkostenkurve

Ein Verfahrenswechsel kann einmal dadurch eintreten, daß das Produktionsverfahren zwar in seiner Grundstruktur erhalten bleibt, die Verfahrensbedingungen aber geringfügig geändert werden. Es werden z.B. geringfügige Verbesserungen an den Aggregaten durchgeführt, die Arbeitsablaufplanung wird geringfügig geändert oder eine ältere, kostenungünstige Maschine wird vorübergehend eingesetzt, weil die kostengünstige Anlage ausgelastet ist oder repariert wird.

Ein **Verfahrenswechsel** kann zum anderen dadurch eintreten, daß die Grundstruktur des Produktionsverfahrens geändert wird, z.B. weil neue Anlagen angeschafft werden oder weil eine umfassende Umorganisation des Betriebsablaufs erfolgt.

Durch den Wechsel des Produktionsverfahrens weichen die Sollkosten des tatsächlichen Fertigungsverfahrens von den Sollkosten bei geplantem Verfahren für jede Beschäftigungshöhe ab. Um diese Differenz, um die **Verfahrensabweichung**, ist bei einem Soll-Ist-Vergleich die Verbrauchsabweichung zu bereinigen.

5.2.2.4.4 Die Berücksichtigung von Änderungen der Auftragszusammensetzung

5.2.2.4.4.1 Die Verfeinerung der Kostenstelleneinteilung

Will man die Einflüsse wechselnder Auftragszusammensetzungen auf die Verbrauchsabweichungen eliminieren, so ist die Sollkostenhöhe in Abhängigkeit von der Kosteneinflußgröße Beschäftigung und von der Kosteneinflußgröße Auftragszusammensetzung zu bestimmen. Bei der Berücksichtigung dieser beiden Kosteneinflußgrößen in der Sollkostenhöhe spricht man von einer **doppelt-flexiblen Plankostenrechnung**.

Das Prinzip der doppelt-flexiblen Plankostenrechnung besteht darin, die Kostenstelleneinteilung so zu verfeinern, daß nur noch homogene Leistungen erbracht werden können und somit die Auswirkungen wechselnder Auftragszusammensetzungen ausgeschaltet sind. In der Verfeinerung kann so weit gegangen werden, daß die einzelne Maschine als Kostenstelle **(„Kostenplatz")** angesehen wird und damit jede Kostenstelle nur noch eine Arbeitsverrichtung ausführt. In diesem Fall wirken sich Änderungen der Auftragszusammensetzung als Beschäftigungsvariation – ausgedrückt als Veränderung der Anzahl der Maschinenstunden – aus.

Zwei Vorschläge werden in der Literatur zur Verfeinerung der Kostenstelleneinteilung unterbreitet:

(1) **Die Kostenplatzrechnung** (Neumayer):

Die Sollkosten werden für den Kostenplatz vorgegeben, die Istkosten jedoch nur für die weitergefaßte Kostenstelle ermittelt. Der Soll-Ist-Vergleich erfolgt auf der Stufe der Kostenstelle. Bei diesem Verfahren fallen Planungs- und Kontrollbereich auseinander. Dadurch wird es schwieriger, Planungsfehler zu erkennen, entweder weil sie sich kompensieren oder weil bei Auftreten einer Verbrauchsabweichung nicht mehr zu ermitteln ist, an welcher Maschine sie entstanden ist. Bei dieser Methode kommt als zweiter Nachteil hinzu, daß eventuelle Dispositionsfehler des Kostenstellenleiters nicht immer aufgedeckt werden.

(2) **Die Platzkostenrechnung** (Plaut):

Die Sollkosten werden für den einzelnen Kostenplatz vorgegeben, die Istkosten an diesem Platz erfaßt und den Sollkosten gegenübergestellt. Kosten, die nicht dem Kostenplatz direkt zurechenbar sind, werden der sog. „Bereichskostenstelle", das ist die Kostenstelle im fertigungstechnischen Sinn, zugerechnet.

Dieses Verfahren hat den Nachteil, daß die Kontierung der Istkosten sehr aufwendig ist und daß hier die Abrechnungs- und Verantwortlichkeitseinheit auseinanderfallen. Abgerechnet wird die einzelne Maschine, verantwortlich ist jedoch der Kostenstellenleiter. Dadurch bleiben Dispositionsfehler des Kostenstellenleiters unerkannt.

5.2.2.4.4.2 Die Erstellung alternativer Sollkostenkurven bei wechselnder Auftragszusammensetzung

Eine andere Möglichkeit, die Einflüsse der Änderung der Auftragszusammensetzung aus der Verbrauchsabweichung zu eliminieren, besteht darin, **für alternativ mögliche Auftragszusammensetzungen jeweils eine Sollkostenkurve** zu erstellen. Hierzu ist es erforderlich, für alle denkbaren Auftragszusammensetzungen die jeweilige Basisplanbeschäftigung festzulegen und die Basisplankosten zu ermitteln. Tritt innerhalb der Abrechnungsperiode eine andere als die normalerweise unterstellte Auftragszusammensetzung auf, so wird für den Soll-Ist-Vergleich auf die Sollkostenkurve bei geänderter Auftragszusammensetzung zurückgegriffen.

Dieser Lösungsweg ist gut geeignet, die Kosteneinflußgröße Auftragszusammensetzung zu berücksichtigen. Da jedoch nur ein geringer Anteil der vorher hypothetisch ermittelten Sollkostenkurven für den Soll-Ist-Vergleich herangezogen wird, ist dieses Verfahren sehr arbeitsaufwendig.

5.2.2.4.4.3 Die Berücksichtigung der Änderung der Auftragszusammensetzung durch die Verwendung mehrerer Bezugsgrößen

In der Regel wird unterstellt, daß sich die Kosten proportional zur Bezugsgröße verändern. Diese Unterstellung ist jedoch nicht immer gerechtfertigt. So hängen z.B. Energie- und Schmiermittelkosten nicht nur von der Maschinenlaufzeit und der Intensität ab, sondern auch von der Auftragszusammensetzung. In diesen Fällen werden unvermeidbare Kosten als Verbrauchsabweichung ausgegeben bzw. Unwirtschaftlichkeiten nicht entdeckt.

Es wird deshalb vorgeschlagen, die **einzelnen Kostenarten mit unterschiedlichen Bezugsgrößen** abzurechnen.

Für jede einzelne Gemeinkostenart ermittelt man eine Sollkostenkurve. Diese Sollkostenkurve wird in Abhängigkeit von Änderungen der, durch die Bezugsgröße ausgedrückten, Leistung dargestellt. Dadurch erhält man für jede Kostenstelle nicht mehr einen einzigen Kostenplan, sondern so viele Kostenpläne, wie Bezugsgrößen verwendet werden.

Die optimale Bezugsgröße wird mit Hilfe der aus den Kostenzurechnungsprinzipien abgeleiteten Kriterien der **optimalen Schlüsselwahl** bestimmt. Verwendet man das Prinzip der minimalen Gemeinkostenstreuung, so ist diejenige Bezugsgröße unter den alternativ möglichen Bezugsgrößen zu wählen, bei der die Gemeinkosten bei alternativ variierender Auftragsstruktur das geringste Streuungsmaß (z.B. Standardabweichung, Varianz) aufweisen. Auf der Grundlage dieser als optimal angesehenen Bezugsgröße ist die Sollkostenkurve für die einzelnen Gemeinkostenarten zu erstellen.

Durch die Verwendung **mehrerer Bezugsgrößen** wird die Kontrolle einzelner Kostenarten sehr viel exakter als wenn nur mit einem Beschäftigungsmaßstab pro Kostenstelle gearbeitet wird. Bei diesem Verfahren ist es möglich, die Gesetzmäßigkeiten jeder einzelnen Kostenart besser zu erfassen und die Einflüsse der Auftragszusammensetzung weitgehend auszuschalten.

5.2.2.4.5 Die Berücksichtigung der Auswirkungen von Verfahrensänderungen

Neben den Kostenänderungen durch Variation der Auftragszusammensetzung sind Kostenabweichungen aufgrund von Verfahrensänderungen aus der Verbrauchsabweichung zu eliminieren. Eine Berücksichtigung aller relevanten Kosteneinflußgrößen erfolgt in der **mehrfach bzw. voll-flexiblen Plankostenrechnung**.

Eine genaue Ermittlung der Sollkostenkurve zu Beginn der Planperiode setzt voraus, daß ein bestimmtes Fertigungsverfahren als gegeben unterstellt wird. Findet während der Abrechnungsperiode ein Verfahrenswechsel statt, so verliert die im Soll-Ist-Vergleich ermittelte Verbrauchsabweichung an Aussagekraft.

Liegt nur eine geringfügige Änderung der Verfahrensbedingungen vor, so ist es unwirtschaftlich, bei jeder Änderung neue Grundpläne zu erstellen. Der störende Einfluß läßt sich ausschalten, indem nachträglich kostenstellenweise die durch Verfahrensänderungen entstandene Kostenabweichung ermittelt wird.

Die Verfahrensabweichung ergibt sich aus der Differenz der Sollkosten für das ursprünglich geplante und das realisierte Verfahren. Bei der Durchführung des

Soll-Ist-Vergleichs, d.h. des Vergleichs zwischen den Istkosten und den ex ante ermittelten Sollkosten, muß, wenn die **Verfahrensänderung** eine Kostenersparnis hervorgerufen hat, diese Kostenänderung zu der Verbrauchsabweichung addiert werden. Entsprechend ist im Fall einer Kostenerhöhung die Verfahrensabweichung von der Verbrauchsabweichung zu subtrahieren.

Die voll-flexible Plankostenrechnung hat den Nachteil, daß Verfahrensabweichungen erst am Ende der Planperiode in der Sollkostenkurve berücksichtigt werden. Die Sollkostenkurve verliert dadurch an Aktualität, denn sie läßt sich für Vorgaberechnungen nicht mehr verwenden.

Neben den sich stetig vollziehenden Veränderungen im Fertigungsverfahren finden auch Verfahrenswechsel statt, die eine Änderung der fertigungstechnischen Struktur nach sich ziehen. Bei solchen grundlegenden Verfahrensänderungen ist die Sollkostenkurve neu zu planen.

5.2.2.4.6 Die Verfeinerung der Abweichungsanalyse mit Hilfe von Spezialabweichungen

Um die Wirtschaftlichkeit noch stärker zu durchleuchten, lassen sich die bisherigen Abweichungen weiter aufspalten. Man erhält dann weitere Spezialabweichungen.

Will man den Anteil eines ganz bestimmten Kosteneinflußfaktors an der Verbrauchsabweichung bestimmen, so ist – wie z.B. bei der Auftragszusammensetzung – die Differenz zwischen den Sollkosten bei Planausprägung des betreffenden Kosteneinflußfaktors und der Istbeschäftigung mit denjenigen Sollkosten, die sich bei der Istausprägung dieses Kosteneinflußfaktors und der Istbeschäftigung ergeben, zu ermitteln. Die Differenz zwischen den beiden Sollkostenkurven stellt eine **Spezialabweichung** dar. Entsprechend lassen sich weitere Spezialabweichungen bilden, indem man weitere Kosteneinflußgrößen in die Analyse einbezieht. Man erhält dann z.B. Seriengrößenabweichungen, Bedienungsverhältnisabweichungen, Intensitätsabweichungen, Ausbeutegradabweichungen, Maschinenbelegungsgradabweichungen, Verrechnungsabweichungen etc.

Beim Übergang von der einfach-flexiblen zur **mehrfach-flexiblen Plankostenrechnung** und damit bei der Aufspaltung der globalen Verbrauchsabweichung in Teilabweichungen treten Reihenfolgeprobleme auf. Da die einzelnen Kostenbestimmungsfaktoren z.T. multiplikativ miteinander verknüpft sind – wie z.B. die Fertigungszeit und die Intensität – überschneiden sich die Abweichungen. Dies beeinträchtigt die Aussagefähigkeit der Spezialabweichungen. Da die jeweils zuerst ermittelten Spezialabweichungen den größten Anteil der Überschneidungen aufweisen, untersucht man deshalb die als besonders bedeutsam angesehenen Kosteneinflußgrößen und die mit ihnen verbundenen Spezialabweichungen zuletzt.

5.2.3 Die Budgetierung der Vollkosten

5.2.3.1 Kostenbudgetierung versus Plankostenrechnung

Die Plankostenrechnung erlaubt nur eine Kontrolle der Kosten. Es wird die Abteilung nur daraufhin überprüft, inwieweit die vorgegebenen Kosten überschritten worden sind. Eine **Steuerung** der Abteilung durch die Vorgabe einer Planbeschäftigung und den dazugehörigen Plankosten erfolgt nicht. Die Sollkostenkurve stellt lediglich hypothetische Sollkostenbeträge dar.

Zur Steuerung von Unterinstanzen sind Sollwerte von der übergeordneten Instanz vorzugeben, anschließend sind die Unterinstanzen auf Einhaltung dieser Sollwerte zu kontrollieren. Durch diese **Budgetierung** erfolgt eine Integration der Entscheidungen der Unterinstanz in die gesamte Unternehmenspolitik. Die Rahmenplanung der Unternehmung wird von der Oberinstanz in **Budgetvorgaben** übersetzt und deren Einhaltung durch die **Budgetkontrolle** überprüft. Die **Steuerung der Unterinstanzen** steht bei der Budgetierung zumindest gleichberechtigt neben der Kontrolle.

Die Vorgabe umfaßt dabei **Aktionsbudgets** und/oder **Vollzugsziffernbudgets**. Die Aktionsbudgets stellen unmittelbar auf Maßnahmen ab (z.B. Fertigungsmengen, Beschaffungsmengen, Lagermengen), die Vollzugsziffernbudgets auf die Ergebnisse (z.B. Plankosten) der Aktionen.

In ihrem Instrumentarium weisen die Plankostenrechnung und die Kostenbudgetierung große Gemeinsamkeiten auf. So verwenden sie z.B. prinzipiell gleiche Sollkostenkurven, gleiche Kurven der verrechneten Plankosten etc.

5.2.3.2 Die Durchführung der monatlichen Kostenbudgetkontrolle

5.2.3.2.1 Die Feststellung der Budgetabweichung

Bei der Kostenbudgetierung ist die Vorgabe von Budgets zwingend erforderlich. Da die Planbeschäftigung (x_{pl}) i.d.R. die für den Planungszeitraum (Jahr) erwartete durchschnittliche („normale") Beschäftigung pro Monat angibt, ist bei der Budgetierung für jeden Monat eine spezifische Planbeschäftigung, ein **Aktionsbudget** (x^a_{pl}), festzulegen. Diesem Aktionsbudget ist ein entsprechendes **Kostenbudget** (K^a_{pl}) auf der Sollkostenkurve zugeordnet.

Durch die Einbeziehung des Aktions- und des Kostenbudgets ist gewährleistet, daß der Betriebsablauf in der Kostenstelle bzw. Funktionsabteilung gemäß der Rahmenplanung erfolgt.

Zur Durchführung der monatlichen Kostenbudgetkontrolle werden nach Ablauf des Monats die Ist-Beschäftigung (x_i) und die Ist-Kosten (K_i) ermittelt. Für jede Kostenstelle lassen sich folgende Abweichungen feststellen:

$$\text{Aktionsbudgetabweichung} = x_i - x^a_{pl}$$

$$\text{Kostenbudgetabweichung} = K_i - K^a_{pl}$$

Dabei ist die Kostenbudgetabweichung kostenartenweise zu bestimmen.

5.2.3.2.2 Die Analyse der Kostenbudgetabweichung

Ziel der Abweichungsanalyse ist es, festzustellen, welche Abweichung der Kostenstelle anzulasten ist.

Die **Aktionsbudgetabweichung** $x_i - x_{pl}^a$ ist i.d.R. auf exogene Faktoren (z.B. geänderte Absatzstrategien der Konkurrenz) zurückzuführen. Die Verantwortung für diese Abweichungen liegt nicht beim Abteilungsleiter.

Die **Kostenbudgetabweichung** $K_i - K_{pl}^a$ läßt sich in verschiedene Komponenten aufteilen. Man ermittelt zunächst die Sollkosten bei Istbeschäftigung (K_i^s) und fügt diese in die Gleichung der Kostenbudgetabweichung ein:

$$K_i - K_{pl}^a = (K_i - K_i^s) + (K_i^s - K_{pl}^a)$$

Diese Gleichung enthält somit folgende Terme:

I	$K_i - K_{pl}^a$	Kostenbudgetabweichung
II	$K_i - K_i^s$	Kostenkomponente der Kostenbudgetabweichung
III	$K_i^s - K_{pl}^a$	Mengenkomponente der Kostenbudgetabweichung

Diese Abweichungen sind in der folgenden Abbildung veranschaulicht:

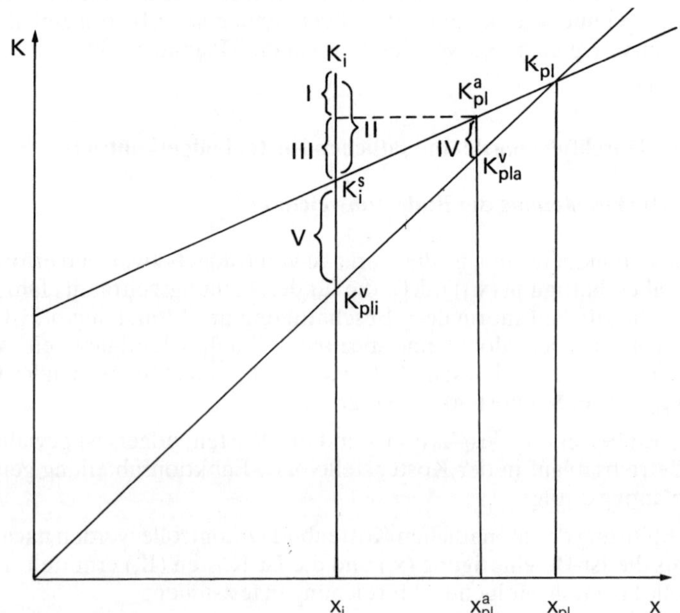

Es bedeutet:

x_i = Istbeschäftigung
x_{pl} = Planbeschäftigung
x_{pl}^a = Aktionsbudget
K_i = Istkosten
K_{pl} = Basisplankosten
K_{pl}^a = Kostenbudget
K_i^s = Sollkosten bei Istbeschäftigung
K_{pla}^v = verrechnete Plankosten des Aktionsbudgets
K_{pli}^v = verrechnete Plankosten bei Istbeschäftigung
K_{pl} = Plankosten bei Planbeschäftigung

Für die **Kostenkomponente** (II) – sie entspricht bei der Plankostenrechnung der Verbrauchsabweichung – kann der Kostenstellenleiter verantwortlich gemacht werden. Die Kostenkomponente gibt die Differenz zwischen den tatsächlich angefallenen Kosten K_i und den Sollkosten bei der tatsächlichen Beschäftigung x_i an.

Die **Mengenkomponente** (III) der Kostenbudgetabweichung beruht darauf, daß mit einer anderen als der für den Monat festgelegten Planbeschäftigung, dem Aktionsbudget x^a_{pl}, gearbeitet wird. Diese Mengenkomponente ist von der Abteilung nicht zu verantworten.

In diesem System der Kostenbudgetierung auf der Grundlage von Vollkosten treten zudem **Beschäftigungsabweichungen** auf. Sie entstehen dadurch, daß an die nachfolgenden Kostenstellen nicht alle Fixkosten weiterverrechnet werden. Dabei handelt es sich um die Differenz zwischen den Kosten des Kostenbudgets (K^a_{pl}) und den verrechneten Plankosten bei diesem Aktionsbudget (K^v_{pla}), der **Planbeschäftigungsabweichung**, und zum anderen um die Differenz zwischen den Sollkosten bei Istbeschäftigung (K^s_i) und den errechneten Plankosten bei dieser Istbeschäftigung (K^v_{pli}), der **Istbeschäftigungsabweichung**. Es sind also noch folgende Abweichungen zu ermitteln:

IV	$K^a_{pl} - K^v_{pla}$	Planbeschäftigungsabweichung
V	$K^s_i - K^v_{pli}$	Istbeschäftigungsabweichung.

Die Planbeschäftigungsabweichung wird berücksichtigt bei der monatlich zu erstellenden Planerfolgsziffer für jede Kostenstelle.

Die Istbeschäftigungsabweichung stellt diejenige Verrechnungsabweichung dar, die bei der Ist-Erfolgsrechnung der betreffenden Kostenstelle nicht gutgeschrieben wird.

Die Kostenbudgetabweichung und ihre Komponenten sowie die beiden Beschäftigungsabweichungen sind für den Fall, daß die Istbeschäftigung kleiner ist als das Aktionsbudget, in der vorhergehenden Abbildung veranschaulicht.

Die Kostenbudgetierung auf Vollkostenbasis ist für die Steuerung von Abteilungen und für die Kontrolle geeignet. Die Informationen über die Kostenkomponente können dazu genutzt werden, den Abteilungsleiter stärker zur Einhaltung des Budgets zu motivieren und zudem im Wege der Rückkoppelung zur Planungsintegrität beizutragen.

Die Kostenbudgetierung läßt sich verfeinern, denn die Kostenkomponente der Budgetabweichung stellt nur eine globale Abweichung dar. Die Kostenkomponente braucht also nicht nur auf Unwirtschaftlichkeiten zu beruhen. Berücksichtigt man weitere Kostenbestimmungsfaktoren, so läßt sich die Kostenkomponente in weitere Spezialabweichungen aufspalten.

Literaturübersicht zum Kapitel 5.2
Plankostenrechnung und Budgetierung auf Vollkostenbasis

Agthe, Klaus, Die Abweichungen in der Plankostenrechnung, Freiburg 1958, S. 25-41, 84-123.

Agthe, Klaus, Kostenplanung und Kostenkontrolle im Industriebetrieb, Baden-Baden 1963, S. 59-79, 113-143.

Coenenberg, Adolf Gerhard, Kostenrechnung und Kostenanalyse, 4. Aufl., Landsberg/Lech 1999, S. 363-393, 398-426.

Ewert, Ralf/Wagenhofer, Alfred, Interne Unternehmensrechnung, 3. Aufl., Berlin, Heidelberg, New York, Tokyo, 1997, S. 309-351.

Freidank, Carl-Christian, Kostenrechnung, 6. Aufl., München 1997, S. 189-243.

Haberstock, Lothar, Kostenrechnung II, (Grenz-) Plankostenrechnung, 7. Aufl., Hamburg 1986, S. 9-39, 306-351.

Käfer, Karl, Standardkostenrechnung, 2. Aufl., Stuttgart 1964, S. 247-253.

Kilger, Wolfgang, Flexible Plankostenrechnung und Deckungsbeitragsrechnung, 9. Aufl., Wiesbaden 1988.

Kloock, Josef, Plankosten- und Planleistungsrechnung, in: Handwörterbuch des Rechnungswesens, 2. Aufl., Stuttgart 1991, Sp. 1290-1309.

Kloock, Josef/Sieben, Günter/Schildbach, Thomas, Kosten- und Leistungsrechnung, 8. Aufl., Düsseldorf 1999, S. 185-208, 221-239.

Koch, Helmut, Zum Problem des Gemeinkostenverteilungsschlüssels, in: ZfbF, NF., 17. Jg., 1965, S. 169-200.

Koch, Helmut, Integrierte Unternehmensplanung, Wiesbaden 1982, S. 247-255.

Kosiol, Erich, Analyse der Kostenabweichungen, in: Handwörterbuch des Rechnungswesens, 2. Aufl., Stuttgart 1981, Sp. 983-998.

Matz, Adolph, Planung und Kontrolle von Kosten und Gewinn, AGPLAN-Schriftenreihe, Bd. 7, Wiesbaden 1964, S. 103-181.

Mellerowicz, Konrad, Planung und Plankostenrechnung, Band II: Plankostenrechnung, Freiburg 1972, S. 63ff und 199ff.

Neumayer, W.-W., Berücksichtigung des "Auftrags"- und "Verfahrens"-Wechsels in der Fertigung durch "doppelt-flexible" Plankostenrechnung, in: ZfB, 20. Jg., 1950, S. 403-411.

Plaut, Hans-Georg, Die Plankostenrechnung in der Praxis des Betriebes, in: ZfB, 21. Jg., 1951, S. 531-543.

Plaut, Hans-Georg, Wo steht die Plankostenrechnung in der Praxis? in: ZfhF, NF., 4. Jg., 1952, S. 396-407.

Plaut, Hans-Georg, Unternehmenssteuerung mit Hilfe der Voll- oder Grenzplankostenrechnung, in: ZfB, 31. Jg., 1961, S. 460-482.

Schweitzer, Marcell/Küpper, Hans-Ulrich, Systeme der Kostenrechnung, 7. Aufl., München 1998, S. 238-296.

Weber, Helmut Kurt, Betriebswirtschaftliches Rechnungswesens, Band 2: Kosten- und Leistungsrechnung, 3. Aufl., München 1991, S. 236-268.

Weber, Jürgen, Einführung in das Rechnungswesen II: Kostenrechnung, 5. Aufl., Stuttgart 1997, S. 162-171.

Wilkens, Klaus, Kosten- und Leistungsrechnung, 8. Aufl., München 1996, S. 85-106.

Wille, Friedrich, Plan- und Standardkostenrechnung, 2. Aufl., Essen 1963.

5.3 Plankostenrechnung und Budgetierung auf Teilkostenbasis

5.3.1 Die Kostenkontrolle auf der Basis von Grenzplankosten

5.3.1.1 Der Grundgedanke der Grenzplankostenrechnung

Ein Abteilungsleiter kann grundsätzlich nur für diejenigen Kostenabweichungen zur Rechenschaft gezogen werden, die er beeinflussen kann. Eine kostenstellenweise Kostenkontrolle kann sich deshalb auf die veränderlichen Kosten beschränken.

Die Gesamtkosten einer Kostenstelle werden in fixe und variable Bestandteile in bezug auf die Beschäftigung zerlegt. Unter der Annahme eines linearen Kostenverlaufs stimmen die variablen Kosten pro Stück mit den Grenzkosten überein. Die Teilkostenrechnung mit geplanten variablen Kosten wird deshalb auch als **Grenzplankostenrechnung** bezeichnet.

Der Aufbau der Grenzplankostenrechnung zum Zwecke der Kostenkontrolle entspricht weitestgehend dem der flexiblen Plankostenrechnung auf Vollkostenbasis. Auch in der Grenzplankostenrechnung unterscheidet man zwischen einfacher, doppelter und voller Flexibilität der Sollkosten.

Der entscheidende Unterschied besteht darin, daß sowohl bei der Bildung von Verrechnungssätzen für innerbetriebliche Leistungen als auch bei der Ermittlung von Kalkulationssätzen nur proportionale Plankosten berücksichtigt werden.

In diese proportionalen Plankosten gehen variable Kostenträgergemeinkosten und zusätzlich variable Einzelkosten ein.

5.3.1.2 Die Durchführung der Kostenkontrolle

Für den Soll-Ist-Vergleich geht man aus von der Planbeschäftigung einer Kostenstelle und stellt für diese Planbeschäftigung den **Kostenplan** (s. S. 184) auf, indem man für jede Kostenart und damit auch für die Summe der Kostenarten die Basisplankosten ermittelt und in fixe und variable Bestandteile zerlegt.

Aufbauend auf diese Kostenzerlegung im Kostenplan wird die Grenzplankostenkurve (s. S. 185) aufgestellt.

Als Planbeschäftigung wird in der Regel die Normalbeschäftigung unterstellt. Da die fixen Kosten außerhalb der Betrachtung bleiben, sie nur noch „unter dem Strich" ausgewiesen werden, tritt keine Beschäftigungsabweichung auf. Aus diesem Grunde kommt der Bestimmung der Planbeschäftigung eine untergeordnete Bedeutung zu.

Gibt die Kostenstelle ihre Leistungen an eine nachgelagerte Kostenstelle weiter, so werden diese Leistungen nur zu variablen Kosten, zum **Grenzplanverrechnungssatz**, weiterverrechnet. Dieser Grenzplanverrechnungssatz k_{pl}^{v} wird bestimmt, indem man die variablen Kosten bei Planbeschäftigung K_{pl}^{sv} durch die

Kostenplan

Kostenart	Planverbrauchsmengen	Planpreis (Standardpreis)	Plankosten bei Planbeschäftigung		
			Gesamtkosten	variable Kosten	fixe Kosten
			Summe der Gesamtkosten	Summe der variablen Kosten	Summe der fixen Kosten

Planbeschäftigung x_{pl} dividiert:

$$k^v_{pl(TKR)} = \frac{K^{sv}_{pl}}{x_{pl}}$$

Diese verrechneten Plankosten stimmen in der Grenzplankostenrechnung stets mit den variablen (proportionalen) Sollkosten überein. Die **proportionalen Sollkosten bei Istbeschäftigung** ergeben sich daher als Produkt aus Grenzplanverrechnungssatz und Istbeschäftigung:

$$K^{sv}_i = k^v_{pl(TKR)} \cdot x_i$$

Im Rahmen des Soll-Ist-Vergleichs werden die proportionalen Istkosten K^v_i den proportionalen Sollkosten bei Istbeschäftigung K^{sv}_i für jede Kostenart gegenübergestellt. Als Differenz zwischen K^v_i und K^{sv}_i ergibt sich die **Verbrauchsabweichung**.

Grenzplankostenkurve

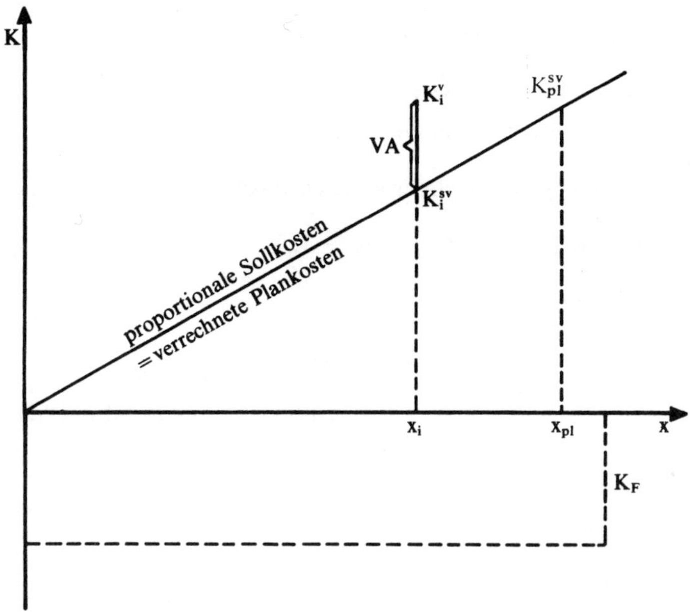

VA = Verbrauchsabweichung
K_{pl}^{sv} = variable Plankosten bei Planbeschäftigung
K_i^{sv} = variable Sollkosten bei Istbeschäftigung
K_i^v = variable Istkosten bei Istbeschäftigung
x_{pl} = Planbeschäftigung
x_i = Istbeschäftigung

5.3.1.3 Die Budgetierung der Grenzkosten

Bei der Budgetierung der Grenzkosten werden die variablen und die fixen Plankosten gesondert ermittelt. Die Planfixkosten werden aufgrund der Planbeschäftigung festgelegt und monatlich vorgegeben. Bei den variablen Kosten erfolgt ebenfalls aufgrund der Planbeschäftigung eine einmalige jährliche Festlegung der Sollkostenkurve. Das Budget der variablen Kosten wird auf der Basis des monatlichen Aktionsbudgets vorgegeben. Die Steuerung und Kontrolle der Abteilungen (Unterinstanzen) erfolgt ausschließlich mit Hilfe der variablen Kosten.

Der Aufbau der **Grenzkostenbudgetierung** entspricht weitgehend der Budgetierung der Vollkosten. Neben der Bestimmung der Planbeschäftigung x_{pl} ist bei der Budgetierung für jeden Monat eine spezifische Planbeschäftigung, ein Aktionsbudget x_{pl}^a, vorzugeben. Das Budget der variablen Kosten (K_{pl}^{av}) wird dann auf der Basis dieses monatlichen Aktionsbudgets ermittelt.

Da ein linearer Verlauf der variablen Sollkosten unterstellt ist, ist der Grenzplanverrechnungssatz unabhängig vom Beschäftigungsvolumen. Es treten daher bei Grenzkostenbudgetierung keine Plankostenverrechnungsabweichungen auf.

Zur Kostenbudgetkontrolle werden nach Ablauf des Monats die Ist-Beschäftigung (x_i) und die Ist-Grenzkosten (K_i^v) ermittelt. Analog der Vollkostenbudgetierung lassen sich 2 Abweichungen bestimmen:

$$\text{Aktionsbudgetabweichung} = x_i - x_{pl}^a$$
$$\text{Grenzkostenbudgetabweichung} = K_i^v - K_{pl}^{av}$$

Die Grenzkostenbudgetabweichung läßt sich aufspalten:

$$K_i^v - K_{pl}^{av} = (K_i^v - K_i^{sv}) + (K_i^{sv} - K_{pl}^{av})$$

Diese Gleichung enthält folgende Terme:

I	$K_i^v - K_{pl}^{av}$	Grenzkostenbudgetabweichung
II	$K_i^v - K_i^{sv}$	Kostenkomponente der Grenzkostenbudgetabweichung
III	$K_i^{sv} - K_{pl}^{av}$	Mengenkomponente der Grenzkostenbudgetabweichung

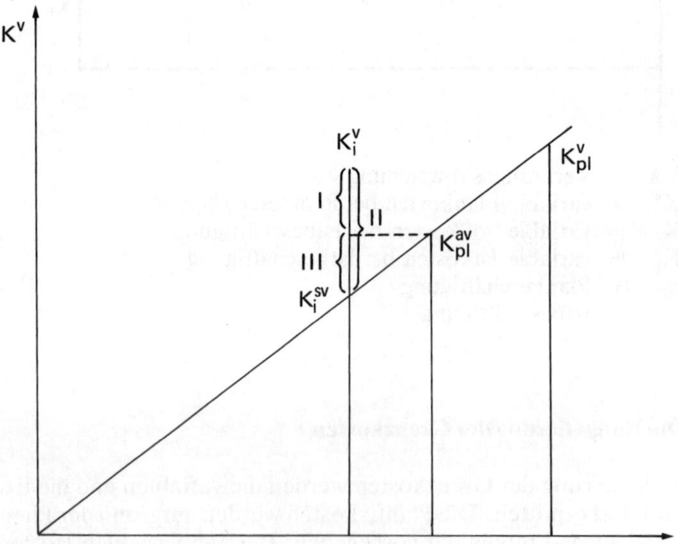

Es bedeutet:
- x_i = Istbeschäftigung
- x_{pl} = Planbeschäftigung
- x_{pl}^a = Aktionsbudget
- K_i^v = Istgrenzkosten
- K_{pl}^{av} = Grenzkostenbudget (= Budget der variablen Kosten)
- K_i^{sv} = variable Sollkosten bei Istbeschäftigung
- K_{pl}^{sv} = variable Plankosten bei Planbeschäftigung

Für die Kontrolle der Abteilungen wird lediglich die Kostenkomponente der Grenzkostenbudgetabweichungen ausgewertet.

Dieses System der Kostenbudgetierung auf Grenzkostenbasis ist – soweit der Anteil der fixen Gemeinkosten an den Gesamtkosten gering ist – für die Steuerung und Kontrolle der Abteilungen und zur Fundierung kurzfristiger Planungsaufgaben besonders gut geeignet.

5.3.2 Die Grenzplankostenrechnung als Grundlage für unternehmerische Entscheidungen

5.3.2.1 Die notwendige Kosteninformation zur Absicherung kurzfristiger Entscheidungen

Die Kostenrechnung hat neben der Kontrolle des Unternehmensprozesses die Aufgabe, für dispositive Zwecke Informationen über Kosten und Leistungen bereitzustellen. Da die Kostenrechnung eine einperiodige Rechnung ist, sie also ausgeht von gegebenen Kapazitäten, liefert sie gemeinhin nur **Unterlagen für kurzfristige Entscheidungsprobleme**.

Da bei kurzfristigen Entscheidungsproblemen fixe Kosten in der Regel unveränderlich sind, werden sie für Optimierungsüberlegungen außer acht gelassen. Nur geplante Grenzkosten und geplante Deckungsbeiträge werden als Ausgangsdaten für die Entscheidung benötigt.

Mit Hilfe der Grenzplankostenrechnung lassen sich Planungsprobleme im Beschaffungsbereich (z.B. Eigenerstellung oder Fremdbezug), im Produktionsbereich (z.B. Produktionsprogrammplanung, Produktionsprozeßplanung) und im Absatzbereich (z.B. Annahme oder Ablehnung eines Zusatzauftrages, Zusammensetzung des Sortiments) lösen.

Im folgenden sei beispielhaft für diese Planungsprobleme das gewinnmaximale Produktionsprogramm einer Abrechnungsperiode, das mit dem Absatzprogramm identisch sein möge, bestimmt. Ausgehend von einer gegebenen Produktionsanlage ist also auf der Grundlage der aus der Kostenrechnung gewonnenen entscheidungsrelevanten Unterlagen festzulegen, welche Produktarten in welchen Mengen produziert und abgesetzt werden sollen.

Das Ergebnis dieser Optimumbestimmung sei mit dem auf Vollkostenbasis errechneten „Optimum" verglichen.

5.3.2.2 Die Planung des Produktions- und Absatzprogramms bei ausreichenden Kapazitäten

Bei ausreichenden Kapazitäten in allen Teilbereichen der Unternehmung sind in das gewinnmaximale Produktions- und Absatzprogramm nach der **Vollkostenrechnung** diejenigen Erzeugnisse aufzunehmen, deren geplanter **Stückgewinn** positiv ist. Die **Grenzplankostenrechnung** verwendet hingegen als Grundlage für diese Entscheidung die **Deckungsspanne**: Es sind alle diejenigen Produkte zu produzieren und abzusetzen, deren geplante Deckungsspanne positiv ist.

Die Planung des gewinnmaximalen Produktions- und Absatzprogramms für die zukünftige Periode sei mit Hilfe der beiden Entscheidungskriterien auf Grund der nachstehenden und der Unternehmung bekannten Kosten- und Marktdaten für fünf von der Unternehmung produzierbare Erzeugnisse veranschaulicht:

Produkt	max. Absatzmenge	Gesamtkosten je Produktart	variable Gesamtkosten je Produktart	Absatzpreis je Leistungseinheit
A	3000	114000	90000	44
B	4500	112500	90000	18
C	2500	70000	52500	35
D	1800	61200	48600	42
E	3800	98800	83600	25
Summe		456500	364700	

Die gesamten fixen Kosten ergeben sich aus der Differenz zwischen den Gesamtkosten der Produktarten und den gesamten variablen Kosten der Produktarten. Sie betragen 91800 DM.

Nach dem **Entscheidungskriterium auf der Grundlage von Vollkosten** ergeben sich die folgenden Stückgewinne bzw. -verluste für die einzelnen Produktarten:

Produkt	Selbstkosten pro Einheit (k_s)	variable Stückkosten (k_v)	Absatzpreis (p)	Stückgewinn bzw. -verlust (g)	Rangfolge der Produkte
A	38	30	44	+6	3
B	25	20	18	−7	5
C	28	21	35	+7	2
D	34	27	42	+8	1
E	26	22	25	−1	4

Es werden nur diejenigen Produkte produziert und abgesetzt, die einen positiven Stückgewinn aufweisen. Die Rangfolge der Aufnahme der Produkte in das Produktions- und Absatzprogramm richtet sich dabei nach der Höhe des Stückerfolges. Zuerst wird das Produkt mit dem höchsten Stückgewinn (Produkt D mit 8 DM) gefertigt, dann das mit dem nächsthöchsten (Produkt C mit 7 DM) und zum Schluß das Produkt A mit einem Stückgewinn von 6 DM. Die Produkte E und B werden nicht in das Programm aufgenommen, da sie einen Stückverlust aufweisen.

Für die in das Produktions- und Absatzprogramm aufgenommenen Produkte D, C und A erhält man – auf der Grundlage der ermittelten Selbstkosten pro Einheit – den folgenden „Gewinn“:

Produkt	maximale Absatzmenge	Stückgewinn bzw. -verlust je Produktart	Gewinn je Produktart
A	3000	+6	18000
B	4500	−7	—
C	2500	+7	17500
D	1800	+8	14400
E	3800	−1	—
Summe			49900

Die Produkte A, C und D erbringen einen „Gewinn" von 49900 DM. Eine solche Gewinnplanung beruht lediglich auf den Absatzpreisen, Absatzmengen und Kosten dieser Produkte. Die Stückkosten dieser Produkte sind jedoch errechnet worden unter der Annahme, daß die Produkte B und E produziert und abgesetzt werden. Das Ausscheiden der Produkte B und E hat zur Konsequenz, daß nur diejenigen Kosten nicht mehr anfallen, die von der Produktionsmenge abhängig sind. Die anteiligen Fixkosten fallen auch an, wenn die Produkte B und E nicht mehr gefertigt werden. Die im Produktions- und Absatzprogramm verbleibenden Produkte A, C und D haben deshalb diese Fixkosten zusätzlich zu tragen.

Die auf die Produkte B und E verrechneten Fixkosten ergeben sich aus der Differenz zwischen den Gesamtkosten je Produktart und deren gesamten variablen Kosten: dem Produkt B waren 22500 DM zugeordnet, dem Produkt E 15200 DM.

Der erzielte Gewinn bei Produktion und Absatz der Produkte A, C und D beträgt somit:

„Gewinn" der Produkte A, C und D	49900
./. auf Produkt B verrechnete Fixkosten	./. 22500
./. auf Produkt E verrechnete Fixkosten	./. 15200
	12200

In der Vollkostenrechnung werden alle angefallenen Kosten auf die erstellten Produktmengen verrechnet. Dies bedeutet, daß die bisher auf die Produkte B und E verrechneten Fixkosten von 37700 DM auf die verbleibenden Produkte verteilt werden müssen. Die Selbstkosten pro Einheit dieser Produkte steigen dadurch. Dies kann zur Konsequenz haben, daß eine weitere Produktart einen negativen Stückerfolg ausweist und demzufolge bei Anwendung des Kriteriums $g = p - k_s > 0$ aus dem Produktions- und Absatzprogramm herausgenommen werden müßte. Die auf diese Produktart bisher verrechneten Fixkosten wären dann von den verbleibenden zwei Produktarten zusätzlich zu tragen.

Eine solche Fixkostenzuteilung könnte letztlich dazu führen, daß die Selbstkosten pro Einheit der Produktart für die verbleibenden Produktarten höher sind als die erzielbaren Absatzpreise. Das Unternehmen würde sich aus dem Markt „herauskalkulieren".

Nach dem **Entscheidungskriterium der Grenzplankostenrechnung** werden in das gewinnmaximale Produktions- und Absatzprogramm diejenigen Produktarten aufgenommen, deren Deckungsspanne d positiv ist.

Für die einzelnen Produktarten ergeben sich folgende Deckungsspannen:

Produkt	variable Stückkosten (k_v)	Absatz-preis (p)	Deckungs-spanne ($d = p - k_v$)	Rangfolge der Produkte
A	30	44	+14	2
B	20	18	− 2	5
C	21	35	+14	2
D	27	42	+15	1
E	22	25	+ 3	4

Die Rangfolge der Aufnahme der Produkte in das Produktions- und Absatzprogramm richtet sich nach der Höhe der Deckungsspanne. Produkt D mit der höchsten Deckungsspanne (15 DM) ist zuerst in das Programm aufzunehmen. Die Produkte A und C weisen als die nächsten Produkte gleich hohe Deckungsspannen (14 DM) auf. Dann folgt das Produkt E, welches nach dem Kriterium der Vollkostenrechnung nicht berücksichtigt wurde, mit einer Deckungsspanne von 3 DM. Das Produkt mit der negativen Deckungsspanne ist aus dem Produktions- und Absatzprogramm zu eliminieren (Produkt B). Jede produzierte und abgesetzte Einheit dieses Produktes würde den Gewinn um 2 DM verringern.
Für die in das Produktions- und Absatzprogramm aufgenommenen Produkte erhält man den folgenden Nettogewinn:

Produkt	max. Absatzmenge	Deckungs-spanne	Deckungs-beitrag
A	3000	+14	42000
B	4500	− 2	—
C	2500	+14	35000
D	1800	+15	27000
E	3800	+ 3	11400
Gesamtdeckungsbeitrag			115400
./. Fixe Kosten			91800
Nettogewinn			23600

Der geplante Nettogewinn auf der Grundlage der Grenzplankostenrechnung übersteigt um 11400 DM den Gewinn bei Vollkostenrechnung. Der Unterschied entsteht dadurch, daß das Produktions- und Absatzprogramm auf der Basis von Vollkosten das Produkt E nicht enthält. Bei diesem Produkt ist der Stückgewinn negativ, der Grenzgewinn, die Deckungsspanne, jedoch positiv. In solchen Fällen führt die Programmplanung auf Vollkostenbasis dazu, daß ein Produkt als „Verlustbringer" aus dem Programm gestrichen wird. Das aber bedeutet, daß der Unternehmer auf den möglichen Deckungsbeitrag dieses Produktes in Höhe von 11400 DM, der ihm bei Weiterproduktion des Erzeugnisses zur Verfügung stünde, verzichtet.

Unternehmerische Entscheidungen können auf der Basis von Vollkosten fehlerhaft sein. Die kurzfristigen Entscheidungen sind deshalb auf der Grundlage der Grenzplankostenrechnung zu treffen.

5.3.2.3 Die Planung des Produktions- und Absatzprogramms bei knappen Kapazitäten

5.3.2.3.1 Das optimale Produktions- und Absatzprogramm bei einem betrieblichen Engpaß

Die Unternehmung möge auf Grund der Fertigungskapazität einer Produktionsstufe, die von allen Produkten durchlaufen werden muß, kurzfristig nicht in der Lage sein, alle Produkte, die eine positive Deckungsspanne besitzen, mit ihren maximal möglichen Absatzmengen zu fertigen.

Für diesen Engpaß ist die Kapazitätsbeanspruchung durch die einzelnen Produkte zu bestimmen. Dazu ist die Kenntnis des Produktionskoeffizienten, der den Faktorverbrauch pro Produkteinheit angibt, erforderlich.

Ausgehend vom bisher verwendeten Beispiel werden für die Produktionsstufe, die den Engpaß bestimmt, die Produktionskoeffizienten der Produkte mit positiven Deckungsspannen in der folgenden Tabelle aufgeführt. Die einzelnen Produktionskoeffizienten geben dabei die Bearbeitungszeit in Stunden pro Produkteinheit an:

Produkt	Deckungsspanne	Produktionskoeffizient	maximale Absatzmenge	maximal benötigte Kapazität
A	14	1	3000	3000
C	14	2,5	2500	6250
D	15	2	1800	3600
E	3	0,2	3800	760
			Kapazitätsbedarf:	13610

Die maximal benötigte Kapazität pro Produktart erhält man, indem man die maximale Absatzmenge jeder Produktart mit dem Produktionskoeffizienten multipliziert. Summiert man die so benötigten Kapazitätseinheiten pro Produktart über alle Produktarten auf, so erhält man den Kapazitätsbedarf.

Dem Kapazitätsbedarf von 13610 Fertigungsstunden möge in dieser Produktionsstufe nur eine verfügbare Kapazität von 12950 Fertigungsstunden gegenüberstehen.

Bestimmt man das **Produktions- und Absatzprogramm** unter Beachtung dieser Kapazitätsrestriktion **nach der Höhe der Deckungsspannen der einzelnen Erzeugnisse**, so ergibt sich folgende Prioritätsskala der Produktion: Produkt D, Produkt A bzw. C, Produkt E.

Die zur Verfügung stehende Kapazität wird von den Produkten wie folgt beansprucht:

Produkt	maximale Absatzmenge	Produktions-koeffizient	Kapazitäts-beanspruchung	effektive Produktions- u. Absatzmenge
D	1800	2	3600	1800
A	3000	1	3000	3000
C	2500	2,5	6250	2500
E	3800	0,2	100	500
Summe	—	—	12950	—

Die Fertigungskapazität reicht aus, um die Produkte D, A und C mit ihren maximal absetzbaren Mengen zu produzieren. Für das Produkt E verbleiben nur noch 100 Std. an Fertigungszeit, so daß nur noch 500 Produkteinheiten gefertigt werden können. Für dieses nach dem Kriterium der Höhe der **absoluten Deckungsspanne** ermittelte Produktions- und Absatzprogramm erhält man als Gesamtdeckungsbeitrag und als Nettogewinn:

Produkt	Deckungs-spanne	effektive Absatz-menge	Deckungs-beitrag
D	15	1800	27000
A	14	3000	42000
C	14	2500	35000
E	3	500	1500
Gesamtdeckungsbeitrag			105500
./. Fixe Kosten			91800
Nettogewinn			13700

Würde jedes Produkt den Engpaß gleich stark belasten, so wäre die Bestimmung des optimalen Produktions- und Absatzprogramms mit Hilfe des von der Höhe der absoluten Deckungsspannen ausgehenden Entscheidungskriteriums richtig.

Die einzelnen Produktarten beanspruchen jedoch zur Erstellung einer Leistungseinheit den Engpaß in unterschiedlicher Weise. Es ergibt sich deshalb in Abhängigkeit von der gefertigten Produktart pro Fertigungsstunde eine andere Deckungsspanne. Da für den Engpaß konkurrierende Verwendungsmöglichkeiten bestehen, ist die Rangfolge für den Einsatz der knappen Kapazität somit nach der Deckungsspanne, die pro Einheit des Engpaßfaktors erzielt wird, zu bestimmen.

Die Deckungsspanne pro Einheit des begrenzten Faktors wird als **relative Deckungsspanne** bezeichnet. Sie wird ermittelt, indem man die absolute Deckungsspanne dividiert durch den Produktionskoeffizienten – durch den Faktorverbrauch pro Erzeugniseinheit – jeder Produktart.

Zur Bestimmung des optimalen Produktions- und Absatzprogramms sind deshalb die Produkte nach der Höhe ihrer relativen Deckungsspannen zu ordnen:

Produkt	absolute Deckungs-spanne	Produktions-koeffizient	relative Deckungs-spanne	Rangfolge der Produkte
A	14	1	14	2
C	14	2,5	5,6	4
D	15	2	7,5	3
E	3	0,2	15	1

Pro Fertigungsstunde für die Produktion des Produktes E erzielt man eine Deckungsspanne von 15 DM, für die Produktion des Produktes C jedoch nur eine Deckungsspanne von 5,60 DM.

Die zur Verfügung stehende Kapazität wird entsprechend der Prioritätsskala solange auf die Produkte verteilt, bis die Gesamtkapazität erreicht ist:

Produkt	maximale Absatzmenge	Produktions-koeffizient	Kapazitäts-beanspruchung	effektive Produktions- u. Absatzmenge
E	3800	0,2	760	3800
A	3000	1	3000	3000
D	1800	2	3600	1800
C	2500	2,5	5590	2236
Summe	—	—	12950	—

Die nach der Höhe ihrer relativen Deckungsspannen in das Produktions- und Absatzprogramm aufgenommenen Produkte E, A und D können mit ihren maximal absetzbaren Mengen produziert werden. Um die maximal absetzbare Menge von 2500 Einheiten des Produktes C fertigen zu können, wäre eine Fertigungszeit von 6250 Stunden erforderlich. Da nur 5590 Stunden zur Produktion des Produktes C verbleiben, können nur 2236 Einheiten erstellt werden.

Für dieses auf der Grundlage von relativen Deckungsspannen ermittelte Produktions- und Absatzprogramm ergeben sich als Gesamtdeckungsbeitrag und Nettogewinn:

Produkt	Deckungs-spanne	effektive Absatz-menge	Deckungs-beitrag
E	3	3800	11400
A	14	3000	42000
D	15	1800	27000
C	14	2236	31304
Gesamtdeckungsbeitrag			111704
./. Fixe Kosten			91800
Nettogewinn			19904

Der Gesamtdeckungsbeitrag und damit der Nettogewinn ist im Falle der Programmplanung auf der Grundlage von relativen Deckungsspannen um 6204 DM höher als bei Anwendung der absoluten Deckungsspanne als Entscheidungskriterium.

Das gewinnmaximale Produktions- und Absatzprogramm ist, wenn nur eine Produktionsstufe den Kapazitätsengpaß darstellt und der Engpaß nicht von der Zusammensetzung des Programms abhängig ist, mit relativen Deckungsspannen zu bestimmen.

5.3.2.3.2 Das optimale Produktions- und Absatzprogramm bei mehreren betrieblichen Engpässen

Erfolgt die Fertigung der Produktarten in mehreren Produktionsstufen und weisen die Produkte in den einzelnen Produktionsstufen unterschiedliche Produktionskoeffizienten auf, dann können mehrere Kapazitätsengpässe auftreten, wenn die Relation der Produktionskoeffizienten auf den einzelnen Produktionsstufen unterschiedlich ist.

In einer solchen Situation ist von vornherein nicht bekannt, welche Produktionsstufen zu Engpässen werden. Die Kapazitätsengpässe sind von der Zusammensetzung des Produktions- und Absatzprogrammes abhängig, man kennt sie also erst, wenn das Produktions- und Absatzprogramm bestimmt worden ist.

Bei **programmabhängigen Engpaßsituationen** läßt sich das Produktions- und Absatzprogramm nicht mehr mit dem Kriterium „relative Deckungsspanne" ermitteln, denn wechselseitige Engpaßwirkungen erfordern eine simultane Festlegung der Kapazitätsengpässe und der gewinnmaximalen Produktions- und Absatzmenge. Hierzu verwendet man Methoden der Mathematischen Programmierung. Bei konstanten Absatzpreisen und konstanten Grenzkosten ist eine **simultane Lösung des Planungsproblems mit Hilfe der Linearen Programmierung** möglich.

Ein linearer Programmierungsansatz besteht aus einer zu maximierenden bzw. zu minimierenden Zielfunktion, linearen Nebenbedingungen (z.B. Kapazitätsrestriktionen und Absatzrestriktionen) und Nichtnegativitätsbedingungen, die verhindern, daß negative Lösungen (z.B. negative Produktionsmengen) auftreten.

Die Zielfunktion des hier betrachteten Maximierungsproblems lautet:

$$G = \sum_{i=1}^{n} d_i x_i \Rightarrow \text{Max.}$$

Diese Zielfunktion ist unter gleichzeitiger Einhaltung der folgenden Nebenbedingungen zu maximieren.

$$\begin{aligned} b_{ij} \cdot x_i &\leq B_j \quad (j = 1, \ldots, m), (i = 1, \ldots, n) \\ x_i &\leq x_{Hi} \quad (i = 1, \ldots, n) \\ x_i &\geq 0 \quad (i = 1, \ldots, n) \end{aligned}$$

Die Symbole haben folgende Bedeutung:

G = Gesamtdeckungsbeiträge
i = Index der Produktart
j = Index des Produktionsfaktors
d_i = Deckungsspanne der Produktart i
x_i = zu bestimmende Produktionsmenge der Produktart i
b_{ij} = Produktionskoeffizient der Produktart i für den Produktionsfaktor j
B_j = Kapazität des Produktionsfaktors j
x_{Hi} = maximale Absatzmenge der Produktart i

Dieser Standardansatz der Linearen Programmierung sei auf das Ausgangsbeispiel angewandt. Hierzu sei zusätzlich unterstellt, daß in einer zweiten Produktionsstufe die Fertigungskapazität auf 7200 Fertigungsstunden beschränkt ist. Die Produktionskoeffizienten dieser Fertigungsstufe sind in der folgenden Tabelle aufgeführt, es sei ferner angenommen, daß die Produktarten A, C, D, E durch die Ziffern 1, 2, 3, 4 ausgedrückt werden können:

Produkt	Produktionskoeffizienten	
	Fertigungsstufe I	Fertigungsstufe II
A = 1 C = 2 D = 3 E = 4	1 2,5 2 0,2	0,5 0,8 1 0,6
gesamt verfügbare Kapazität	12950	7200

Das optimale Produktions- und Absatzprogramm läßt sich mit Hilfe des folgenden Lösungsansatzes bestimmen:

$$
\begin{aligned}
G = 14\,x_1 + 14\,x_2 + 15\,x_3 + 3\,x_4 &\rightarrow \text{Max.}\\
x_1 + 2{,}5\,x_2 + 2\,x_3 + 0{,}2\,x_4 &\leq 12950\\
0{,}5\,x_1 + 0{,}8\,x_2 + 1\,x_3 + 0{,}6\,x_4 &\leq 7200\\
x_1 &\leq 3000\\
x_2 &\leq 2500\\
x_3 &\leq 1800\\
x_4 &\leq 3800\\
x_1 &\geq 0\\
x_2 &\geq 0\\
x_3 &\geq 0\\
x_4 &\geq 0
\end{aligned}
$$

Die Lösung dieses linearen Planungsproblems kann mit der von G. B. Dantzig entwickelten **Simplex-Methode** erfolgen. Der Simplex-Algorithmus führt über mehrere Iterationen zum Optimum.

Die optimale Lösung lautet:

Maximaler Deckungsbeitrag:	111 111,90
·/. Fixkosten	91 800,–
Nettogewinn	19 311,90

Es werden die folgenden Mengen der einzelnen Produktarten produziert und abgesetzt:

Produkt	Produktions- und Absatzmenge
A	3 000
C	2 261,20
D	1 800
E	3 485

Die Kapazitäten der Fertigungsstufen I und II sind voll ausgelastet. Bedingt durch die programmabhängigen Engpaßsituationen kann von den Produkten C und E nicht die maximal mögliche Absatzmenge produziert werden.

Die angestellten Planungsüberlegungen lassen sich auf alle kurzfristigen Entscheidungsprobleme im Beschaffungs-, Produktions- und Absatzbereich übertragen. Bei mittel- und langfristigen Entscheidungsproblemen ist jedoch der Bestand an Potentialfaktoren, d.h. der Betriebsmittel und der menschlichen Arbeitskraft, veränderlich und damit entscheidungsrelevant.

Literaturübersicht zum Kapitel 5.3
Plankostenrechnung und Budgetierung auf Teilkostenbasis

Böhm, Hans-Hermann/Wille, Friedrich, Deckungsbeitragsrechnung, Grenzpreisrechnung und Optimierung, 6. Aufl., München 1977, S. 241-285.

Coenenberg, Adolf Gerhard, Kostenrechnung und Kostenanalyse, 4. Aufl., Landsberg/Lech 1999, S. 306-358.

Dantzig, George B., Lineare Programmierung und Erweiterungen, Übers. A. Jaeger, Berlin, Heidelberg, New York, 1966, S. 110-138.

Ewert, Ralf/Wagenhofer, Alfred, Interne Unternehmensrechnung, 3. Aufl., Berlin, Heidelberg, New York, Tokyo, 1997, S. 15-136, 143-190.

Haberstock, Lothar, Kostenrechnung II, (Grenz-) Plankostenrechnung, 7. Aufl., Hamburg 1986.

Hax, Herbert, Linerare Programmierung und Simplex-Methode als Instrumente betriebswirtschaftlicher Planung, in: ZfhF, 12. Jg., 1960, S. 578-605.

Jacob, Herbert, Die Planung des Produktions- und des Absatzprogramms, in: Jacob, Herbert, (Hrsg.), Industriebetriebslehre, 4. Aufl., Wiesbaden 1990, S. 401-590.

Kilger, Wolfgang, Optimale Produktions- und Absatzplanung, Opladen 1973, S. 95-163.

Kilger, Wolfgang, Flexible Plankostenrechnung und Deckungsbeitragsrechnung, 9. Aufl., Wiesbaden 1988, S. 98-117, 661-717, 737-789.

Kilger, Wolfgang, Die Entstehung und Weiterentwicklung der Grenzplankostenrechnung als entscheidungsorientiertes System der Kostenrechnung, in: Schriften zur Unternehmensführung, Band 21, Wiesbaden 1976, S. 9-39.

Kilger, Wolfgang, Betriebliches Rechnungswesen, in: Jacob, Herbert, (Hrsg.), Allgemeine Betriebswirtschaftslehre, 5. Aufl., Wiesbaden 1988, S. 921-1044, hier S. 1010-1018.

Kloock, Josef/Sieben, Günter/Schildbach, Thomas, Kosten- und Leistungsrechnung, 8. Aufl., Düsseldorf 1999, S. 221-239.

Koch, Helmut, Integrierte Unternehmensplanung, Wiesbaden 1982, S. 255-266.

Layer, Manfred, Möglichkeiten und Grenzen der Anwendbarkeit der Deckungsbeitragsrechnung im Rechnungswesen der Unternehmung, Berlin 1967, S. 94-129.

Layer, Manfred, Die Kostenrechnung als Informationsinstrument der Unternehmensleitung, in: Schriften zur Unternehmensführung, Band 21, Wiesbaden 1976, S. 97-138.

Müller-Merbach, Heiner, Operations Research, 3. Aufl., München 1973, S. 88-178.

Plaut, Hans-Georg, Die Grenz-Plankostenrechnung, in: ZfB, 23. Jg., 1953, S. 347-363, 402-413.

Scheer, August-Wilhelm, (Hrsg.), Grenzplankostenrechnung. Stand und aktuelle Probleme, Festschrift für Hans Georg Plaut zum 70. Geburtstag, Wiesbaden 1988.

Weber, Jürgen, Einführung in das Rechnungswesen II: Kostenrechnung, 5. Aufl., Stuttgart 1997, S. 171f.

Wilkens, Klaus, Kosten- und Leistungsrechnung, 8. Aufl., München 1996, S. 238-244.

6. Die Prozeßkostenrechnung

6.1 Die Leistungsfähigkeit der traditionellen Kostenrechnungssysteme bei steigendem Anteil der Gemeinkosten an den Gesamtkosten

Die bisherigen Kostenrechnungssysteme sind eigentlich für die Fertigungsdurchführung entwickelt worden. Dies gilt sowohl für die stellenbezogene Kostenvorgabe und -kontrolle als auch für die Kalkulation. Im Bereich der Fertigungsdurchführung versuchte man, die Kosten verursachungsgerecht zu verteilen. Da dort Material-, Personal- sowie direkte Fertigungsgemeinkosten betroffen sind, erfüllt in diesen Bereichen bisher die Zuschlagskalkulation die geforderte Transparenz und Leistungsmengenbezogenheit.

Die rasch voranschreitende Computertechnologie und die dadurch mögliche Variantenvielfalt und die Flexibilität der Fertigung haben zu einer Verschiebung in der Kostenstruktur geführt. Der Anteil der Gemeinkosten an der betrieblichen Wertschöpfung steigt ständig. Für diese Bereiche und auch für Bereiche außerhalb der Fertigungsdurchführung wie Entwicklung, Beschaffung, Produktionsplanung und -steuerung, Qualitätsprüfung, Software-Erstellung, Lagerung, Fertigungsverwaltung, Vertrieb usw. kann man die Kosten den Leistungen nicht verursachungsgerecht über Gemeinkostenzuschläge zurechnen. Fertigungslöhne lassen sich nicht mehr als zulässige Zuschlagsbasis ansehen.

Während in Industrieunternehmen Verschiebungen in den Kostenstrukturen insbesondere durch die zunehmende Automatisierung der Fertigungsprozesse hervorgerufen werden, ist der Anteil der Gemeinkosten an den Gesamtkosten im Bereich der öffentlichen Verwaltung seit eh wegen der Art der Leistungserstellung sehr hoch. Die Kosten sind nicht immer direkt abhängig vom Output. Sie werden auch beeinflußt durch die Komplexität und die Varianten der Leistungen. Zudem lassen sich Verwaltungsleistungen mitunter quantitativ kaum erfassen.

Die Qualität der bereitgestellten Informationen und der **Grad der Erfüllung der gestellten Aufgaben sind der Maßstab für die Beurteilung eines Kostenrechnungssystems**. Ein aussagefähiges Kostenrechnungssystem muß die Kosten der betrieblichen Aktivitäten ermitteln. Es sind die Periodenkosten so transparent aufzubereiten, daß Kostenschwerpunkte und unplanmäßige Kostenentwicklungen deutlich aufgezeigt werden und somit durch ein **wirkungsvolles Controlling** Effizienzpotentiale ausgeschöpft werden können. Zudem hat die Kostenrechnung der **Kalkulation der Produkte** zu dienen. Ein Kostenrechnungssystem muß den Veränderungen in der Kostenzusammensetzung Rechnung tragen.

Eine Berücksichtigung dieses hohen Gemeinkostenanteils in der traditionellen Vollkostenrechnung birgt die Gefahr von Fehlsteuerungen in sich. Denn die Vollkostenrechnung verletzt mit ihrer Verteilung aller Kosten über die Kostenstellen bis auf die Leistungseinheit das Verursachungsprinzip.

Ausgehend von der Kritik an der Vollkostenrechnung wurde deshalb stets gefordert, die Schlüsselung von Kosten zu vermeiden und nicht weiter zerlegbare Kostenanteile als Block zu belassen und somit auf Teilkostenrechnungssysteme überzugehen. Im Fixkostenproblem stecken aber wichtige ungelöste Aufgaben. Sowohl der Verzicht auf die Fixkostenschlüsselung als auch die Aufspaltung der Fixkosten in der mehrstufigen Deckungsbeitragsrechnung scheinen keine ausreichende Berücksichtigung und Beeinflussung der Fixkosten zu bieten. Denn mit dem hohen und ständig steigenden Anteil fixer Gemeinkosten an den Gesamtkosten ist die relevante Manövriermasse einer Teilkostenrechnung sehr gering.

Für die Kalkulation und somit für die Preisbegründung, aber auch für ein wirkungsvolles Controlling mit Hilfe der Teilkostenrechnungen (sowohl auf der Basis von variablen Kosten als auch von Einzelkosten) hat das Konsequenzen.

Soll mit einem Zuschlagssatz in Höhe eines Solldeckungsbeitrags auf die variablen Stückkosten das Leistungsentgelt festgelegt werden, so bedeutet dies: Der zugeschlagene Solldeckungsbeitrag entspricht bei Kostendeckung den Fixkosten, und diese müßten geschlüsselt werden.

Für die Ermittlung der Kosten zum Zwecke der Festlegung von Leistungsentgelten steckt aber auch die relative Einzelkostenrechnung in einem Dilemma. Es lassen sich fixe und variable echte Gemeinkosten einer Leistungseinheit nicht objektiv zurechnen. Es ist nicht bekannt, um welchen Betrag sich die Gemeinkosten ändern, wenn Leistungsmengenveränderungen auftreten.

Aber auch für die Kontrolle der Kostenstellen und Entscheidungsbereiche hat eine Kontrollrechnung allein auf der Basis von variablen Kosten bei deren geringem Anteil an den Gesamtkosten keine Aussagekraft. Die weitergehende stufenweise Fixkostendeckungsrechnung und auch die relative Einzelkostenrechnung bieten aber Möglichkeiten zu bereichsbezogenen Kontrollrechnungen. Da aber z.B. bei der relativen Einzelkostenrechnung nur solche Plan- und Istkosten gegenübergestellt werden können, die von der Entscheidung abhängig sind, bedeutet dies für eine Bereichskontrolle und für die Kostenträgerrechnung, daß nur jene Einzelkosten kontrolliert werden, „... die unmittelbar und zusätzlich durch Kostenträger verursacht werden“ (Riebel, S. 14).

Wegen der **längerfristigen Wirkung von Entscheidungen** wird es für die Preisbegründung als notwendig angesehen, zumindest auch **Vollkosteninformationen bereitzustellen**. Zum anderen müssen für ein wirkungsvolles Controlling die Schwerpunkte im Bereich der Gemeinkosten und nicht der Einzelkosten gesetzt werden. Dabei sollte die Kostenentwicklung bereichsübergreifend verfolgt werden.

6.2 Das System der Prozeßkostenrechnung

6.2.1 Der Grundgedanke

Ausgehend von diesen Überlegungen sind seit etwa 1987 neue Kostenrechnungssysteme entstanden. Insbesondere hat das von Kaplan, Cooper und Johnson entwickelte „Activity Based Cost System“ die größte Bedeutung erlangt. Es hat im deutschsprachigen Raum die Bezeichnung **prozeßorientierte Kostenrechnung** bzw. Prozeßkostenrechnung.

Die prozeßorientierte Kostenrechnung ist kein von Grund auf neues Kostenrechnungssystem, sondern eine konsequente **Weiterentwicklung des bestehenden Systems** mit der Kostenarten- und Kostenstellenrechnung. Ihr Anliegen besteht im Ausweis von Stückkosten, die von dem zu erstellenden Produkt kurz- und langfristig verursacht werden. Die Prozeßkostenrechnung will also Vollkosten ausweisen. Zudem will sie durch eine Erhöhung der **Kostentransparenz** das Kostenbewußtsein anregen, sowie systematisch Soll-Ist-Vergleiche ermöglichen und somit die Effizienz steigern.

Um die Transparenz und die Output-Bezogenheit zu erreichen und um Entscheidungshilfen für die Preisermittlung zu geben, ist vorab eine Analyse und eventuelle Neustrukturierung der Kostenarten und -stellen erforderlich. Damit ist eine Analyse aller durchzuführenden Tätigkeiten verbunden. Der signifikante Unterschied zur traditionellen Kostenrechnung besteht darin, daß in allen Kostenbereichen auf indirekte (wertmäßige) Bezugsgrößen verzichtet wird. Dadurch entfällt eine grobe und nicht zu erklärende Schlüsselung bei der Weiterverrechnung der Gemeinkosten. Stattdessen sucht man Bezugsgrößen, die die Leistung einer Kostenstelle ausdrücken und die zudem eine verursachungsgerechte Zuordnung auf die Endleistung gestatten.
Die Abbildung (S. 201) soll das Vorgehen der prozeßorientierten Kostenrechnung verdeutlichen.

Prozesse beschreiben Vorgänge, die mit einem Arbeitsergebnis abgeschlossen werden. Dabei erfolgt die Beschreibung meist durch ein (teilweise substantiviertes) Verb, z.B. Entwerfen einer Gebührenordnung, Material bestellen, Material lagern, Bauanträge bearbeiten, Anträge ablehnen, Aufträge erteilen, Schallschutz prüfen, Anträge registrieren, Einsprüche bearbeiten etc.

Soweit es sich bei diesen Prozessen um Arbeiten und Tätigkeiten handelt, die sich in gleicher oder ähnlicher Weise wiederholen, lassen sich die Arbeitsergebnisse, d.h. die Prozeßmengen, quantitativ ermitteln. Diese Prozeßmengen, der Output, verursachen die Höhe der Kosten, sie werden als **„cost driver“** bezeichnet. Ein Beispiel für **cost-driver** ist z.B. die „Anzahl der Kassenanweisungen“ für die Tätigkeit „Auszahlung an Sozialhilfe“.

Aus der Gegenüberstellung von Prozeßkosten und Prozeßmengen läßt sich der Prozeßkostensatz bilden. Es werden also die Kosten je Prozeßgrößeneinheit ermittelt. Diese Prozeßkostensätze liefern einmal als Kennzahlen und somit als Beurteilungsmaßstab in der prozeßorientierten Zeitrechnung Daten für das Controlling. Sie erlauben eine Kostenkontrolle, bieten Grundlagen für Kostenvergleiche, zeigen Rationalisierungsmöglichkeiten auf und eignen sich zur Steuerung. Zum anderen ermöglichen die **Prozeßkostensätze** als Kalkulationssätze – als Bewertungsmaßstäbe in der prozeßorientierten Kalkulation – eine verursachungsgerechtere Kostenzurechnung auf die Leistungen und schaffen damit die Voraussetzung für eine Preisbildung und Preisbeurteilung. Die Prozeßkostensätze dienen zudem der Maßnahmenauswahl.

Ziel sollte es sein, die prozeßorientierte Kostenrechnung – wie die traditionelle Kostenrechnung auch – im Rahmen eines geschlossenen und vollständigen Systems der Zeit- und Stückrechnung periodisch durchzuführen. Damit wird einerseits erreicht, daß zwischen der Zeitrechnung und der Kalkulation ein systemati-

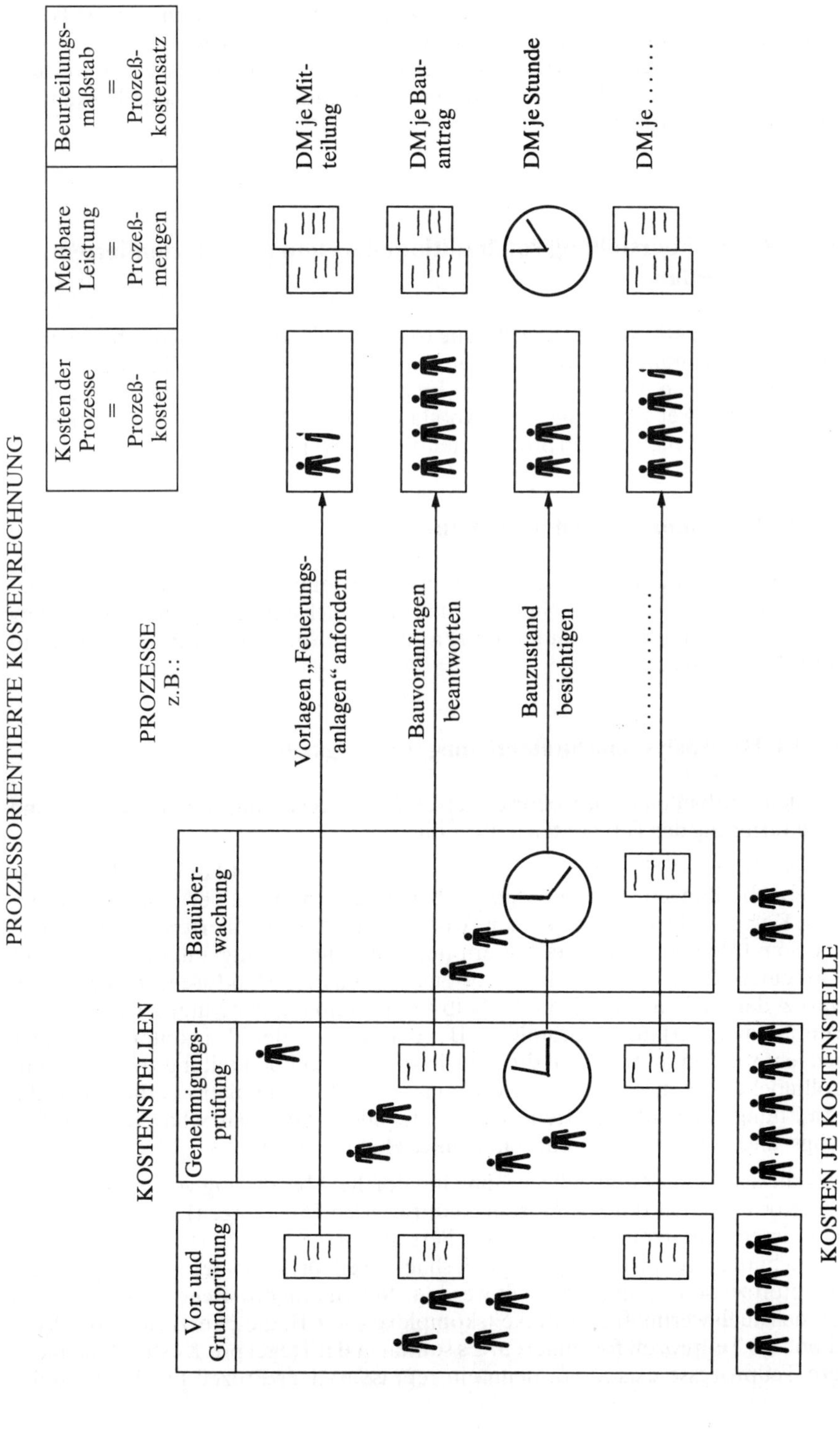
PROZESSORIENTIERTE KOSTENRECHNUNG
KOSTENSTELLEN
Vor- und Grundprüfung
Genehmigungs-prüfung
Bauüber-wachung
KOSTEN JE KOSTENSTELLE
PROZESSE z.B.:
Vorlagen „Feuerungs-anlagen“ anfordern
Bauvoranfragen beantworten
Bauzustand besichtigen
....
Kosten der Prozesse = Prozeß-kosten
Meßbare Leistung = Prozeß-mengen
Beurteilungs-maßstab = Prozeß-kostensatz
DM je Mit-teilung
DM je Bau-antrag
DM je Stunde
DM je ......

scher Zusammenhang besteht, der eine periodische Überprüfung der Kalkulationssätze gewährleistet. Andererseits werden die Gesamtkosten einer betrachteten Einheit vollständig als Prozeßkosten dargestellt. Dadurch ist gewährleistet, daß zwischen den verschiedenen Prozessen keine unkontrollierbaren Kostenverschiebungen stattfinden.

6.2.2 Gegenüberstellung von traditionellem und prozeßorientiertem Wertefluß

Die prozeßorientierte Kostenrechnung ist formal als Bindeglied zwischen die Kostenstellenrechnung und Kostenträgerrechnung getreten. Ein Teil der Kosten der Kostenstellen wird nicht über die Inanspruchnahme von Prozessen verrechnet, sondern über Zuschläge. Die Abbildung (S. 203) zeigt eine Gegenüberstellung von traditionellem und prozeßorientiertem Wertefluß.

6.2.3 Prozeßkosten(stellen)rechnung

Im folgenden wird in einzelnen Schritten die Erstellung einer Prozeßkosten(stellen)rechnung sowie deren Nutzung für ein bereichsübergreifendes Controlling und für die Kalkulation erläutert und an einem Beispiel aus der Praxis einer Bauverwaltung aufgezeigt.

6.2.3.1 Die Analyse und Strukturierung von Tätigkeiten

Für den Aufbau einer prozeßorientierten Kostenrechnung ist eine Analyse und Strukturierung der Tätigkeiten notwendig.

Cooper/Kaplan (1988, S. 99) schlagen vor, die Analyse mit Hilfe von Interviews in den Abteilungen vorzubereiten. Dabei gilt das Interesse der Personalstatistik nach Kostenstellen, der sachlichen Ausstattung, den detaillierten Arbeitsplänen und somit den von den Mitarbeitern durchführenden Tätigkeiten, dem Output und seinen Kosten und den diese Kosten bestimmenden Faktoren. Im Schrifttum wird zudem neben Interviews die Selbstaufschreibung der Mitarbeiter oder das Multimomentverfahren empfohlen. Bei der Analyse der Tätigkeiten sollte aber bedacht werden, daß eine zu differenzierte Tätigkeiteneinteilung zwar die Kontrollmöglichkeiten verbessert, die Genauigkeit der Kalkulation erhöht und die Ermittlung relevanter Kosten erleichtert, jedoch zu unwirtschaftlichen Erfassungs- und Dokumentationsarbeiten führen kann.

Aus diesen Vorarbeiten läßt sich eine inhaltliche Abgrenzung von in den einzelnen Kostenstellen durchgeführten **Teilprozessen** (Leistungen), sowie die dazu benötigten Einsatzmittel (Kosten für Personal und Sachmittel) vornehmen. Die Bezeichnung Teilprozesse erfolgt deshalb, weil diese später zu sogenannten Hauptprozessen zusammengefaßt werden. Neben rein physischen Prozessen lassen sich auch wertmäßige Tätigkeitskomplexe wie z.B. die „Verzinsung von Vorräten" als Teilprozeß formulieren. Es sollten in der Regel pro Kostenstelle mehrere Teilprozesse existieren, denn ein repräsentativer Prozeß pro Kostenstelle

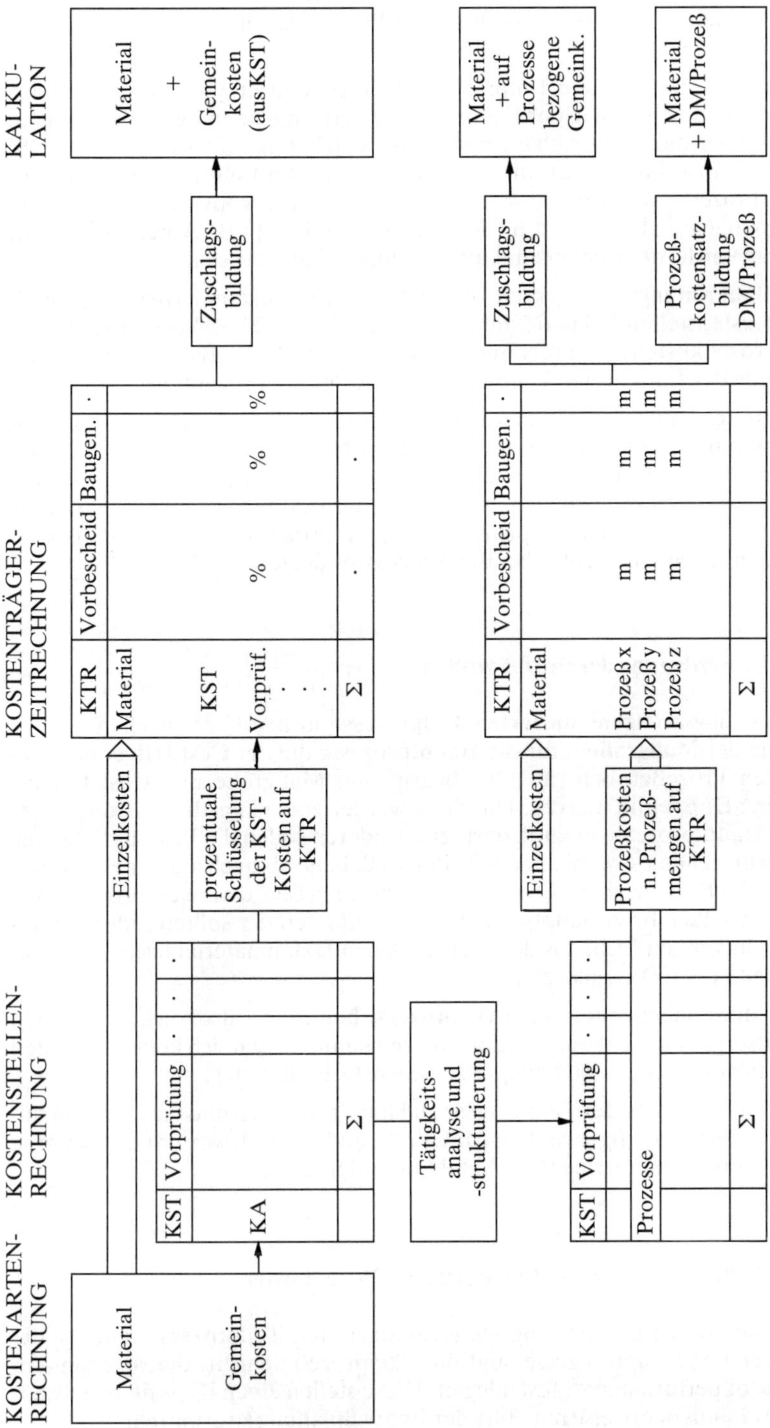

TRADITIONELLER UND PROZESSORIENTIERTER WERTEFLUSS

gibt die zu analysierenden Tätigkeiten und Prozeßkosten ungenau und unvollständig wieder.

Weiterhin sind die einzelnen Teilprozesse dahingehend zu typisieren, ob sie sich in Abhängigkeit von dem in der Kostenstelle zu erbringenden Leistungsvolumen verändern oder mengenunabhängig sind. In Anlehnung an Horvàth/Mayer (S. 216f.) werden sie hinsichtlich dieses Kriteriums als leistungsmengeninduzierte (lmi) Teilprozesse bezeichnet, wenn sie sich dabei mengenvariabel verhalten. Sind sie mengenunabhängig, d.h. sie fallen generell an (z.B. Abteilung leiten), spricht man von leistungsmengenneutralen (lmn) Teilprozessen.

Für ein Bauordnungsamt werden drei Kostenstellen exemplarisch dargestellt (vgl. die Kostenstellen 1, 4 und 5 auf den S. 205, 206 und 207). Aus den Spalten 1-3 dieser Prozeßkostenstellenrechnungen gehen die Teilprozeßnummern, die Bezeichnungen der analysierten Teilprozesse sowie der Teilprozeßtyp hervor.

Die ermittelten Teilprozesse innerhalb der einzelnen Kostenstellen sind gleichzeitig Bestandteile **kostenstellenübergreifender Hauptprozesse**, wobei zwischen den verbundenen Teilprozessen ein sachlogischer Zusammenhang bestehen muß. Die Teilprozesse haben demnach einen zweidimensionalen Charakter. Durch die Aggregation der Teilprozesse zu Hauptprozesse wird die Komplexität auf die wesentlichen, kostentreibenden Prozesse reduziert.

6.2.3.2 Die Festlegung der Prozeßgrößen

Für die **leistungsmengeninduzierten Teilprozesse** in den Kostenstellen ist eine Ermittlung der **Maßgrößen**, für die **Hauptprozesse** die der **Cost Driver** notwendig. Diesen Prozeßgrößen (als Oberbegriff von Maßgröße und Cost Driver) kommt eine Doppelfunktion zu. Durch sie werden zum einen die Leistungen der Teil- und Hauptprozesse quantifiziert, zum anderen sollen die Prozeßgrößen die Kostenverursachung sowohl auf der Teilprozeßebene als auch auf der Hauptprozeßebene deutlich machen. Die Prozeßgrößen müssen demnach proportional zum Kostenstellen- bzw. Hauptprozeßoutput verlaufen. Sie sollten zudem operational, leicht verständlich, aus dem vorhandenen Datenmaterial leicht ableitbar und leicht mit der EDV umsetzbar sein.

Für die **leistungsmengenneutralen Teilprozesse** hingegen – also solche, bei denen das Arbeitsergebnis nicht quantifiziert werden kann – lassen sich keine sinnvollen Maßgrößen ermitteln. Sie stellen quasi eine fixe Grundlast dar.

Durch die Verdichtung der Teilprozesse zu Hauptprozessen und die daraus resultierende Unterscheidung zwischen Maßgröße und Cost Driver erhält man eine zweistufige Prozeßhierarchie (vgl. Abbildung auf S. 208).

6.2.3.3 Die Planung von Prozeßmengen und Prozeßkosten

Für die Maßgrößen der leistungsmengeninduzierten Teilprozesse und für die Cost Driver der Hauptprozesse sind die Planprozeßmengen, die sogenannten „standards of performance", festzulegen. Diese stellen einen Kapazitätsmaßstab dar und sind sinnvollerweise mit Hilfe der Engpaßplanung zu ermitteln.

Kostenstelle 1: Vorprüfung				Mitarbeiter: 4,00					
(1)	(2)	(3)	(4)	(5)	(6)	(7)	(8)	(9)	(10)
Nr.	Teilprozesse	Typ	Maßgröße	Mitarb.	Planprozeßmenge (in Std. oder Stk.)	Prozeßkosten (in DM)	Teilprozeßkostensatz (lmi) (in DM)	Umlagesatz (lmn) (in DM)	erw. Teilprozeßkostensatz (lmi+lmn) (in DM)
1.1	Registrierung eingehender Bauanträge	lmi	Anzahl der Bauanträge	2,00	2980,00	127000,00	42,62	14,21	56,82
1.2	Zurückweisung von unvollständigen Anträgen	lmi	Anzahl der Stunden	0,20	364,80	12700,00	34,81	11,60	46,42
1.3	Nachfordern von Vorlagen	lmi	Anzahl der Stunden	0,80	1462,00	50800,00	34,75	11,58	46,33
Summe:						190500,00			
Leitungsaufgaben durchführen		lmn		1,00		63500,00			
gesamte Kostenstellenkosten						254000,00			

Prozeßkostenstellenrechnung (Kostenstelle 1)

Kostenstelle 4: Grundprüfung				Mitarbeiter: 5,00					
(1)	(2)	(3)	(4)	(5)	(6)	(7)	(8)	(9)	(10)
Nr.	Teilprozesse	Typ	Maßgröße	Mit-arb.	Plan-prozeß-menge (in Std. oder Stk.)	Prozeß-kosten (in DM)	Teil-prozeß-kostensatz (lmi) (in DM)	Umlage-satz (lmn) (in DM)	erw. Teil-prozeß-kostensatz (lmi+lmn) (in DM)
4.1	Überprüfung der Unterlagen auf Vollständigkeit	lmi	Anzahl der Stunden	0,20	364,80	12560,00	34,43	8,61	43,04
4.2	Prüfung nachbarlicher Einwände	lmi	Anzahl der Stunden	1,80	3240,00	113040,00	34,89	8,72	43,61
4.3	Ausnahmen und Befreiungen vorbereiten	lmi	Anzahl der Befreiungen	1,00	867,00	62800,00	72,43	18,11	90,54
4.4	Genehmigung von Bauvoranfragen vorbereiten	lmi	Anzahl der Vorbescheide	1,00	925,00	62800,00	67,89	16,97	84,86
Summe:						251200,00			
Leitungsaufgaben durchführen		lmn		1,00		62800,00			
gesamte Kostenstellenkosten:						314000,00			

Prozeßkostenstellenrechnung (Kostenstelle 4)

Kostenstelle 5: Genehmigungsprüfung				Mitarbeiter: 6,5					
(1)	(2)	(3)	(4)	(5)	(6)	(7)	(8)	(9)	(10)
Nr.	Teilprozesse	Typ	Maßgröße	Mit-arb.	Plan-prozeß-menge (in Std. oder Stk.)	Prozeß-kosten (in DM)	Teil-prozeß-kostensatz (lmi) (in DM)	Umlage-satz (lmn) (in DM)	erw. Teil-prozeß-kostensatz (lmi+lmn) (in DM)
5.1	Überprüfung der statischen Berechnungen	lmi	Anzahl der Stunden	1,00	1824,00	64615,38	35,43	6,44	41,87
5.2	Erstellung von Prüfberichten	lmi	Anzahl der Prüfberichte	1,50	2400,00	96923,08	40,38	7,34	47,73
5.3	Prüfung des Schallschutzes	lmi	Anzahl der Stunden	1,00	1 824,00	64615,38	35,43	6,44	41,87
5.4	Prüfung der Standsicherheit	lmi	Anzahl der Stunden	0,80	1459,20	51692,31	35,43	6,44	41,87
5.5	Gutachten über Standsicherheit erstellen	lmi	Anzahl der Gutachten	0,20	1200,00	12923,08	10,77	1,96	12,73
5.6	Ausstellen des Bauscheines	lmi	Anzahl der Bauscheine	0,20	860,00	12923,08	15,03	2,73	17,76
5.7	Baugenehmigungsbescheid erstellen	lmi	Anzahl der Stunden	0,80	1459,20	51692,31	35,43	6,44	41,87
Summe:						355384,62			
Leitungsaufgaben durchführen		lmn		1,00		64615,38			
gesamte Kostenstellenkosten:						420000,00			

Prozeßkostenstellenrechnung (Kostenstelle 5)

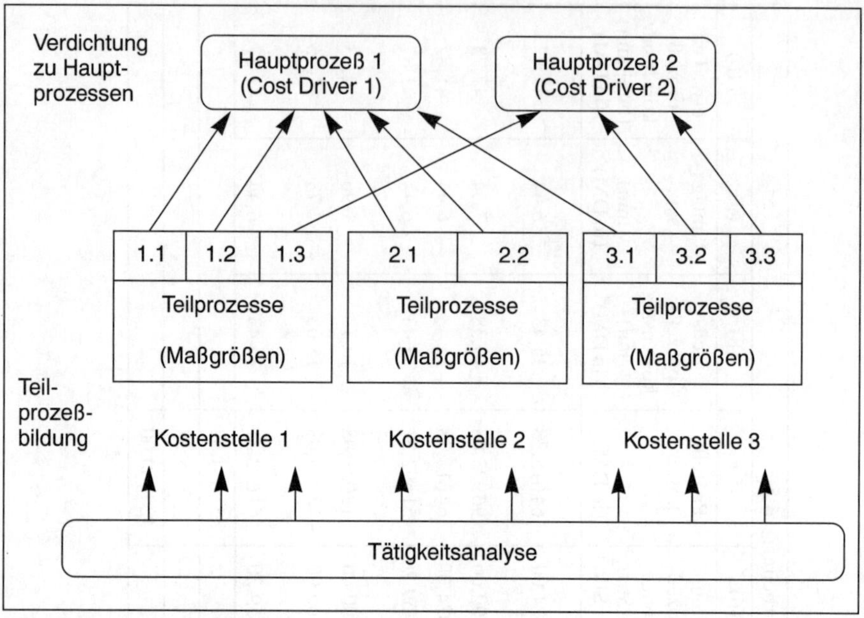

Beispiel einer Prozeßhierarchie

Auf der Grundlage dieser **Planprozeßmengen** sind für jeden Teilprozeß und damit auch gleichzeitig für jeden Hauptprozeß mit Hilfe der analytischen Kostenplanung die Planprozeßkosten zu bestimmen. Da üblicherweise ein sehr hoher Anteil der Gemeinkosten personalbedingt ist, wird im Schrifttum vorgeschlagen, die analytische Kostenplanung nur auf den dominanten Personalkostenblock zu beziehen. Die verbleibenden sonstigen Gemeinkosten (z.B. Raum-, Strom-, Büromaterialkosten usw.) werden dann proportional zu den analytisch geplanten Personalkosten auf die Teilaktivitäten verteilt.

Nun sind diese Überlegungen zur analytischen Kostenplanung für viele Bürobereiche und so auch für die öffentliche Verwaltung sicherlich nicht so schnell zu realisieren. Deshalb könnte man in einer Aufbauphase von normalisierten Kostenstellengemeinkosten ausgehen. Diese sind dann über Schlüsselgrößen auf die Teilprozesse zu verrechnen. Als Zurechnungsmaßstab wird in diesem Fall die Inanspruchnahme der Personal- und Sachkapazitäten durch die Teilprozesse angesehen. Das bedeutet, daß alle Kostenstellengemeinkosten z.B. über die Anzahl der beteiligten Mitarbeiter auf die Teilprozesse verteilt werden.

Auf der Teilprozeßebene zeigen die Prozeßkostenstellenrechnungen (vgl. die Kostenstellen 1, 4 und 5 auf den S. 205, 206 und 207) für das Bauordnungsamt in den Spalten 4, 5, 6 und 7 die Maßgrößen, die Mitarbeiterzahl, die Planprozeßmengen und die über die Mitarbeiterzahl zugeordneten Prozeßkosten der jeweiligen Teilprozesse.

6.2.3.4 Die Berechnung der Prozeßkostensätze

Die Planung und Ermittlung der prozeßbezogenen Kosten in der Kostenarten- und der Kostenstellenrechnung stellt die Voraussetzung für eine prozeßorientierte Wirtschaftlichkeitskontrolle und Kalkulation dar. Zur Erfüllung dieser Aufgaben sind die **Prozeßkostensätze** zu bilden. Diese Prozeßkostensätze stellen Kennzahlen dar, bei denen eine unmittelbare Beziehung zum Leistungsvolumen (Output) und somit zur Kostenverursachung der einzelnen Prozesse vorliegt.

Allgemein gibt ein Prozeßkostensatz, der sich als Quotient aus den Prozeßkosten und Prozeßmengen beschreiben läßt, die durchschnittlichen Kosten pro Durchführung eines Prozesses wieder (DM/Prozeß). Diese Prozeßkostensätze sind für die Teilprozesse und für die Hauptprozesse zu bestimmen.

Für die leistungsmengeninduzierten Teilprozesse innerhalb der Kostenstellen werden Teilprozeßkostensätze (lmi) gebildet. Die Kosten der leistungsmengenneutralen Teilprozesse sind aber auch für die Kontrolle in den einzelnen Kostenstellen wichtig. Sie werden proportional zum Verhältnis der Prozeßkosten der leistungsmengeninduzierten Teilprozesse auf die leistungsmengeninduzierten Teilprozesse verteilt. Diese proportionale Gemeinkostenzuordnung der leistungsmengenneutralen Kosten geschieht mit pauschalen, aber nach Prozessen aufgebauten Zuschlägen auf Wertbasis. Die Folge ist, daß für jeden Teilprozeß ein Teilprozeßkostensatz (lmi), ein Umlagesatz (für die leistungsmengenneutralen Teilprozesse) und ein erweiterter Teilprozeßkostensatz (lmi+lmn) ermittelt wird. Während der Teilprozeßkostensatz (lmi) nur die Kosten der leistungsmengeninduzierten Teilprozesse enthält, berücksichtigt der erweiterte Teilprozeßkostensatz (lmi+lmn) die gesamten Kosten des Teilprozesses. Die Prozeßkostenstellenrechnungen (vgl. S. 205-207) zeigen für das Bauordnungsamt in den Spalten 8, 9 und 10 die unterschiedlichen Prozeßkostensätze auf der Teilprozeßebene.

Zur Ermittlung der kostenstellenübergreifenden Hauptprozeßkostensätze werden die jeweiligen Prozeßkostensätze der sachlich zusammengehörenden Teilprozesse aggregiert. Dieses soll für das Bauordnungsamt anhand einer Hauptprozeßübersicht für den Hauptprozeß „H1 Prüfung des Datenmaterials" demonstriert werden (vgl. Abbildung auf S. 210).

Aus der Kopfzeile gehen die Hauptprozeßbezeichnung, der Cost Driver und die Planprozeßmenge hervor. In den Spalten 1, 2, 3 und 4 sind Teilprozeßidentifikationsmerkmale sowie die unterschiedlichen Teilprozeßkostensätze eingetragen. In Spalte 5 werden die einfließenden Teilprozesse hinsichtlich der Inanspruchnahme durch den Hauptprozeß gewichtet. In den Spalten 6 und 8 werden die Periodenkosten für die verschiedenen Teilprozeßkostensätze unter der Berücksichtigung der Inanspruchnahme ausgewiesen. Durch Addition dieser Periodenkosten pro Teilprozeß erhält man im Sinne einer Zeitrechnung die gesamten Periodenkosten des Hauptprozesses. Nach der Division der Periodenkosten der einzelnen Teilprozesse durch die im Zeitraum zugrunde gelegten Planprozeßmengen ergeben sich in den Spalten 7 und 9 die Kosten der einzelnen Teilprozesse pro Hauptprozeßdurchführung. In der Summenzeile ergeben diese in den Spalten 7 und 9 im Sinne einer Stückrechnung die gesuchten Hauptprozeßkostensätze. Da die leistungsmengenneutralen Kostenanteile bis zur Hauptprozeßebene getrennt behandelt werden, erhält man, wie auf der Teilprozeßebene, zwei unterschiedliche Hauptprozeßkostensätze (77,85 DM und 100,18 DM), die in Ab-

Hauptprozeß H 1: Prüfung des Datenmaterials
Cost Driver: Anzahl der Bauprojekte — Planprozeßmenge: 2 980,00 Bauprojekte

(1)	(2)		(3)	(4)	(5)	(6)	(7)	(8)	(9)
Nr.	Teilprozeß		Teilprozeß-kostensatz (lmi)	erw. Teilprozeßkostensatz (lmi+lmn)	Inanspruchnahme in der betrachteten Periode durch den Hauptprozeß	Kosten des Teilprozesses in der betrachteten Periode (lmi) (in DM)	Kosten des Teilprozesses pro Planprozeßmengeneinheit (lmi) (in DM)	Kosten des Teilprozesses in der betrachteten Periode (lmi+lmn) (in DM)	Kosten des Teilprozesses pro Planprozeßmengeneinheit (lmi+lmn) (in DM)
	Kostenstelle	Teilprozeß-Nr.							
1.	1	1.1	42,62	56,82	100 %	127 000,00	42,62	169 323,60	56,82
2.	4	4.1	34,43	43,04	340 Std.	11 706,20	3,93	14 633,60	4,91
3.	1	1.3	34,75	46,33	825 Std.	28 668,75	9,62	38 222,25	12,83
4.	5	5.1	35,43	41,87	1 824 Std.	64 615,38	21,68	76 370,88	25,63
Summe:						231 990,33	77,85	298 550,33	100,18

Hauptprozeßkosten (lmi) pro Periode: 231 990,33 DM

Hauptprozeßkostensatz (lmi) pro Planprozeßmengeneinheit: 77,85

Hauptprozeßkosten (lmi+lmn) pro Periode: 298 550,33 DM

erw. Hauptprozeßkostensatz (lmi+lmn) pro Planprozeßmengeneinheit: 100,18

Hauptprozeßübersicht des Hauptprozesses H 1 „Prüfung des Datenmaterials“

hängigkeit vom jeweiligen Rechenzweck herangezogen werden können. Die Ergebnisse der einzelnen Hauptprozeßübersichten können in Form einer Hauptprozeßliste zusammengefaßt werden (vgl. Abbildung auf S. 212).

6.2.4 Nutzungsmöglichkeiten der Prozeßkostenrechnung

6.2.4.1 Die Prozeßkostenrechnung als Instrument für ein bereichsübergreifendes Controlling

Die vorgegebenen und ermittelten Kennzahlen ermöglichen eine wesentlich verbesserte Kostenkontrolle gegenüber einer bisher kostenstellenbezogenen Rechnung. Abweichungen und damit eventuelle Unwirtschaftlichkeiten in einer Kostenstelle lassen sich mittels eines Vergleichs von Soll- und Ist-Kennzahlen auf den einzelnen, verursachenden Prozeß zurückführen. Diese Kennzahlen gestatten aber auch Betriebsvergleiche, Vergleiche von Ämtern und Zeitreihenanalysen.

Die Kennzahlen für die Teilprozesse erleichtern die Zielvorgabe für die Kostenstellen, sie tragen zur Verbesserung der Kostenplanung bei. Sie zeigen Ansatzpunkte für Rationalisierungsüberlegungen auf und aus der Effizienzentwicklung lassen sich die Wirkungen von Rationalisierungsmaßnahmen ableiten.

Neben dieser kostenstellenbezogenenen Kontrolle lassen sich über die Kostenstellen hinweg sachlich zusammenhängende Hauptprozesse kontrollieren. Durch die Zusammenfassung logisch zusammenhängender Teilprozesse verschiedener Kostenstellen zu einem Hauptprozeß wird eine gesamtprozeßbezogene Kontrolle möglich. Aus der Überlegung, „daß nur bereichsübergreifende Maßnahmen und die Verantwortungsübertragung für einen gesamten Prozeß dessen Gestaltung und Effizienz beeinflussen können" (Hans-Dieter Striening, 1988, S. 21) folgt, daß eine **Prozeßverantwortung** nur **abteilungsübergreifend** sein kann.

Eine Zusammenfassung der Teilprozesse zu Hauptprozessen gestattet also einmal ein funktionsorientiertes und nicht mehr kostenstellen- oder bereichsorientiertes Controlling. Sogenannte Prozeßverantwortliche (Prozeß Owner) sollen für Qualität und die Effizienz des funktional geschlossenen Aufgabenkomplexes verantwortlich sein. Zudem zeigen Hauptprozesse Ansätze für Schwerpunktrationalisierungen.

6.2.4.2 Die Prozeßkostenrechnung als Kalkulationsinstrument

Die Ermittlung der Kosten pro Endprodukteinheit bzw. pro Verwaltungsleistung basiert auf dem Kennzahlengerüst der Teil- und Hauptprozesse.

6.2.4.2.1 Die prozeßspezifische Kalkulation

6.2.4.2.1.1 Kalkulation auf der Teilprozeßebene (Variantenkalkulation)

In der prozeßorientierten Kalkulation kann man die indirekten Leistungen über Prozeßkostensätze dem Endprodukt zurechnen. In den Beispielen, die Cooper/Kaplan (S. 99) anführen, werden dabei die Kosten aller Aktivitäten durch die je-

Hauptprozeß		Cost Driver	Plan-prozeß-menge	Hauptprozeß-kosten pro Periode (lmi)	Hauptpro-zeßkosten-satz (lmi)	Hauptprozeß-kosten pro Periode (lmi+lmn)	erw. Haupt-prozeßko-stensatz (lmi+lmn)
Nr.	Bezeichnung						
H 1	Prüfung des Datenmaterials	Anzahl der Bauprojekte	2980,0	231 990,33 DM	77,85 DM	298 550,33 DM	100,18 DM
H 2	Statische Berechnungen durchführen	Anzahl der Berechnungen	1780,0	98 724,52 DM	55,46 DM	113 455,86 DM	63,74 DM
H 3	Prüfung der Abwasserversorgung	Anzahl der Bauprojekte	2208,0	102 587,60 DM	46,46 DM	132 564,75 DM	60,04 DM
H 4	Schlußabnahme durchführen	Anzahl der fertigen Bauten	1609,0	98 678,50 DM	61,33 DM	105 459,70 DM	65,54 DM
H 5	Prüfung der Übereinstimmung der Bauzeichnungen mit gesetzlichen Vorschriften	Anzahl der Bauzeichnungen	3879,0	189 345,00 DM	48,81 DM	201 678,00 DM	51,99 DM
. . .	. . .	. . .	. . .	. . .	. . .	. . .	. . .

Hauptprozeßliste der Bauverwaltung

weilige Prozeßmenge im Zeitraum dividiert. Man scheint davon auszugehen, daß zwischen allen Aktivitätskosten und den Produkten ein direkter Zusammenhang besteht. Dies setzt allerdings voraus, daß die Leistungsprozesse ausnahmslos in Arbeitsplänen definierbar sind und damit die Aktivitäten, deren Kosten und die Endleistungen eindeutig verknüpfbar sind.

Für den Bereich außerhalb der Fertigungsdurchführung haben Horvàth und Mayer in ihrer sogenannten **Variantenkalkulation** vorgeschlagen, daß die Abhängigkeitsbeziehung zwischen den Kosten der Prozesse und dem Output nicht unmittelbar, sondern über die Kostenstellen, d.h. auf der Teilprozeßebene, berücksichtigt werden. Es werden demzufolge Teilprozeßkostensätze bei dieser Kalkulationsform herangezogen. Man betont, daß die Höhe der Prozeßkosten nicht nur vom Mengenvolumen der Kostenstelle, sondern auch von der Heterogenität der Prozeßmengen beeinflußt wird. Diese Heterogenität der Prozeßmengen kommt in der Variantenzahl zum Ausdruck. Mengenvolumen und Variantenzahl stellen demnach für die Höhe der Gemeinkosten Haupteinflußgrößen dar, wobei die varianten- bzw. volumenabhängigen Anteile auf Basis einer definierten Produkt-/Mengenstruktur abzuschätzen sind. Es ist aber auch denkbar, andere Haupteinflußgrößen zu verwenden. Das Verfahren der Variantenkalkulation wird als besonders geeignet angesehen, um Unwirtschaftlichkeiten, die aus der Variantenvielfalt und Produktkomplexität resultieren, sichtbar zu machen.

Diese Variantenkalkulation sei anhand eines Beispiels aus dem Bauordnungsamt verdeutlicht (vgl. zu den folgenden Ausführungen die Abbildung auf S. 214). Es werden 2 Varianten betrachtet. Dabei handelt es sich um den Neubau von Häusern. Die Variante A bezieht sich auf freistehende Ein- bzw. Zweifamilienhäuser, die Variante B auf Reihenhäuser.

Aus der Spalte 1 wird deutlich, welche Teilprozesse aus den im Gliederungspunkt 6.2.3 dargestellten Prozeßkostenstellenrechnungen (S. 205-207) in die verschiedenen Varianten eingehen. In den Spalten 2 und 3 werden die Planprozeßmengen und die Teilprozeßkostensätze (lmi) aus den Prozeßkostenstellenrechnungen übertragen. Es wird in diesem Beispiel mit den Teilprozeßkostensätzen (lmi) gerechnet. In Spalte 4 und 5 sind die geschätzten varianten- bzw. volumenabhängigen Anteile aufgeführt.

Die volumenabhängigen Prozeßkosten je Verwaltungseinheit, die in den Spalten 6a und 7a ermittelt werden, sind zwangsläufig bei beiden Varianten gleich. Sie ergeben sich aus der Multiplikation von Planprozeßmenge, volumenabhängigem Anteil und Prozeßkostensatz und der dann folgenden Division durch das gesamte Mengenvolumen aller Varianten.

Die variantenabhängigen Prozeßkosten je Verwaltungseinheit sind in den Spalten 6b und 7b aufgeführt. Diese ermittelt man aus der Multiplikation der Planprozeßmenge mit dem variantenabhängigen Anteil und dem Prozeßkostensatz und der anschließenden Division durch die Variantenzahl und dem Mengenvolumen jeder Variante.

Durch Addition der volumenabhängigen und variantenabhängigen Prozeßkosten ergeben sich dann für die einzelnen Varianten die gesamten Prozeßkosten je Leistungseinheit (hier 124,94 DM für Variante A und 82,92 DM für Variante B).

(1)			(2)	(3)	(4)	(5)	(6)		(7)	
	Teilprozeß		Plan-prozeß-menge (in Std. oder Stk.)	Teil-prozeß-kosten-satz (lmi) (in DM)	Volumenab-hängige Pro-zeßmengen (in Prozent)	Variantenab-hängige Pro-zeßmengen (in Prozent)	Variante A (in DM)		Variante B (in DM)	
Kosten-stelle	Bezeichnung	Nr.					(6a)	(6b)	(7a)	(7b)
1	Registrierung eingehender Bauanträge	1.1	2980	42,62	70	30	22,23	15,88	22,23	6,80
4	Überprüfung der Unterlagen auf Vollständigkeit	4.1	364,8	34,43	100	0	3,14	0,00	3,14	0,00
4	Prüfung nachbarlicher Einwände	4.2	3240	34,89	40	60	11,30	28,26	11,30	12,11
5	Überprüfung der statischen Berechnungen	5.1	1824	35,43	65	35	10,50	9,42	10,50	4,04
5	Prüfung der Standsicherheit	5.4	1459,2	35,43	20	80	2,58	17,23	2,58	7,39
5	Ausstellen des Bauscheines	5,6	860	15,3	50	50	1,64	2,74	1,64	1,17
							51,40	73,54	51,40	31,52
		Variante A: 1200 Variante B: 2800			Prozeßkosten je Leistungseinheit:		124,94		82,92	

Variantenkalkulation in der Bauverwaltung

6.2.4.2.1.2 Kalkulation auf der Hauptprozeßebene

Nach sehr kritischen Stellungnahmen, insbesondere von Horst Glaser (1992), gegenüber der Variantenkalkulation wird in der neueren Literatur zum Thema „Prozeßkostenrechnung" von Horváth und seinen Mitautoren darauf aufmerksam gemacht, daß die Variantenkalkulation und somit die Kalkulation auf der Teilprozeßebene nur aufgrund einer variantenbezogenen Sonderuntersuchung möglich ist. Es werden bei der prozeßorientierten Kalkulation grundsätzlich nicht Teilprozesse für die Kalkulation herangezogen werden, sondern Hauptprozesse, u.z. nur diejenigen, die in einem direkten Zusammenhang zum jeweiligen Kalkulationsobjekt stehen.

Dies sei an dem Beispiel aus dem Bauordnungsamt verdeutlicht. Es wird die im Gliederungspunkt 6.2.3 vorgestellte Hauptprozeßliste für die Kalkulation auf der Hauptprozeßebene zugrundegelegt und mit dem erweiterten Hauptprozeßkostensatz (lmi+lmn) gerechnet. Als Kalkulationsobjekt dient die Dienstleistung „Bauantrag Einfamilienhaus", die folgende Hauptprozesse auslöst:

Anzahl	Haupt-prozeß	Cost Driver	erw. Hauptprozeß-kostensatz (lmi+lmn)	Hauptprozeß-durchführung
1	H 1	Anzahl der Bauprojekte	100,18 DM	1
2	H 2	Anzahl der Berechnungen	63,74 DM	4
3	H 3	Anzahl der Bauprojekte	60,04 DM	1
4	H 5	Anzahl der Bauzeichnungen	51,99 DM	3
. . .	. . .	. . .	. . .	. . .

Daraus läßt sich das nachfolgende Kalkulationsschema für die Dienstleistung ableiten:

Hauptprozeß	Prozeßkosten
Prüfung des Datenmaterials (H 1) 1 Hauptprozeß × 100,18 DM	100,18 DM
Statische Berechnungen durchführen (H 2) 4 Hauptprozesse × 63,74 DM	254,96 DM
Prüfung der Abwasserversorgung (H 3) 1 Hauptprozeß × 60,04 DM	60,04 DM
Prüfung der Übereinstimmung der Bauzeichnungen mit gesetzlichen Vorschriften (H 5) 3 Hauptprozesse × 51,99 DM	155,97 DM
. . .	. . .
Preis der Dienstleistung	1783,50 DM

Im obigen Kalkulationsschema werden die gesamten Prozeßkosten für die Dienstleistung von 1 783,50 DM aus den einzelnen Prozeßkosten entsprechend der Inanspruchnahme der mitwirkenden Hauptprozesse gebildet. Zur Kalkulation der Dienstleistung können je nach Rechenzweck auch die Hauptprozeßkostensätze (lmi) herangezogen werden. Diese lassen sich ebenfalls aus der Hauptprozeßliste entnehmen.

Unabhängig von der Kalkulationsebene müssen bei der Gesamtkalkulation pro Verwaltungseinheit zu den wie bisher – d.h. herkömmlich – ermittelten Einzelkosten die Kosten aller Prozesse addiert werden.

6.2.4.2.2 Die kombinierte prozeßorientierte Kalkulation

Diese „reine" prozeßspezifische Kalkulation ist ein theoretischer Modellfall. Bei Prozessen, die nicht aus repetitiven Tätigkeiten bestehen, sondern z.B. auf Kreativität beruhen, läßt sich eine verursachungsgerechte Zuordnung der Kosten nicht vornehmen. Die „reine" prozeßspezifische Kalkulation ist deshalb durch eine proportionale Gemeinkostenzuordnung mit pauschalen Zuschlägen zu ergänzen.

Eine solche kombinierte prozeßorientierte Kalkulation sollte die Gemeinkostenzuordnung bei gewichtigen Prozessen mit einem Kalkulationssatz je Kalkulationsprozeß vornehmen. Bei weniger bedeutsamen Prozessen und im Fall der leistungsmengenneutralen Prozesse ist von einer Gemeinkostenzuordnung mit proportionalen, aber nach Prozessen aufgebauten, pauschalen Zuschlägen auf Wertbasis auszugehen. Das Beispiel aus der Bauverwaltung zeigt dies für den leistungsmengenneutralen Teilprozeß „Leitungsaufgaben durchführen".

Diese pauschalen Zuschläge dürften bei relativ gleichbleibenden Prozeßmengen und konstanter Prozeßkostenstruktur geringen Schwankungen unterliegen.

Literaturübersicht zum Kapitel 6. Die Prozeßkostenrechnung

Coenenberg, Adolf Gerhard/Fischer, Thomas, Prozeßkostenrechnung – Strategische Neuorientierung in der Kostenrechnung, in: Die Betriebswirtschaft (DBW), 51. Jg., 1991, S. 21-38.

Coenenberg, Adolf Gerhard, Kostenrechnung und Kostenanalyse, 4. Aufl., Landsberg/Lech 1999, S. 220-244.

Cooper, Robin/Kaplan, Robert S., Measure Costs Right: Make the Right Decisions, in: Harvard Business Review, 5/1988, S. 96-103.

Cooper, Robin, Activity-Based Costing, in: Männel, W., (Hrsg.), Handbuch Kostenrechnung, Wiesbaden 1992, S. 360-383.

Franz, Klaus-Peter, Die Prozeßkostenrechnung, Darstellung und Vergleich mit der Plankosten- und Deckungsbeitragsrechnung, in: Ahlert, Dieter/Franz, Klaus-Peter/Göppl, Hermann, (Hrsg.), Finanz- und Rechnungswesen als Führungsinstrument, Wiesbaden 1990, S. 110-136.

Glaser, Horst, Prozeßkostenrechnung, Darstellung und Kritik, in: ZfbF, 44/1992, S. 275-288.

Horvàth, Peter/Mayer, Reinhold, Prozeßkostenrechnung – Der neue Weg zu mehr Kostentransparenz und wirkungsvolleren Unternehmensstrategien, in: Controlling, 4/1989, S. 214-219.

Horvàth, Peter/Mayer, Reinhold, Prozeßkostenrechnung: Konzeptionen und Entwicklungen, in: krp Sonderheft, 2/1993, S. 15-28.

Horvàth, Peter/Kieninger, Michael/Mayer, Reinhold/Schimank, Cristof, Prozeßkostenrechnung – oder wie die Praxis die Theorie überholt: Kritik und Gegenkritik, in: DBW, 53/1993, S. 609-628.

Johnson, H. Thomas, Activity-Based Information – A Blueprint for World-Class Management Accounting, in: Management Accounting, 6/1988, S. 23-30.

Johnson, H. Thomas/Kaplan, Robert S., Relevance Lost – The Fall and Rise of Management Accounting, Boston, Massachusetts 1987.

Kaplan, Robert S., One Cost System Isn't Enough, in: Harvard Business Review, 1/1988, S. 61-66.

Kieninger, Michael, Prozeßkostenrechnung – die Antwort auf veränderte Kostenstrukturen, in: DStR, 33/1991, S. 1092-1099.

Kleine-Doepke, Rainer/Wieczorek, Burkhard, Activity Cost Accounting, Ein neues Konzept in der Kostenrechnung, Augsburg 1989.

Kloock, Josef, Flexible Prozeßkostenrechnung und Deckungsbeitragsrechnung, in: krp Sonderheft, 2/1993, S. 55-62.

Küpper, Hans-Ulrich, Entwicklungslinien der Kostenrechnung als Controllinginstrument, in: krp, 1990, Teil 1 S. 11-16, Teil 2 S. 83-91.

Küting, Karlhein/Lorson, Peter, Überblick über die Prozeßkostenrechnung – Stand, Entwicklungen und Grenzen, in: krp Sonderheft, 2/1993, S. 29-39.

Miller, Jeffrey G./Vollmann, Thomas E., The hidden factory, in: Harvard Business Review, 1/1988, S. 61-66.

Müller, Armin, Gemeinkostenmanagement: Vorteile der Prozeßkostenrechnung, Wiesbaden 1992.

Reckenfelderbäumer, Martin, Entwicklungsstand und Perspektiven der Prozeßkostenrechnung, Wiesbaden 1994.

Reichmann, Thomas/Schwellnuß, Axel G./ Fröhling, Oliver, Fixkostenmanagementorientierte Plankostenrechnung, Kostentransparenz und Entscheidungsrelevanz gleichermaßen sicherstellen, in: Controlling, 2/1990, S. 60-67.

Riebel, Paul, Einzelkosten- und Deckungsbeitragsrechnung, Grundfragen einer markt- und entscheidungsorientierten Unternehmensrechnung, 6. Aufl., Wiesbaden 1990.

Striening, Hans-Dieter, Prozeß-Management. Ein Versuch zur Hebung der Produktivitätsreserven im indirekten Bereich, in: Technologie & Management, 1988, S. 16-26.

Zimmermann, Gebhard, Prozeßorientierte Kostenrechnung in der Öffentlichen Verwaltung, Ein Ansatz zur Entgeltkalkulation und für ein wirkungsvolles Controlling?, in: Controlling, 4/1992, S. 196-202.

Zimmermann, Gebhard, Die Leistungsfähigkeit von Kostenrechnungssystemen für den managementorientierten Informationsbedarf, in: Brede, Helmut/Buschor, Ernst, (Hrsg.), Das neue öffentliche Rechnungswesen: Betriebswirtschaftliche Beiträge zur Haushaltsreform in Deutschland, Österreich und in der Schweiz, 1. Aufl., Baden-Baden 1993, S. 167-197.

Zimmermann, Gebhard, Prozeßorientierte Kostenrechnung in der öffentlichen Verwaltung, in: krp Sonderheft, 1/1994, S. 71-75.

Zimmermann, Gebhard/Grundmann, Ralf, Die Prozeßkostenrechnung als Instrument zur Wirtschaftlichkeitskontrolle und Preisbegründung in der öffentlichen Verwaltung, in: Scheer, August-Wilhelm, (Hrsg.), Schriften zur Unternehmensführung, Schwerpunktheft „Innovative Verwaltungen" 2000, 1996, S. 105-117.

7. Das Target Costing

7.1 Verändertes Wettbewerbsumfeld

In der Unternehmenspraxis ist in den letzten Jahren ein zunehmendes Interesse an dem Target Costing zu konstatieren. Der Grund für diese Entwicklung ist vor allem in einer enormen Verschärfung des Wettbewerbs auf den nationalen und internationalen Märkten zu suchen. Dies hat dazu geführt, daß sich die Unternehmen gegenüber ihren Wettbewerbern nicht mehr nur über einen besonders günstigen Absatzpreis bzw. niedrigere Kosten oder über eine aus Kundensicht einzigartige Ausgestaltung des Produktes absetzen können. Vielmehr müssen die Unternehmen im heutigen Wettbewerbsumfeld in der Lage sein, Absatzpreis und Kostenaspekte im Rahmen ihrer betrieblichen Leistungserstellung zu berücksichtigen. Es gilt, diejenigen Produkte möglichst schnell auf den Markt zu bringen, welche die marktseitig vorgegebenen Kundenanforderungen erfüllen und gleichzeitig einen niedrigeren Absatzpreis bzw. niedrigere Kosten aufweisen. Die von *Porter* entwickelten „entweder-oder" Strategieempfehlungen (Strategie der Kostenführerschaft, Differenzierungsstrategie, Nischenstrategie) verlieren demnach an Bedeutung (vgl. Seidenschwarz, 1994, S. 76f.; Buggert/Wielpütz, 1995, S. 18).

7.2 Kritische Anmerkungen zum Status Quo

Eine Kostenrechnung hat als managementorientiertes Informationssystem in erster Linie Instrumentalfunktionen zu erfüllen. Sie dient der Planung, der Steuerung und Kontrolle. Vorrangig muß sie in diesem Zusammenhang zum einen im Rahmen der Kalkulation adäquate Kosteninformationen für die Preisbildung bereitstellen. Zum anderen hat die Kostenrechnung die Aufgabe, die Wirtschaftlichkeitskontrolle für das Ausschöpfen von Effizienzpotentialen wirkungsvoll zu unterstützen. An dieser traditionellen Auffassung über die Kostenrechnung lassen sich nun vor dem Hintergrund der skizzierten veränderten Wettbewerbssituation der Unternehmen vier interdependente kritische Anmerkungen formulieren:

Der traditionellen Kostenrechnung ist eine **unzureichende Marktorientierung** zuzusprechen. Ausgehend von einem bereits entwickelten Produkt und der dahinterstehenden Produktionstechnologie beantwortet sie die Frage, „Was wird ein Produkt kosten?". Der zu kalkulierende Preis eines Produktes ergibt sich dann durch einen Gewinnaufschlag auf die ermittelten Kosten. Die Anforderungen der Kunden bzw. des Marktes werden bei dieser Vorgehensweise nicht berücksichtigt. So erfüllt ein Produkt nicht selten Funktionen, die von den Kunden als überflüssig angesehen werden und somit keinen Nutzen stiften. Diese Funktionen verursachen zusätzliche Kosten, die der Kunde nicht bereit ist, über den Preis zu übernehmen. In diesem Fall wird auch von einem „Over Engineering“ gesprochen.

Die traditionelle Kostenrechnung weist weiterhin einen **zu späten Einsatzzeitpunkt** auf. Kosteninformationen werden meist erst dann zur Verfügung gestellt, wenn das Produkt und die dazugehörige Produktionstechnologie feststehen. Falls nun zu diesem späten Zeitpunkt ein Änderungsbedarf beim Produkt zu verzeichnen ist, muß zur dessen Realisierung in der Regel eine komplexe Prozedur im Unternehmen durchlaufen werden (z.B. zahlreiche Unterschriften zur Genehmigung). Als Folge ergibt sich ein zusätzlicher Verbrauch von sachlichen, zeitlichen und personellen Ressourcen sowie ein verzögerter Markteintrittszeitpunkt des Produktes.

Von der traditionellen Kostenrechnung geht eine **unzureichende Dynamik** bezüglich der bewußten Gestaltung der Kostenstruktur in einem Unternehmen aus. Denn bei der traditionellen Kostenrechnung werden die Leistungsprogramme, die Potentiale in Form von sachlichen und personellen Kapazitäten sowie die betrieblichen Prozesse als gegeben angesehen. Durch eine Gegenüberstellung von Ist-Kosten mit den Plan- bzw. Soll-Kosten werden bei der traditionellen Kostenrechnung lediglich Optimierungen im Rahmen dieser Gegebenheiten vorgenommen. Eine grundsätzliche Gestaltung der Kosteneinflußgrößen im Hinblick auf die gesamtbetriebliche Zielsetzung im Sinne eines aktiven Kostenmanagements leistet die traditionelle Kostenrechnung nicht.

Die traditionelle Kostenrechnung ist letztlich durch einen **mangelnden Strategiebezug** gekennzeichnet. Dahinter verbirgt sich die Tatsache, daß die traditionelle Kostenrechnung im Rahmen der Unterstützung von produktpolitischen Entscheidungen nur kurzfristig orientierte Kosteninformationen zur Verfügung stellt. Zu einer langfristigen – an der Gesamtrentabilität der Produkte angelehnten – Betrachtung, welche die Kostensituation ganzheitlich über den Lebenszyklus eines Produktes unter Berücksichtigung der Marktsituation transparent macht, leistet die traditionelle Kostenrechnung keinen Beitrag. Die Zusammenhänge zwischen Marktorientierung, Unternehmensstrategie und Kostenmanagement werden demnach vernachlässigt.

Ausgehend von diesen kritischen Anmerkungen zur traditionellen Vorgehensweise im Rahmen der Kostenrechnung wird insbesondere in den letzten Jahren das aus Japan stammende Konzept des „Target Costing“ diskutiert.

7.3 Target Costing als marktorientiertes Handlungsprinzip

7.3.1 Der Grundgedanke des Target Costing

Das Target Costing ist nicht als eine spezielle Ausrichtung der Kostenrechnung aufzufassen. Es ist somit kein Kostenrechnungsverfahren. Vielmehr ist es im Bereich des **(strategischen) Kostenmanagements** einzuordnen, welches eine zielgerichtete Beeinflussung der Kosten in den Vordergrund stellt. In Anlehnung an *Horváth* und *Seidenschwarz* ist unter dem Target Costing ein umfassendes Bündel von Kostenplanungs-, Kostensteuerungs- und Kostenkontrollinstrumenten zu verstehen, die insbesondere in den frühen Phasen der Produkt- und Prozeßgestaltung zum Einsatz kommen. Das Ziel ist es dabei, die Kostenstrukturen frühzeitig an das vom Markt verlangte Niveau anzupassen, das sich entsprechend den Kundenanforderungen in dem Absatzpreis des betrachteten Produktes niederschlägt (vgl. Horváth/Seidenschwarz, 1992, S. 142f. sowie Horváth/Niemand/Wobold, 1993, S. 4). Im Schrifttum sind für den Terminus „Target Costing“ auch die Begriffe „Zielkostenrechnung“ oder „Zielkostenmanagement“ zu finden.

Im Gegensatz zur traditionellen Vorgehensweise wird beim Target Costing nicht gefragt: „Was wird ein Produkt kosten?“. Vielmehr wird im Rahmen des Target Costing die Frage **„Was darf ein Produkt kosten?“** als Ausgangspunkt der Betrachtung gewählt. Dazu muß zunächst der Absatzpreis eines Produktes, welches in der Regel eine Neuentwicklung darstellt, durch eine umfassende Analyse des relevanten Marktes bestimmt werden (Target Price). Von diesem Preis ist anschließend entsprechend einer retrograden Kalkulation die für notwendig erachtete Gewinnmarge (Target Profit) zu subtrahieren. Das Ergebnis dieser Berechnung wird als **„Allowable Cost“** (zulässige bzw. erlaubte Kosten) bezeichnet, die dadurch charakterisiert sind, daß bei einer Überschreitung mit einer Beeinträchtigung des erwarteten Markterfolges zu rechnen ist. In der Praxis ist davon auszugehen, daß diese vom Markt erlaubten Kosten unter jenen Kosten liegen, die zum Zeitpunkt der Durchführung des Target Costing im Unternehmen für realistisch gehalten werden.

Die „Allowable Cost“ sind anschließend den sogenannten **„Drifting Cost“** (prognostizierte Kosten) gegenüberzustellen. Hinter den „Drifting Cost“ verbergen sich die Kosten der betrachteten Neuentwicklung, die dann anfallen, wenn das Produkt auf Basis der gegenwärtig vorhandenen Technologien und Verfahren hergestellt wird. Nach einer tiefergehenden Analyse der Differenz zwischen den „Drifting Cost“ und den „Allowable Cost“ werden unter Berücksichtigung der jeweiligen Geschäftspolitik die **„Target Cost“** (Zielkosten) festgelegt, welche häufig – um die Akzeptanz für diese Zielgrößen zu gewährleisten – zwischen den beiden genannten Kostenwerten liegen. Nach *Horváth* und *Seidenschwarz* sind die „Target Cost“ folgendermaßen definiert: „An Kundenanforderungen und Wettbewerberbedingungen ausgerichtete Plankosten in Abhängigkeit marktnotwendiger Technologie- und Verfahrensanpassungen im Unternehmen (unternehmensbezogene Dynamikkomponente) und der erwarteten Marktentwicklung (marktbezogene Dynamikkomponente) bezogen auf die Lebensdauer für ein Produkt vorgegebener Qualität.“ (Horváth/Seidenschwarz, 1992, S. 150).

Im Rahmen der Zielkostenerreichung sind dann alle Anstrengungen von den Mitarbeitern eines Unternehmens in Gang zu setzen, um die auftretende Ziellücke zwischen den „Target Cost“ und den „Drifting Cost“ zu schließen. Je mehr sich dabei die „Target Cost“ den „Allowable Cost“ annähern, desto größer müssen in diesem Zusammenhang die Anstrengungen der Mitarbeiter sein, um das angestrebte Kostenziel auch tatsächlich zu erreichen. Die folgende Abbildung stellt die hier gemachten Ausführungen zur Vorgehensweise beim Target Costing zusammenfassend dar (vgl. Buggert/Wielpütz, 1995, S. 44).

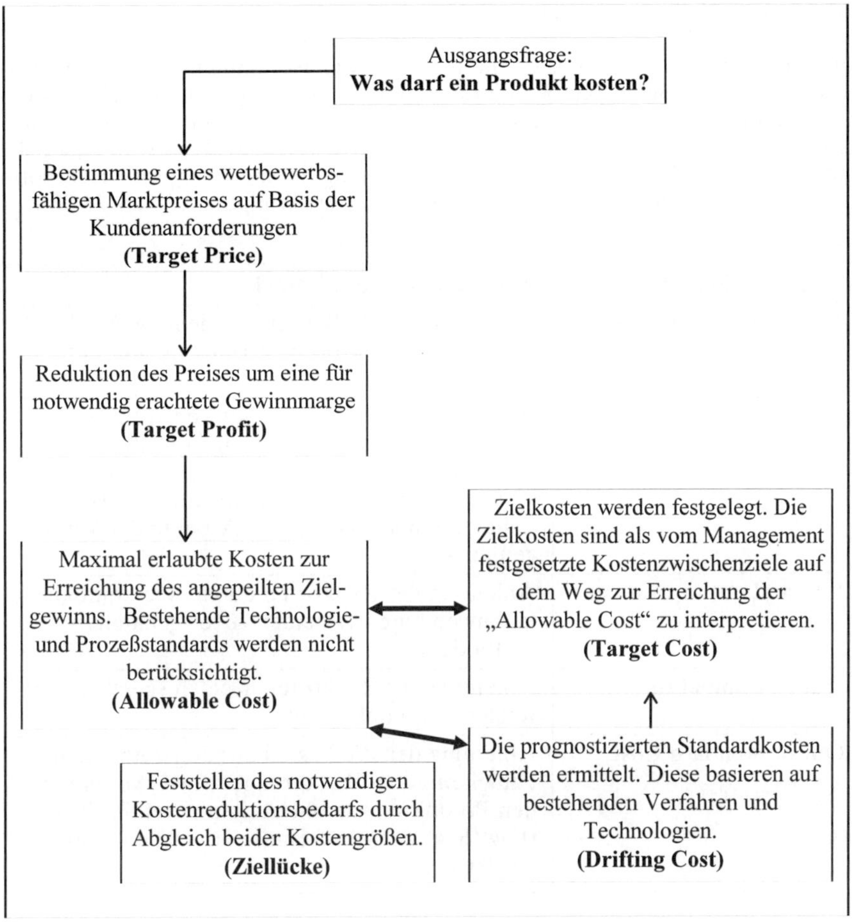

7.3.2 Durchführung von Target Costing

Die oben skizzierte Vorgehensweise beim Target Costing sei in den folgenden Ausführungen differenzierter dargelegt. Dabei wird sich an eine im Schrifttum zu findende Einteilung in **„Zielkostenfindung"**, **„Zielkostenspaltung"** und **„Zielkostenerreichung"** orientiert. Im Rahmen der Darstellung werden die notwendigen Aktivitäten dieser Phasen des Target Costing beschrieben und anhand eines durchgehenden (fiktiven) Beispiels verdeutlicht.

Den Ausgangspunkt dieses Beispiels bildet das Unternehmen XY, das die Entwicklung und Markteinführung eines neuen Produktes mit dem Namen „Fantasy" plant. Aufgrund des sich permanent verschärfenden Wettbewerbsumfeldes, welches insbesondere durch kurze Produktlebenszyklen und einem starken Preiswettbewerb gekennzeichnet ist, hat sich das Unternehmen XY dazu entschlossen, die Entwicklung und Markteinführung des Produktes „Fantasy" durch das Target Costing zu unterstützen.

7.3.2.1 Die Zielkostenfindung

Im Mittelpunkt der Zielkostenfindung steht die Bestimmung der **gesamtproduktbezogenen Zielkosten** des betrachteten Produktes. Für dieses frühe Stadium des Target Costing lassen sich in der Literatur insgesamt fünf sehr unterschiedliche Vorgehensweisen identifizieren. Die folgende Übersicht stellt die entsprechenden Methoden zur Zielkostenfindung in einer komprimierten Form dar (vgl. Seidenschwarz, 1991, S. 199 sowie Buggert/Wielpütz, 1995, S. 78-88).

Name der Methode	Beschreibung der Methode
Market into Company	Ableitung der Zielkosten aus dem am Markt durchsetzbaren Preis in Verbindung mit der Gewinnplanung.
Out of Company	Ableitung der Zielkosten aus konstruktions- und fertigungstechnischen Eigenschaften und Erfahrungen auf Basis von vorhandenen Fähigkeiten und Fertigkeiten (evtl. unter der Berücksichtigung marktbezogener Aspekte der Vergangenheit).
Into and out of Company	Ableitung der Zielkosten durch eine kombinierte Anwendung der beiden zuvor genannten Methoden.
Out of Competitor	Ableitung der Zielkosten aus den (geschätzten) Kosten der Konkurrenz.
Out of Standard Cost	Ableitung der Zielkosten aus den vorhandenen Fähigkeiten und Erfahrungen sowie vorhandenen Produktionsmöglichkeiten durch Reduzierung (Senkungsabschläge) der eigenen Standardkosten.

Werden die aufgeführten Methoden zur Bestimmung der gesamtproduktbezogenen Zielkosten näher analysiert, so ist festzustellen, daß die vom Target Costing betonte Marktorientierung im Sinne der oben skizzierten klassischen Vorgehensweise nur beim „Market into Company“ unmittelbar zum Ausdruck kommt. Bei allen anderen Methoden ist entweder nur ein mittelbarer und damit aufgeweichter Bezug zum Markt (Out of Company, Into and out of Company, Out of Competitor) oder keine Marktorientierung (Out of Standard Cost) erkennbar. Im Schrifttum werden sie daher lediglich als mögliche Hilfsformen zur gesamtproduktbezogenen Zielkostenfindung angesehen (vgl. Seidenschwarz, 1991, S. 200).

Bei der Anwendung der Methode „Market into Company“ muß zunächst der Zielpreis (Target Price) auf der Gesamtproduktebene aus dem Markt und somit aus den Kundenanforderungen abgeleitet werden. Dabei müssen auch Aussagen über das erwartete Absatzvolumen des Produktes (Lebenszyklusbetrachtung) gemacht werden, da letztendlich der Absatzpreis und die absetzbare Menge die produktbezogene Kapital- bzw. Umsatzrentabilität wesentlich beeinflussen. Die Ableitung des Marktpreises kann mit unterschiedlichen Verfahren vorgenommen werden. Zu nennen sind beispielsweise Expertenbefragungen, Preisexperimente, Marktbeobachtungen sowie direkte und indirekte Kundenbefragungen (vgl. Buggert/Wielpütz, 1995, S. 69ff.).

Im Zusammenhang mit der Zielkostenfindung sowie der sich anschließenden Zielkostenspaltung wird in der Literatur insbesondere auf die Conjoint-Analyse als Methode zur Bestimmung des Marktpreises hingewiesen. „Aus dem Blickwinkel von Target Costing erscheint das Conjoint-Measurement bzw. die Conjoint-Analyse zur Ableitung der Kundenanforderungen besonders erfolgversprechend, da neben dem Zielpreis für das Gesamtprodukt zugleich Aussagen über die **Gewichtung der Produktfunktionen [Funktionen des Produktes]** unter Nutzenaspekten für den Kunden ermöglicht werden." (Buggert/Wielpütz, 1995, S. 71) Während das Resultat bezüglich des Zielpreises für das Gesamtprodukt den Ausgangspunkt für die Zielkostenfindung darstellt, gehen die Informationen über die Gewichtung der Produktfunktionen in die Zielkostenspaltung ein.

Zur Verdeutlichung der für notwendig erachteten produktbezogenen Gewinnmarge (Target Profit) wird im Rahmen der Zielkostenfindung überwiegend auf die Umsatzrendite (return on sales) zurückgegriffen. Sie hat gegenüber der Kapitalrendite (return on investment) den Vorteil, daß nicht das durch eine Produkteinheit gebundene Kapital ermittelt werden muß. Insbesondere bei einem Produktionsprogramm mit hohem Variantenreichtum kommt es in diesem Zusammenhang zu einem theoretisch nicht lösbaren Zuordnungsproblem. Zusätzlich ist zu berücksichtigen, daß die eingehenden Größen der Umsatzrendite [Gewinn/(Preis · Menge)] ohnehin in der Prozedur der Zielkostenfindung zu bestimmen sind, so daß eine unmittelbare Koppelung vorliegt (vgl. Franz, 1993, S. 127f.).

Im zugrunde gelegten Beispiel hat das Unternehmen XY zur Ableitung der gesamtproduktbezogenen Zielkosten die Methode „Market into Company" herangezogen. Der Grund für die Anwendung dieser Methode ist darin zu suchen, daß nur diese eine konsequente Marktorientierung im Sinne des Target Costing gewährleistet. Um den am Markt erzielbaren Preis zu ermitteln, hat die Unternehmung bei ausgewählten potentiellen Kunden eine Kundenbefragung in Form einer Conjoint-Analyse durchgeführt. Das Ergebnis der Conjoint-Analyse zeigt auf, daß am Markt für das Produkt „Fantasy" höchstens ein Preis von **6.850,– DM** durchsetzbar ist. Da das Unternehmen bei diesem Produkt mit einer Umsatzrendite von 15% rechnet, ergeben sich gesamtproduktbezogene Zielkosten in Höhe von **5822,50 DM**.

7.3.2.2 Zielkostenspaltung

7.3.2.2.1 Der Ablauf der Zielkostenspaltung im Überblick

Um in einem Unternehmen eine adäquate Planung, Steuerung und Kontrolle der Zielkosten zu erreichen, ist es notwendig, die **ermittelten gesamtproduktbezogenen Zielkosten auf die einzelnen Funktionen und Komponenten des betrachteten Produktes zu verteilen**.

Um dieses zu realisieren, sind – entsprechend der marktorientierten Sichtweise des Target Costing – die einzelnen Produktwertrelationen in Form von Nutzengewichten zu bestimmen, die die potentiellen Kunden den einzelnen Funktionen und somit auch den dazugehörigen Komponenten des Produktes zuordnen. Diese Nutzenzuweisung ist dann der Ausgangspunkt für die kostenmäßige Realisierung der jeweiligen Funktionen und Komponenten. Ein idealer Ressourceneinsatz ist laut Literatur beim Target Costing dadurch gekennzeichnet, daß **der Kostenanteil einer Funktion bzw. einer Komponente der vom Kunden gewünschten Produktwertrelation entspricht**.

Insgesamt wird damit die pauschale Sichtweise des Gesamtproduktes aufgegeben und sich einer **differenzierten Betrachtung der Funktionen bzw. Komponenten des Produktes** zugewendet. Der dazu erforderliche Prozeß wird im Rahmen des Target Costing als Zielkostenspaltung bezeichnet. Die folgende Abbildung stellt einen Überblick über die einzelnen Arbeitsschritte der Zielkostenspaltung dar (vgl. Horváth/Seidenschwarz, 1992, S. 145-149).

Ausgehend von dieser Abbildung zur Vorgehensweise bei der Zielkostenspaltung findet im nächsten Gliederungspunkt zunächst eine genauere Beschreibung der Schritte eins bis fünf statt. Anschließend wird auf den Einsatz des Zielkostenkontrolldiagramms zur Veranschaulichung des Kostensenkungspotentials eingegangen (Schritt sechs). Anhand des zugrunde gelegten Beispielproduktes „Fantasy" werden die einzelnen Arbeitsschritte der Zielkostenspaltung veranschaulicht.

7.3.2.2.2 Von der Funktionsstruktur bis zum Zielkostenindex

Die Gegenüberstellung der Kostenanteile einer Funktion bzw. einer Komponente mit der jeweils vom Kunden gewünschten Produktwertrelation kommt in den sogenannten Zielkostenindices zum Ausdruck, welche das Resultat der ersten fünf Schritte der Zielkostenspaltung darstellen. Auf dem Weg dorthin ist zunächst die Funktionsstruktur des Produktes zu ermitteln.

Schritt 1: Bestimmung der Funktionsstruktur:

Die Unterstützung einer Produktentwicklung durch das Target Costing erfordert als erstes die Bestimmung der **Funktionsstrukur** des Produktes. Ausgangspunkt sollte dabei entsprechend dem Grundgedanken des Target Costing der Markt sein. Das Ergebnis dieses Schrittes spiegelt das vom Markt verlangte Leistungsprofil – ausgedrückt in Produktfunktionen – wider.

Im Schrifttum wird in diesem Zusammenhang vorgeschlagen, eine Unterteilung in „harte Funktionen" und „weiche Funktionen" vorzunehmen. „„Harte" Funktionen bestimmen die technische Leistung eines Produktes, „weiche" Funktionen dienen der Benutzerfreundlichkeit und definieren den „Wert" des Produktes für den Kunden." (Horváth/Seidenschwarz, 1992, S. 146)

Da hier lediglich die grundsätzliche Vorgehensweise bei der Zielkostenspaltung im Vordergrund steht, wird in unserem begleitenden Beispiel auf eine solche Unterscheidung verzichtet. Aus Vereinfachungsgründen ist daher davon auszugehen, daß dem Produkt „Fantasy" die Funktionen Gewicht (F1), Bedienung (F2), Design (F3), Robustheit (F4), Reparaturfreundlichkeit (F5) und Reinigungsmöglichkeit (F6) zuzusprechen sind.

Schritt 2: Gewichtung der Produktfunktionen:

Im zweiten Schritt müssen den Funktionen des Produktes **Produktwertrelationen in Form von Nutzengewichten** zugeordnet werden. Im Rahmen des Target Costing bietet sich dabei insbesondere die Anwendung der Conjoint-Analyse an, da sie Aussagen über den Beitrag einzelner Funktionen zum Gesamtnutzen eines Produktes aus der Sicht des Kunden ermöglicht.

Zur Zielkostenfindung wurde der Zielpreis des Produktes „Fantasy" mit Hilfe der Conjoint-Analyse abgeleitet. Aus dieser Analyse sind neben dem Zielpreis auch gleichzeitig die einzelnen Nutzengewichte des Produktes „Fantasy" hervorgegangen. Die folgende Abbildung zeigt den relevanten Ausschnitt des Ergebnisses der Conjoint-Analyse für das Produkt „Fantasy".

Funktionen des Produktes „Fantasy"	Gewichtung der Funktionen aus Kundensicht (in %)
F1: Gewicht	21,00
F2: Bedienung	37,00
F3: Design	13,00
F4: Robustheit	12,00
F5: Reparaturfreundlichkeit	7,00
F6: Reinigungsmöglichkeit	10,00
Summe:	100,00

Schritt 3: Entwicklung eines Grobentwurfs:

Auf Basis der bereits bekannten Zielkosten, der Produktfunktionen sowie den dazugehörigen Nutzengewichten wird nun auf Basis der gegenwärtig vorhandenen Verfahren bzw. Technologien ein **Grobentwurf des Produktes** – sinnvollerweise in Form eines Prototyps – angefertigt. Aus diesem Grobentwurf läßt sich zum einen ablesen, mit welchen Produktkomponenten die vorher definierten Funktionen des Produktes realisiert werden können. Zum anderen ist der Grobentwurf aber auch zur Bestimmung der einzelnen Kostenanteile der Produktkomponenten heranzuziehen.

Für das Produkt „Fantasy“ hat das Unternehmen XY einen Prototyp erarbeitet. Dabei konnten die Produktkomponenten Basismaterial (K1), Bedienfeld (K2), Elektronik (K3), Federung (K4), Unterboden (K5) und Verkleidung (K6) sowie die dazugehörigen Kostenanteile identifiziert werden. Die Kosten dieses Prototyps würden sich insgesamt auf 6.750,- DM belaufen. Die folgende Abbildung verdeutlicht das Ergebnis dieses Schrittes des Target Costing.

Produktkomponenten des Grobentwurfs („Fantasy“)	Kostenanteile der Komponenten (in %)	Kostenanteil der Komponenten (in DM)
K1: Basismaterial	29,00	1.957,50
K2: Bedienfeld	21,00	1.417,50
K3: Elektronik	20,00	1.350,00
K4: Federung	4,00	270,00
K5: Unterboden	9,00	607,50
K6: Verkleidung	17,00	1.147,50
Summe	100,00	6.750,00

Schritt 4: Gewichtung der Produktkomponenten:

Die gesamtproduktbezogenen Zielkosten werden nun unter Zugrundelegung einer zu schätzenden Verknüpfung von Produktkomponenten und -funktionen auf die einzelnen Produktkomponenten verteilt. Es wird dabei davon ausgegangen, **daß die einzelnen Produktkomponenten zur Realisierung der Produktfunktionen beitragen, wobei sich dieser Beitrag durch einen Prozent- bzw. Gewichtungssatz ausdrücken läßt**. Insgesamt steht bei diesem Schritt die folgende Frage im Vordergrund: „Mit welchem Gewicht einzelner Produktkomponenten wird jeweils eine Funktion des Produktes bestimmt?“ Zur Darstellung dieser Verknüpfungen bietet sich die sogenannte **„Komponenten-Funktions-Matrix“** an.

Für das Produkt „Fantasy“ wurde eine Schätzung hinsichtlich der Realisierung der Produktfunktionen durch die einzelnen Komponenten vorgenommen. Darauf aufbauend konnte man eine Komponenten-Funktions-Matrix zur Verteilung der gesamtproduktbezogenen Zielkosten auf die einzelnen Produktkomponenten aufstellen. Diese Komponenten-Funktions-Matrix wird in der folgenden Abbildung dargelegt.

	F1: Gewicht	F2: Bedienung	F3: Design	F4: Robustheit	F5: Reparaturfrdl.	F6: Reinigungsmgl.	Bedeutung	Zielkosten (in DM)
K1: Basismaterial	70,00% (14,70%)		37,00% (4,81%)	55,00% (6,60%)	16,00% (1,12%)	71,00% (7,10%)	**34,33%**	**1998,86**
K2: Bedienfeld		92,00% (34,04%)			31,00% (2,17%)		**36,21%**	**2108,32**
K3: Elektronik		8,00% (2,96%)			53,00% (3,71%)		**6,67%**	**388,36**
K4: Federung	5,00% (1,05%)			8,00% (0,96%)			**2,01%**	**117,03**
K5: Unterboden	10,00% (2,10%)			17,00% (2,04%)		10,00% (1,00%)	**5,14%**	**299,28**
K6: Verkleidung	15,00% (3,15%)		63,00% (8,19%)	20,00% (2,40%)		19,00% (1,90%)	**15,64%**	**910,65**
Bedeutung aus Kundensicht	**21,00%**	**37,00%**	**13,00%**	**12,00%**	**7,00%**	**10,00 %**	**100,00%**	**5822,50**

In einer Komponenten-Funktions-Matrix werden die Spaltenüberschriften mit den einzelnen Funktionen des Produktes versehen (hier: F1 bis F6). In den Zeilen sind die jeweiligen Produktkomponenten (hier: K1 bis K6) sowie die Bedeutung der Produktfunktionen aus Kundensicht (Ergebnis der Conjoint-Analyse) aufzuführen.

Ausgehend von der Produktfunktion Bedienung (F2) sei nun erläutert, wie eine solche Komponenten-Funktions-Matrix zu interpretieren ist:

Von den Kunden wird der Produktfunktion Bedienung (F2) ein Nutzengewicht von 37% zugeordnet. Dieses funktionsbezogene Nutzengewicht wird mit Hilfe der Schätzwerte auf die Komponentenebene heruntergebrochen. In diesem Fall tragen die Komponente Bedienfeld (K2) zu 92% sowie die Komponente Elektronik (K3) zu 8% dazu bei, die Produktfunktion Bedienung (F2) zu realisieren. Aus dem Blickwinkel des funktionsbezogenen Nutzengewichts in Höhe von 37% betrachtet, bedeutet diese Verteilung, daß der Komponente Bedienfeld (K2) ein Nutzengewicht von 34,04% $(0{,}92 \cdot 0{,}37 = 0{,}3404)$ und der Komponente Elektronik (K3) ein Nutzengewicht von 2,96 % $(0{,}08 \cdot 0{,}37 = 0{,}0296)$ zugewiesen werden muß.

Diese komponentenbezogenen Nutzengewichte werden auf der Horizontalen mit den anderen komponentenbezogenen Nutzengewichten der anderen Produktfunktionen zusammengefaßt, wodurch die Bedeutung jeder einzelnen Komponente des Produktes aus Kundensicht zum Ausdruckt gebracht wird. Auf diese Weise ergibt sich beispielsweise für die Komponente Bedienfeld (K2) ein Prozentsatz von 36,21% und für die Komponente Elektronik (K3) ein Prozentsatz in Höhe von 6,67%.

Die zusammengefaßten Nutzengewichte der einzelnen Komponenten bilden wiederum den Ausgangspunkt für die Verteilung der Zielkosten in Höhe von 5.822,50 DM, die in der Phase „Zielkostenfindung“ für das Produkt „Fantasy“ ermittelt wurden. Im Beispiel werden somit der Komponente Bedienfeld (K2)

2.108,32 DM (0,3621 · 5822,50 DM = 2108,32 DM) und der Komponente Elektronik (K3) 388,36 DM (0,0667 · 5822,50 DM = 388,36 DM) der gesamten Zielkosten des Produktes „Fantasy" zugeordnet. Auf Basis der in Prozentsätzen ausgedrückten anteiligen Zielkosten der einzelnen Komponenten lassen sich nun die einzelnen Zielkostenindices berechnen.

Schritt 5: Ermittlung der Zielkostenindices:

Der Grundgedanke des Target Costing ist darin zu sehen, die Funktion bzw. Komponenten eines Produktes nur in Höhe der vom Kunden gewünschten Produktwertrelation kostenmäßig zu realisieren. Entsprechend dieser Intention werden beim Target Costing die komponentenbezogenen Kostenanteile des entwickelten Grobentwurfs (Schritt: 3) den komponentenbezogenen Gewichten des Produktes aus Kundensicht (Schritt: 4) gegenübergestellt. Während sich in den komponentenbezogenen Kostenanteilen des Grobentwurfs die gegenwärtig vorhandenen Technologien bzw. Verfahren des Unternehmens widerspiegeln, kommt in den Gewichten des Produktes die komponentenbezogene Bedeutung aus Kundensicht zum Ausdruck.

Rechnerisch werden in diesem Zusammenhang Quotienten auf Basis der jeweiligen prozentualen Größen [Gewichtung des Produktes aus Kundensicht (in %)/Kostenanteil des Grobentwurfs (in %)] gebildet und in Form von sogenannten **Zielkostenindices** dargestellt. Die folgende Abbildung zeigt die Zielkostenindices für die einzelnen Komponenten des Produktes „Fantasy".

Komponenten des Produktes „Fantasy"	Kostenanteile des Grobentwurfs (in %)	Gewichtung des Produktes aus Kundensicht (in %)	Zielkostenindex der Komponenten
K1: Basismaterial	29,00	34,33	**1,18**
K2: Bedienfeld	21,00	36,21	**1,72**
K3: Elektronik	20,00	6,67	**0,33**
K4: Federung	4,00	2,01	**0,50**
K5: Unterboden	9,00	5,14	**0,57**
K6: Verkleidung	17,00	15,64	**0,92**
Summe:	100,00	100,00	

Eine optimale Situation ist dann gegeben, wenn ein Zielkostenindex den Wert 1 annimmt. Die kostenmäßige Realisierung einer Komponente sowie der dazugehörigen Funktion bzw. Funktionen würde dann der Bedeutung aus Kundensicht entsprechen. Da dieses in der Regel während eines Entwicklungsprozesses im ersten Anlauf nicht erreicht wird, ergeben sich komponentenbezogene Zielkostenindices größer oder kleiner eins.

Ein Zielkostenindex größer eins bedeutet, daß der zur Zeit angesetzte Kostenanteil kleiner als die Gewichtung aus Kundensicht ist. Die Komponente ist demzufolge unter Inkaufnahme steigender Kosten zu verbessern, was letztendlich den davon betroffenen Funktionen zugute kommen soll. Bei dem Produkt „Fantasy" trifft dieser Sachverhalt für die Komponenten Basismaterial (K1) und Bedienfeld (K2) zu.

Nimmt ein Zielkostenindex einen Wert kleiner eins an, so ist der zur Zeit angesetzte Kostenanteil größer als die Bedeutung aus Kundensicht. Die Komponente sowie die betroffenen Funktionen ist bzw. sind entsprechend der Intention des Target Costing im Hinblick auf mögliches Kostensenkungspotential zu überprüfen. Dieser Fall liegt beim Produkt „Fantasy" für die Komponenten Elektronik (K3), Federung (K4), Unterboden (K5) und Verkleidung (K6) vor.

Inwieweit die Abweichungen der Zielkostenindices von dem optimalen Wert eins aber tatsächlich zu Veränderungen bzw. zu Maßnahmen führen, läßt sich erst im Zusammenhang mit dem Zielkostenkontrolldiagramm festlegen.

7.3.2.2.3 Verwendung des Zielkostenkontrolldiagramms

Das Zielkostenkontrolldiagramm (auch „Value Control Chart" genannt) unterstützt die Durchführung des Target Costing, in dem es die vorliegende Situation des Entwicklungsprozesses hinsichtlich der Zielkostenindices visualisiert. **Es lassen sich diejenigen Komponenten aus dem Zielkostenkontrolldiagramm herauslesen, die aus dem Blickwinkel des Marktes am dringendsten eine Korrektur benötigen.**

Unter einem Zielkostenkontrolldiagramm ist ein Koordinatensystem zu verstehen, auf dessen Ordinate die komponentenbezogenen Kostenanteile (in %) und auf dessen Abszisse die komponentenbezogenen Nutzengewichte (in %) abgetragen sind. Die wünschenswerte Konstellation „Kosten = Nutzen" oder „Zielkostenindex = 1" wird durch eine winkelhalbierende Gerade zwischen den Achsen verdeutlicht.

Da ein Zielkostenindex als optimaler Wert (Zielkostenindex = 1) zu eng erscheint, hat man ausgehend von der winkelhalbierenden Geraden einen speziellen Bereich vereinbart, der als **Zielkostenzone** bezeichnet wird. Diese Zielkostenzone kann grundsätzlich vom Management eines Unternehmens unternehmensindividuell festgelegt werden. In der Literatur ist in diesem Zusammenhang häufig eine Zielkostenzone zu finden, die tendenziell eine größere Abweichung vom Idealwert 1 mit abnehmender Bedeutung der Komponente zuläßt. Dieser Vorschlag des möglichen Verlaufs einer Zielkostenzone geht auf *Tanaka* zurück (vgl. Tanaka 1989, S. 67f.).

In einem solchen Zielkostenkontrolldiagramm sind nun die komponentenbezogenen Zielkostenindices – d.h. sowohl die Kostenanteile als auch die Nutzengewichte – einzutragen. Die folgende Abbildung demonstriert diesen Schritt des Target Costing anhand des Beispielproduktes „Fantasy".

Aus dem Zielkostenkontrolldiagramm geht hervor, daß alle Komponenten eines Produktes, die einen Zielkostenindex größer eins aufweisen, unterhalb der winkelhalbierenden Geraden zu finden sind. Generell sind diese Komponenten aus der Sicht des Marktes als „zu einfach" anzusehen und somit unter Inkaufnahme von höheren Kosten zu verbessern. Allerdings ist zu konstatieren, daß diese allgemeine Aussage unter der Berücksichtigung der Zielkostenzone zu relativieren ist. Nur bei denjenigen Komponenten sind tatsächlich Verbesserungen vorzunehmen, die unterhalb der winkelhalbierenden Geraden und außerhalb der Zielkostenzone liegen. Überträgt man diese Überlegungen auf das Produkt „Fantasy", so ist lediglich die Komponente Bedienfeld (K2) (Zielkostenindex = 1,72) zu überprüfen und im Hinblick auf die Kundenanforderungen zu optimie-

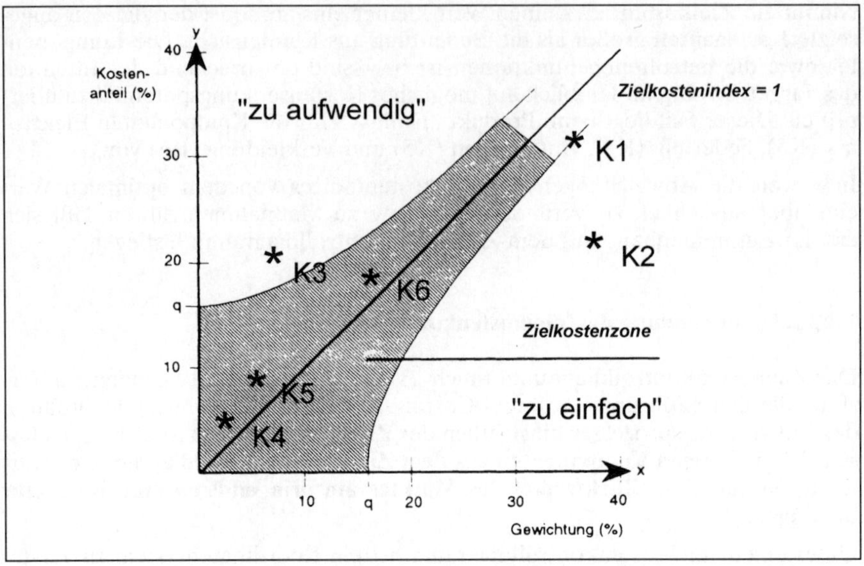

ren. Die Komponente Basismaterial (K1) (Zielkostenindex = 1,14) liegt dagegen auf der Grenze der Zielkostenzone. Es besteht somit für diese Komponente kein Handlungsbedarf.

Die Komponenten des Produktes mit einem Zielkostenindex kleiner eins liegen oberhalb der winkelhalbierenden Geraden. Da bei diesen Komponenten der Kostenanteil das Nutzengewicht übersteigt, sind sie entsprechend dem Grundgedanken des Target Costing als „zu teuer" zu bezeichnen und daher kostengünstiger zu realisieren. Diese allgemeine Aussage ist aber wiederum nur in Verbindung mit der Zielkostenzone zu sehen. Es sind nur diejenigen Komponenten im Hinblick auf mögliches Kostensenkungspotential zu überprüfen, die oberhalb der winkelhalbierenden Geraden und außerhalb der Zielkostenzone liegen. Bei dem zugrunde gelegten Beispielprodukt „Fantasy" trifft dieser Sachverhalt lediglich bei der Komponente Elektronik (K3) (Zielkostenindex = 0,33) zu. Die Komponenten Federung (K4) (Zielkostenindex = 0,50), Unterboden (K5) (Zielkostenindex = 0,57) und Verkleidung (K6) (Zielkostenindex = 0,92) liegen deutlich in der Zielkostenzone, so daß diese unverändert in das Produkt „Fantasy" eingehen können.

7.3.2.3 Die Zielkostenerreichung

Im Rahmen der **Zielkostenerreichung** muß man adäquate Maßnahmen ergreifen, die eine Überführung der Kosten auf das vorher festgesetzte Zielkostenniveau gewährleisten. Um eine Aussage darüber zu machen, inwieweit die angestrebten Zielkosten auch tatsächlich erreicht wurden, ist zusätzlich eine **Zielkostenkontrolle** zu installieren (vgl. Rudolph, 1998, S. 34f.).

Zur Erreichung der Zielkosten sind im Schrifttum zum Target Costing verschiedene Ansätze, Vorgehensweisen sowie Konzepte zu finden, mit denen die gewünschte Kostenbeeinflussung vollzogen werden kann (vgl. Seidenschwarz, 1993, S. 227ff.; Buggert/Wielpütz, 1995, S. 99ff.). Die folgende Abbildung gibt in diesem Zusammenhang einen Überblick:

Präventives Qualitätsmanagement
Kaizen Costing
Kostengünstige Konstruktion
Benchmarking
Integratives Zuliefermanagement
Total Quality Management
Just-in-time-Konzept
Prozeßkostenrechnung
Kostentableaus
Zero Based Budgeting
Prozeßmanagement
Value Engineering
Simultanes Engineering
Gemeinkostenwertanalyse

Bei der Zielkostenkontrolle werden die tatsächlich angefallenen Ist-Kosten des betrachteten Produktes in Form von Komponenten bzw. Funktionen den Zielkostenvorgaben gegenübergestellt. Es müssen Ziel-Ist-Abweichungen durchgeführt sowie deren Ursachenanalyse vorgenommen werden. Für eventuell aufgetretene Abweichungen sind sodann die verantwortlichen Entscheidungsträger zu ermitteln.

Das Zielkostenkontrolldiagramm macht deutlich, daß bei den Komponenten Bedienfeld (K2) und Elektronik (K3) des Produktes „Fantasy" ein Handlungsbedarf besteht. Während die Komponente Bedienfeld (K2) eine bessere Marktausrichtung benötigt, muß bei der Komponente Elektronik (K3) ein Optimierung der Kosten erfolgen.

Im vorliegenden Fall sei angenommen, daß die Komponente Bedienfeld (K2) schon seit längerer Zeit komplett von einem verläßlichen Zulieferer (Integratives Zuliefermanagement) bezogen wird. In einer engen Zusammenarbeit mit dem entsprechenden Zulieferer soll dieser dazu motiviert werden, die Komponente Bedienfeld (K2) im Hinblick auf die marktseitig vorgegebenen Kundenanforderungen bei gleichzeitiger Berücksichtigung der Zielkostenvorgaben weiterzuentwickeln.

Zur Optimierung der Kosten bei der Komponente Elektronik (K3) wird die Durchführung eines Benchmarkingprojektes angestrebt. Das Benchmarking zielt auf einen Vergleich von Methoden und Prozessen zwischen Benchmarkingpartnern ab, wobei diese entweder dem eigenen Unternehmen (internes Benchmarking), der gleichen Branche (branchenbezogenes Benchmarking) oder einer anderen Branche (branchenübergreifendes Benchmarking) entstammen können. Beim Benchmarking beinhaltet der Vergleich sowohl quantitative Größen in Form von Kennzahlen als auch qualitative Aspekte, in denen die sogenannten Praktiken zum Ausdruck kommen (vgl. Zimmermann/Grundmann, 1999, S. 335). Insbesondere durch die Analyse der Praktiken bei den Benchmarkingpartnern möchte das Unternehmen XY wertvolles prozeß- bzw. methodenbezogenes Wissen zur Kostenoptimierung bei der Komponente Bedienfeld (K3) generieren (vgl. Niemand/Scholl, 1995, S. 100ff.).

7.4 Einbindung der Prozeßkostenrechnung

Im Schrifttum zum Target Costing wird häufig auf die Notwendigkeit der **Einbindung einer Prozeßkostenrechnung zur Bereitstellung von Prozeßkosteninformationen** hingewiesen (vgl. zur Prozeßkostenrechnung das Kapitel 6). Die Prozeßkosteninformationen einer prozeßorientierten Kostenrechnung können dabei vor allem die Zielkostenspaltung sowie die Zielkostenerreichung unterstützen.

Während der **Zielkostenspaltung** wird auf Basis der gegenwärtig vorhandenen Verfahren bzw. Technologien ein Grobentwurf des zu entwickelnden Produktes angefertigt (Schritt 3). Ein solcher Grobentwurf dient unter anderem zur Bestimmung der einzelnen Kostenanteile der Produktkomponenten, die zur Erfüllung der definierten Produktfunktionen beitragen. Bei der Zielkostenspaltung kann eine Prozeßkostenrechnung einen Nutzen stiften, indem sie zur Kalkulation der einzelnen Produktkomponenten Prozeßkosteninformationen in Form von Prozeßkostensätzen zur Verfügung stellt. Durch die prozeßorientierte Betrachtungsweise ist die Einbeziehung der anteilsmäßig permanent steigenden Gemeinkosten an den Gesamtkosten im Target Costing möglich. Die mit den Gemeinkosten einhergehende Zurechnungsproblematik bei der Kalkulation, insbesondere bei komplexen und variantenreichen Produkten, wird durch die Prozeßkostenrechnung bedeutend abgeschwächt, da sie eine verursachungsgerechtere Verteilung der Gemeinkosten auf Basis der betrieblichen Prozesse gewährleistet.

Die zur **Zielkostenerreichung** ergriffenen Maßnahmen müssen eine Überführung der Kosten auf das vorher festgesetzte Zielkostenniveau anstreben. Die Prozeßkostenrechnung liefert in diesem Zusammenhang Prozeßkosteninformationen, deren Einbeziehung bei der Optimierung der relevanten betrieblichen Prozesse unumgänglich ist. Es lassen sich vor allem in den Gemeinkostenbereichen direkt wertschöpfende (customer value added), indirekt wertschöpfende (business value added) sowie nicht wertschöpfende Prozesse (non value added) identifizieren und entsprechend der vorliegenden Situation (marktorientierte Verbesserung der Produktkomponente oder Kostenreduzierung bei der Produktkomponente) bezüglich der Prozeßparameter Zeit, Kosten und Qualität gestalten bzw. eliminieren. Bei den Mitarbeitern der Forschungs- und Entwicklungsabteilungen wird auf diese Weise schon in den frühen Phasen der Produktentwicklung ein umfassendes Kostenbewußtsein geweckt, das neben den fertigungsnahen auch die fertigungsunterstützenden Bereiche eines Unternehmens mit einbezieht. Die unmittelbaren kostenmäßigen Konsequenzen einer bestimmten Zusammensetzung von Produktfunktionen und -komponenten werden demnach auf einer breiten Basis sichtbar.

Insgesamt zeigt sich, daß die Einbeziehung einer Prozeßkostenrechnung im Target Costing eine frühzeitige marktorientierte Gestaltung der Kostenstruktur unterstützt. Im Vordergrund stehen dabei die **Gemeinkostenbereiche** eines Unternehmens. Während bei industriellen Unternehmen die Gemeinkosten hauptsächlich in den indirekten Leistungsbereichen anfallen, besteht die Kostenstruktur von Dienstleistungsunternehmen nahezu ausschließlich aus Gemeinkosten. Insbesondere für letztere ist demzufolge die Einbeziehung von Prozeßkosteninformationen und somit einer Prozeßkostenrechnung unumgänglich (vgl. dazu das Beispiel bei Rudolph, B., 1998, S. 36ff.).

7.5 Beurteilung des Target Costing

Nachdem der Grundgedanke sowie die Durchführung des Target Costing dargestellt und anhand eines Fallbeispiels verdeutlicht wurde, soll abschließend eine Beurteilung des Konzeptes erfolgen. Dabei wird auf die eingangs formulierten kritischen Anmerkungen (vgl. Gliederungspunkt 7.2) zur traditionellen Auffassung über die Kostenrechnung zurückgegriffen, welche sich mit den Stichworten „unzureichende Marktorientierung", „zu später Einsatzzeitpunkt", „unzureichende Dynamik" und „mangelnder Strategiebezug" umschreiben lassen.

Die traditionelle Kostenrechnung weist eine **unzureichende Marktorientierung** auf. Im Mittelpunkt steht die Frage: „Was wird ein Produkt kosten?". Dabei wird von einem bereits entwickelten Produkt ausgegangen; die Anforderungen der Kunden bzw. des Marktes finden keine Berücksichtigung. Im Gegensatz dazu bildet beim Target Costing der Markt den Ausgangspunkt der Betrachtung. Ausgehend von den Anforderungen der Kunden wird beim Target Costing die Frage beantwortet: „Was darf ein Produkt kosten?". Die Einbeziehung der Kundenanforderungen verhindert, daß überflüssige bzw. keine nutzenstiftende Funktionen in das Produkt einfließen, so daß der Gefahr eines „Over Engineering" begegnet wird.

Der traditionellen Kostenrechnung ist ein **zu später Einsatzzeitpunkt** zuzusprechen. Kosteninformationen stehen in der Regel erst nach der Festlegung der Produkttechnologien zur Verfügung. Eventuelle Änderungen sind nur unter Inkaufnahme eines zusätzlichen Ressourcenverbrauchs sowie eines verzögerten Markteintrittszeitpunktes zu realisieren. Im Vergleich dazu kommt das Target Costing schon während der Produktentwicklung zur Anwendung. Die notwendigen Kosteninformationen werden somit frühzeitig bereitgestellt. Die zuvor ermittelten Kundenanforderungen hinsichtlich der gewünschten Funktionen des Produktes sind beim Target Costing der Ausgangspunkt für die Bestimmung bzw. Veränderung der Produktkomponenten sowie der dahinterstehenden Technologie. Ein nachträglicher Änderungsbedarf sowohl beim Produkt als auch bei der Produkttechnologie wird dadurch vermieden.

Die traditionelle Kostenrechnung ist durch eine **unzureichende Dynamik** bezüglich der bewußten Gestaltung der Kostenstruktur in einem Unternehmen gekennzeichnet. Leistungsprogramme, Potentiale in Form von sachlichen und personellen Kapazitäten und betriebliche Prozesse werden als gegeben angesehen. Wird vor diesem Hintergrund das Target Costing betrachtet, so ist zu konstatieren, daß gerade durch die frühzeitige Begleitung der Produktentstehung das Leistungsprogamm auf die Anforderungen des Marktes ausgerichtet wird. Die Potentiale (sachliche und personelle Kapazitäten) sowie die betrieblichen Prozesse werden beim Target Costing einer bewußten Gestaltung unterzogen. Das Target Costing stellt letztendlich keine Kostenrechnung dar, sondern es ist vielmehr dem Bereich des (strategischen) Kostenmanagements zuzuordnen, bei welchem die zielgerichtete Veränderung der Kosten über die Kosteneinflußgrößen im Vordergrund steht.

Der traditionellen Kostenrechnung ist ein **mangelnder Strategiebezug** vorzuwerfen. Durch die Bereitstellung von kurzfristig orientierten Kosteninformationen werden Zusammenhänge zwischen Marktorientierung, Unternehmensstrategie und Kostenmangement vernachlässigt. Beim Target Costing wird dagegen bei der Bestimmung des vom Markt akzeptierten Preises (Target Price), welcher den Ausgangspunkt für dessen Durchführung darstellt, der gesamte Lebenszyklus des zu entwickelnden Produktes berücksichtigt. Insbesondere durch diese ganzheitliche Sichtweise wird ein strategischer Bezug hergestellt. Durch die Ermittlung und Gewichtung der Kundenanforderungen wird eine konsequente Marktorientierung in das Kostenmanagement hineingetragen. Summa summarum ist beim Target Costing eine integrierte Betrachtung von Marktorientierung, Unternehmensstrategie sowie Kostenmanagement zu erkennen.

Das Target Costing geht weit über die traditionelle Kostenrechnung hinaus. Nicht mehr die „eigentliche Rechnung“ steht im Mittelpunkt, sondern die bewußte aktive Veränderung von Prozessen und Strukturen in einem Unternehmen.

Allerdings muß dabei stets die in das Konzept **eingehende Prämisse hinsichtlich einer optimalen Ressourcenallokation** (Kostenanteil einer Produktfunktion bzw. einer Produktkomponente = Nutzen aus der Sicht des Kunden) kritisch überprüft werden. Vor allem bei der Konstellation Kostenanteil < Nutzengewicht, die eigentlich im Sinne des Target Costing zu einer Erhöhung der Kosten führt, ist in der Realität durchaus eine Situation denkbar, in der – im Vergleich zur unterstellten Optimalbedingung – ein bestimmter Nutzen mit geringeren Kosten realisiert werden kann. Eine Erhöhung der Kosten zur Erreichung eines bestimmten Nutzens aus Kundensicht wäre in einem solchen Fall ökonomisch nicht zu rechtfertigen.

Insgesamt steht das Konzept des Target Costing stellvertretend für eine Entwicklung, die im Schrifttum unter dem Terminus **„Kostenmanagement“** diskutiert wird. Im Rahmen dieser Entwicklung verliert die Kostenrechnung aber nicht an Bedeutung. Vielmehr ist eine Kostenrechnung als notwendiger Bestandteil des Kostenmanagements anzusehen, da sie das informatorische Fundament eines umfassenden Kostenmanagements zur Verfügung stellt (vgl. Franz, 1995, S. 109).

Literaturübersicht zum Kapitel 7.
Target Costing

Buggert, Willi/Wielpütz, Axel, Target Costing: Grundlagen und Umsetzung des Zielkostenmanagements, München/Wien 1995.

Burger, Anton, Kostenmanagement, 3. Aufl., München/Wien 1999, S. 15-90.

Dittmar, Jutta, Prototypgestützte Zielkostenplanung bei Produktentwicklungen, in: BFuP, 5/1999, S. 527-542.

Fischer, Thomas M./Schmitz, Jochen, Zielkostenmanagement (I), in: WISU, 10/1995, S. 832-839.

Fischer, Thomas M./Schmitz, Jochen, Zielkostenmanagement (II), in: WISU, 11/1995, S. 947-949.

Franz, Klaus-Peter, Target Costing: Konzept und kritische Bereiche, in: Controlling, 3/1993, S. 124-130.

Franz, Klaus-Peter, Moderne Methoden der Kostenbeeinflussung, in: krp Sonderheft, 1/1995, S. 109-116.

Freidank, Carl-Christian, Unterstützung des Target Costing mit Hilfe der Prozeßkostenrechnung, in: Horváth, Péter, (Hrsg.), Marktnähe und Kosteneffizienz schaffen, Stuttgart 1993, S. 207-232.

Freidank, Carl-Christian, Target Costing und andere Konzepte im Werkzeugkasten des Controllingdienstes, in: Mayer, Elmar/Liessmann, Konrad/Freidank, Carl-Christian, (Hrsg.), Controlling-Konzepte: Werkzeuge und Strategien für die Zukunft, 4. Aufl., Wiesbaden 1999, S. 353-391.

Hoffjan, Andreas, Strategisches Zielkostenmanagement im Zahlungsverkehr der Banken, in: Die Bank, 10/1994, S. 594-599.

Horváth, Péter/Seidenschwarz, Werner, Zielkostenmanagement, in: Controlling, 3/1992, S. 142-150.

Horváth, Péter/Niemand, Stefan/Wobold, Markus, Target Costing – State of the Art, in: Horváth, Péter, (Hrsg.), Target Costing, Stuttgart 1993, S. 1-27.

Kobayashi, Tetsuo, Target Cost Management: Der Stand und die Problematik in Japan, in: Küpper, H.-U./Troßmann, E., (Hrsg.), Das Rechnungswesen im Spannungsfeld zwischen strategischem und operativem Management, Berlin 1997, S. 197-217.

Niemand, Stefan, Target Costing im Anlagenbau, in: krp, 5/1993, S. 327-332.

Niemand, Stefan/Scholl, Kai, Benchmarking und Target Costing, in: FB/IE, 3/1995, S. 100-105.

Niemand, Stefan/Rassat, Thomas, Marktorientiertes Dienstleistungsmanagement – ein qualitäts- und kostenorientierter Ansatz, in: krp, 1/1997, S. 41-49.

Rudolph, Bernd, Zielkostenmanagement bei Kreditinstituten, Stuttgart 1998.

Sakurai, Michiharu/Keating, Patrick J., Target Costing und Activity-Based Costing, in: Controlling, 2/1994, S. 84-91.

Seidenschwarz, Werner, Target Costing: Ein japanischer Ansatz für das Kostenmanagement, in: Controlling, 4/1991, S. 198-203.

Seidenschwarz, Werner, Target Costing: Marktorientiertes Zielkostenmanagement, München 1993.

Seidenschwarz, Werner, Target Costing – Verbindliche Umsetzung marktorientierter Strategien, in: krp, 1/1994, S. 74-83.

Shank, John K./Fisher, Joseph, Target Costing als preisstrategische Waffe, in: Harvard Business Manager, 3/2000, S. 96-107.

Tanaka, M., Cost Planning and Control System in the Design Phase of a New Produkt, in: Monden, Y./Sakurai, M., (Hrsg.), Japanese Management Accounting – A World Class Approach to Profit Management, Cambridge/Massachusetts 1989, S. 49-77.

Zahn, Wolfgang, Target Costing bei einem Automobilzulieferer: Ein Implementierungsansatz aus Werks-Controlling-Sicht, in: Controlling, 3/1995, S. 148-153.

Zimmermann, Gebhard/Grundmann, Ralf, Zur Implementierung einer Prozeßkostenrechnung in der öffentlichen Verwaltung, in: Verwaltung und Management, 6/1999, S. 333-336.

Stichwortverzeichnis